사랑은 아무도 잊지 않았으니

사랑은 아무도 잊지 않았으니

LOVE HAS
FORGOTTEN
NO ONE

인생의 유일한 답으로 인도하는
예수의 진정한 가르침

개리 레너드 지음 | 강형규 옮김

정신세계사

옮긴이 강형규는 서울교육대학교 졸업 후 2008년부터 서울에서 초등학교 교사로 재직 중이며, 기적수업한 국모임(acimkorea.org)에서 〈기적수업〉 자료를 번역하고 〈기적수업〉 모임을 진행하면서, 미국 '내면의 평화 재단'의 〈기적수업〉 한국어 번역자 구정회의 마무리 작업에 여러 사람과 팀을 이뤄 함께하고 있다.

LOVE HAS FORGOTTEN NO ONE
by Gary Renard

Copyright ⓒ 2013 by Gary R. Renard
Originally published in 2013 by Hay House Inc., USA
Korean Translation rights ⓒ 2014 Inner World Publishing
Korean translation rights are arranged with Hay House UK Ltd.
through Amo Agency Korea.

사랑은 아무도 잊지 않았으니
ⓒ 개리 레너드, 2013

개리 레너드 짓고, 강형규 옮긴 것을 정신세계사 정주득이 2014년 8월 8일 처음 펴내다. 이균형과 김우종이 다듬고, 김윤선이 꾸미고, 한서지업사에서 종이를, 영신사에서 인쇄와 제본을, 김영수가 기획과 홍보를, 하지혜가 책의 관리를 맡다. 정신세계사의 등록일자는 1978년 4월 25일(제1-100호), 주소는 03785 서울시 서대문구 연희로2길 76 한빛빌딩 A동 2층, 전화는 02-733-3134, 팩스는 02-733-3144, 홈페이지는 www.mindbook.co.kr, 인터넷 카페는 cafe.naver.com/mindbooky이다.

2020년 5월 25일 펴낸 책(초판 제3쇄)

ISBN 978-89-357-0382-1 03290

이 도서의 국립중앙도서관 출판시도서목록(CIP)은 e-CIP홈페이지(http://www.nl.go.kr/ecip)와 국가자료공동목록시스템(http://www.nl.go.kr/kolisnet)에서 이용하실 수 있습니다.
(CIP제어번호 : CIP2014021024)

평생 나를 도와준 카렌 레너드에게
감사를 담아 이 책을 바칩니다.

차 례

저 자 에   대 해

개리 레너드는 1990년대 초에 강력한 영적 깨어남의 체험을 겪었다. 육신을 입고 눈앞에 나타난 승천한 두 스승이 일러주는 대로 그는 천천히, 주의 깊게 9년에 걸쳐 그의 첫 번째 베스트셀러 《우주가 사라지다》를 집필했다. 그 이후로 개리는 대중 앞에서 강연을 하라는 안내를 받았고, 이제 그는 국제적으로 가장 재미있는 강연을 하는 가장 용기 있는 영성 강연자들 중한 사람으로 손꼽힌다. 그의 두 번째 책 《그대는 불멸의 존재다》 역시 베스트셀러가 되었다.

지난 10년 동안 개리는 미국 43개 주와 세계의 24개 국가에서 강연을 했고, 솔트 레이크 시티와 샌프란시스코와 시카고에서 각각 열렸던 〈기적수업〉 국제강연회에서 기조강연을 했다. 또 그는 무한 재단(Infinity Foundation)에서 개인적, 영적 성장에 크게 기여한 사람들에게 수여하는 상(Spirit Award)을 수상했다. 이 상의 역대 수상자로는 댄 밀만Dan Millman, 람 다스Ram Dass, 개리 주카프Gary Zukav, 제임스 레드필드James Redfield, 바이런 케이티Byron Katie와 닐 도날드 월쉬Neale Donald Walsch가 있다.

최근에 개리는 세계 곳곳을 다니며 강연과 워크샵을 통해 〈기적수업〉을 소개하거나 가르치는 일로 분주했다. 그 밖에도 그는 수백 번의 라디오와 신문, 잡지 인터뷰를 했고 일곱 개의 다큐멘터리 영화에 출연했으며, 진 보가트Gene Bogart와 함께 47개의 팟캐스트를 녹음했고, 유튜브에 30개의 동영상을 올렸고, '사운즈 트루Sounds True'에서 세 개의 오디오 CD를 제작했고(그중 하나는 무편집으로 일곱 시간이 넘는 분량이다), 신디 로라 레나드^{Cindy Lora Renard}와 음악 CD와 명상 CD를 녹음했고, 여러 개의 DVD를 촬영했으며, 이혼을 겪었고, 메인에서 캘리포니아로 이주하여 재혼을 하고, 자신의 책을 바탕으로 한 TV 시리즈 제작에 참여하여 드라마 작가 엘리시아 스카이와 함께 시작물試作物의 대본을 쓰고 7년 분량의 시나리오 윤곽도 마련했고(dotutv.com), 수천 통의 이메일에 답하고 일곱 권의 책에 서문을 썼고, 세계에서 가장 큰 〈기적수업〉 공부 모임을 만들었고(Yahoo의 The D.U. Discussion Group), 그의 책은 중국 본토를 포함하여 21개 언어로 출판되었다. 이제 그는 집필을 위해 더 많은 시간을 할애하기 시작하고 있어서 장차 더 많은 신작들이 기대된다.

개리 레너드의 웹사이트 GaryRenard.com

《사랑은 아무도 잊지 않았으니》는 정신세계사에서 펴낸《우주가 사라지
다》와《그대는 불멸의 존재다》의 후속편이며, 이 세 권은 현 시대의 영성가
들에게 가장 큰 영향력을 미치고 있는 불후의 고전〈기적수업〉(A Course In
Miracles)의 핵심 원리와 그것을 삶에 적용하는 법을 대화식으로 쉽고 재미있
게 풀어낸 책입니다.

대부분의 독자들은 이 책을 읽기에 앞서《우주가 사라지다》와《그대는
불멸의 존재다》를 읽어보셨을 것이고,〈기적수업〉공부도 이미 하고 계신
분들이 많겠지만, 이 책을 통해서〈기적수업〉을 처음 접하신 분들을 위해서
짧게나마 설명이 필요할 것 같습니다.

〈기적수업〉본문에서도 말하다시피, 이 수업은 진리에 다다르는 수천
가지 방법 중 하나이고,《우주가 사라지다》시리즈 역시〈기적수업〉의 이해
에 다다르는 여러 경로 중 하나입니다. 그러므로〈기적수업〉과《우주가 사
라지다》시리즈에서 제시하는 목표와 방법을 검토해봐서 자신에게 잘 맞는
다면 이를 자신의 영적 행로로 삼으면 되고, 안 맞으면 자신에게 잘 통하는
다른 방법을 찾아서 고수하면 될 것입니다.

〈기적수업〉서문에서 말하듯이, 이 수업의 목적은 사랑의 의미를 가르
치는 것이 아니라, 이미 우리 마음 안에 있는 사랑을 알아채지 못하게 막는
장애물을 치우는 것이며, 이 장애물을 치우는 방법은 곧 수업에서 말하는
'용서'입니다. 다시 말해, 이 수업은 진리를 직접적으로 제시하고 가르치는

수업이 아니라, 자기 마음속에 있는 죄책감과 두려움과 분리와 특별함, 즉 에고를 바라보고 포기하는 수업입니다. 용서를 통해 장애물을 다 제거하고 나면 우리의 타고난 유산인 평화와 사랑만이 남습니다.

하지만 수업에서 말하는 용서를 제대로 이해하고 삶에 적용할 수 있기까지는 많은 공부와 연습, 무엇보다 '작은 용의'가 필요합니다.《우주가 사라지다》시리즈는 공부 초기에 〈기적수업〉의 핵심을 파악하는 데 걸릴 시간을 크게 단축해줄 것이고, 〈기적수업〉 본문을 직접 읽고 준비가 되었을 때 실습서의 365개의 과를 밟는다면, 어느새 수업의 가르침이 형이상학적 원리에 그치지 않고 삶의 새로운 방식으로 자리 잡아 가는 것을 경험할 것입니다.

이 후속편에도 전편들과 마찬가지로 〈기적수업〉의 인용문이 많이 실려 있습니다. 그리고 나중에라도 〈기적수업〉을 공부하려는 독자들을 위해 저자는 〈교재〉(T), 〈학생용 실습서〉(W), 〈교사용 지침서〉(M) 등의 약자와 함께 쪽수도 제시하고 있습니다. 하지만 '내면의 평화 재단'(Foundation for Inner Peace)에서 펴낸 〈기적수업〉의 한국어판도 올여름에 출간될 예정이라, 재단에서 〈기적수업〉 원문에다 매기고 있는 기호도 알아두는 것이 공부에 도움이 되리라 생각하여 우측 페이지에 표로 만들어 소개합니다.

그러므로 이 책에서 〈기적수업〉 인용문을 읽다가 'T248/T-13.V.3:5'와 같은 기호가 나타나면, 영어 원서의 '〈교재〉 248쪽'을 펴거나 원서나 한국어번역본의 '〈교재〉 13장 5과의 3번 문단 5번 문장'을 보라는 뜻으로 받아들이시면 됩니다.

그 밖에도 '기적수업 한국모임'(acimkorea.org) 홈페이지에 접속하시면 《우주가 사라지다》시리즈에서 종종 언급되었던 고故 케네쓰 왑닉 박사가 정리해놓은 주요 용어해설, 동영상 강의,《기적수업 입문서》의 구입정보,

T : text	교재	p I : part I	1부(실습서 1~220과)
W : workbook	실습서	p II : part II	2부(실습서 221~360과)
M : manual	지침서	FL : final lessons	마지막과제 (실습서 361~365과)
C : clarification for terms	용어해설	R : review	복습(실습서)
P : psychotherapy	심리치료	In : Introduction	들어가기
S : song of prayers	기도의 노래	Ep : epilogue	나가며

〈인용문 출처 예시〉

T-27.Ⅷ.6:2	교재 27장, 8과, 6번 문단, 2번 문장
W-p I .169.8:2	실습서 1부, 169과, 8번 문단, 2번 문장
W-p II.12.1:3	실습서 2부의 12번째 주제, 1번 문단, 3번 문장
W-p II.227.1:1-7	실습서 2부, 227과, 1번 문단, 1~7번 문장
M-12.3:3	지침서 12번 주제, 3번 문단, 3번 문장
C-in.4.4:5	용어해설 들어가기, 4번 주제, 4번 문단, 5번 문장

자주 하는 질의응답은 물론이고 구정희 님의 번역을 통해 곧 출간될 '내면의 평화재단' 〈기적수업〉 한국어판의 진행상황 등도 접하실 수 있습니다.

이 책이 나오기까지 도움을 주신 모든 분께 감사를 드립니다. 내가 아플 때 나보다 더 아파하고 내가 기뻐할 때 나보다 더 기뻐하시는 부모님, '야후 DU 토론 그룹'에서 알게 되어 수백 개의 크고 작은 질문에 최선을 다해 답해준 〈기적수업〉 학생 숀 라이언Shaun Ryan, 〈기적수업〉의 학생이 아님에도 흔쾌히 도움을 준 직장동료 타이 컬스튼Tai Kersten, 이 책에 삽입된 〈기적수업〉 인용문을 위해 이제껏 다듬은 번역문을 선뜻 내주신 '내면의 평화 재단' 한국어 번역자 구정희 님, 빡빡한 직장 스케줄 속에서도 시간을 쪼개고 쪼개서 1차 윤문을 도와주신 구유숙 님, 영어의 미묘한 뉘앙스를 우리말로 잘 살릴 수 있도록 도와주신 이주원 님과 김지화 님, 이 책의 번역을 제안해주시고 깔끔하게 마무리 윤문을 해주신 정신세계사 편집주간 이균형 님, 이 책의 출판에 직접 관계하고 계신 정신세계사 사장님과 직원분들, 이 책이 나오기까지 끈기 있게 기다려주신 모든 독자분, 그리고 떠난 적이 없는 집을 향해 함께 여행하고 있는 모든 형제들, 마지막으로 이 꿈에서 부드럽게 아버지 품으로 깨어날 수 있도록 우리 모두를 인도해주고 있는 〈기적수업〉의 음성에게 진심으로 감사를 전합니다.

여행이 끝나 잊혀지는 곳으로 형제를 안전하게 인도할 때마다 나는 다시 부활한다. 불행과 고통에서 벗어나는 길이 있다는 것을 형제가 배울 때마다 나는 새로워진다. 형제의 마음이 내면의 빛에서 나를 찾을 때마다 나는 다시 태어난다. 나는 아무도 잊지 않았다. 이제 나를 도와, 나와 함께 다른 선택을 내리도록 여행이 시작된 곳으로 너를 이끌게 하라.(W330/W-rV.in.7)

2014년 8월

옮긴이 강형규

※ 이 책에 실린 〈기적수업〉 인용문은 구정희 님의 번역문을 바탕으로 각 구절이 인용된 맥락에 맞추어 다듬은 것임을 밝힙니다.

※ 《우주가 사라지다》와 《그대는 불멸의 존재다》, 그리고 이 책에서 발견되는 오류는 북카페 정신세계의 '바로잡습니다' 게시판에 실시간으로 수정 공고되고 다음 쇄에서 정정됩니다.

※ 본문 하단의 각주는 모두 옮긴이가 덧붙인 것입니다.

들 어 가 기

이 책은 지난 20년간 대중매체에서 말해온 그런 종류의 영성이 아닌 진짜 영성을 다룬다. 그동안 영성은 자기계발과 완전히 혼동돼왔지만 이 책을 다 읽고 나면 이 둘의 차이는 물론이고, 왜 영성만이 당신을 행복하게 해주는지도 이해하게 될 것이다.

많은 시간을 단축해주는 영성과 그렇지 않은 영성을 구별하는 기준이 있다. 시간을 단축시키는 영성은 에고를 지우는(undoing the ego) 주제를 다루고 그 방법도 제시한다. 불교와 같은 위대한 가르침과 영성의 걸작인 〈기적수업〉은 '에고'에 대해 세세한 부분까지도 놀라우리만치 비슷하게 정의를 내리고 묘사한다. 〈기적수업〉이 서양 독자들을 상대로 기독교 용어를 사용하여 이야기하고 있으나, 기독교보다는 불교와 유사성이 더 많다는 것을 알게 될 것이다.

에고를 지우는 작업에 필요한 방법과 설명은 뒤에서 다루겠지만 당장은, 에고란 우리가 자신을 근원에서 분리해냈다는 생각이며 경험이라는 정도로만 말해두자. 즉, 더 이상 자신의 근원과 하나가 아닌 개체적 존재, 고유의 정체성을 취한 뭔가가 있다는 것인데, 우리는 이를 사실로 여긴다. 시간을 단축시키는 영성훈련은 분리의 관념에 뿌리를 둔 이 에고를 지우는 작업에 초점을 맞춘다.

가짜 당신, 즉 에고를 다 지우고 나면 진짜 당신만 남는다. 진정한 자신이 되기 위해 버둥거리지 않아도 된다. 진화할 필요도 없다. 진짜 당신은 이미 완벽하다. 이 완벽성을 경험하고 표현하는 것을 가로막는 장애물만 치우면 된다. 덧붙이자면, 이 완벽성은 이 세상 속에 있는 것들과는 아무 관련이 없고, 이 세상에 속하지 않은 무엇과 관련이 있다.

'에고와 친하게 지내야' 한다고 가르치는 사람들이 있다. 개중에는 단연 뛰어나고 존경받는 과학자들도 있다. 귀여운 생각이다. 그런데 정작 에고는 당신의 친구가 되는 일에 흥미가 없다. 에고는 당신을 죽이고 싶어한다. 〈기적수업〉(A Course In Miracles)은 이렇게 말한다. (〈기적수업〉은 예수가 연구 심리학자였던 헬렌 슈크만에게 받아적게 한 책이며, 이 책에서는 예수를 제이J라 부를 것이다.) **"그러므로 에고는 특히 네가 사랑으로써 반응할 때 너를 잘 공격한다. 왜냐하면 에고는 너를 사랑이 없는 것으로 판단했는데 네가 그 판단을 거스르고 있기 때문이다. 너의 동기가 너에 대한 에고의 인식**(perception)**으로부터 확연히 벗어나면 에고는 그 즉시 너의 동기를 공격할 것이다. 에고가 의심하던 태도로부터 사악한 태도로 돌변하는 것은 바로 이때이다. 불안감이 커지기 때문이다."**(T176/T-9.Ⅶ.4:5-7)

이 책은 영적일 수 없는 것을 영적인 것으로 만드는 그런 책이 아니다. 이 책은 본향의 집으로, 영으로 돌아가는 일에 관한 것이다. 실재實在에 관한 책이다. 그 실재란 사랑이지만, 세상이 생각해온 통상적인 사랑은 분명 아니다. 이것은, 설명될 수는 없고 오직 경험될 수만 있는 사랑이다. 동서고금의 위대한 신비주의자들이 우리가 지향해 가도록 지혜롭게 가리켜온 목표도 바로 이것이다. 물론 그들도 이것을 말로 담아낼 순 없다는 사실을 잘 알고 있었다. 하지만 우리가 이곳에 육신으로 존재하는 것처럼 보이는 동안에도 이 실재를 경험하는 것은 가능하다. 우리는 육체가 아니다. 물론 육체인 것처럼 보이고, 그렇게 느껴지기는 한다. 이 책의 목적은 육체의 경험을 부정하게 하려는 것이 아니라 다만 그 경험이 가짜임을 증명하려는 것뿐이다.

　우리가 시간을 경험하는 방식도 마찬가지다. 우리는 시간을 한 방향으로만 흐르는 것으로 경험하며, 그 흐름을 따라 우리가 이 모든 일을 벌이고 있는 양 경험한다. 하지만 이 역시 가짜 경험이다. 실제는 홀로그램과도 같다. 모든 일은 이미 다 일어나 있다. 이미 다 일어난 일이라면, 우리는 시간의 경과를 따라 이 모든 일을 벌이고 있는 것이 아니다. 이제 와서 뭔가를 창조하는 것이 아니다. 당신은 태초에 이미 그렇게 했다. 그 이후로 일어난 듯 보이는 모든 일은 이미 다 끝난 이야기다. 대부분의 사람들은 이 생각을 맘에 들어하지 않는다. 하지만 이 생각은 이 책이 다룰 사고체계의 일부이며, 이것을 이해하고 적용하기만 한다면 이 환영을 경험하는 시간이 엄청나게 단축될 것이다.

　우리는 자신이 겪을 일을 항상 선택할 수는 없다. 하지만 그 일을 어떻게 경험할지에 대해서는 언제나 선택할 수 있다. 이 선택의 핵심은 특정한 방식의 용서에 있으며, 이는 부처와 예수 같은 위대한 스승들이 실천한 용서의 방식과 동일하다. 이 용서는 세상이 말하는 통상적인 용서와는 다르다. 배우고 실천하기만 하면 이 용서는 에고를 지워서 우리를 우리의 근원, 우리의 진정한 집으로 데려다줄 것이다. 이것은 시간을 상당히 단축해주기 때문에, 영적 삶의 급행노선이라 할 수 있다. 그것은 무수한 생을 단축해준다. 사실 환생이란 연속으로 꾸는 꿈일 뿐이지만 우리는 그것을 현실로 받아들인다. 인생의 답(the answer to life)이란, 분리되어 한정된 공간 속에 갇혀 있는 듯이 보이는 그런 존재로 사는 가짜 경험을, 단지 공간 속에 갇히지 않은 정도가 아니라 아예 시공간 우주를 초월한 완벽한 영이 되어 있는 참 경험으로 바꿔놓는 것이다. 위대한 영성은 바로 이 경험을 지향하며, 이 경험이야말로 문자 그대로 삶과 그 지난한 문제들에 대한 답이다.

실재의 경험, 곧 신과의 완벽한 일치에 이르려면 그 어떤 타협도 용납해서는 안 된다. 이 책은 〈기적수업〉의 가르침을 놓고 결코 타협하지 않을 것이다. 내 스승들은 이렇게 타협하기를 단호히 거절하기에 나 역시 그래야 한다. 〈교사를 위한 지침서〉 66쪽*에서 직설적으로 말하듯이, **"세상은 타협을 무수히 시도하고 또 무수히 더 시도할 것이다. 그중의 하나도 신의 교사에게는 받아들여질 수가 없다. 왜냐하면 그 무엇도 신이 받아들일 만하지 못하기 때문이다."**(M66/M-27.4:7-8)

이런 맥락에서, 나는 2006년 말부터 2013년 초까지 실제로 일어났던 일들을 이 책에 옮겼다. 필자의 설명과 주註를 제외한 나머지 부분은 세 명이 대화를 하는 형식, 곧 나 개리가 몸을 입고 내 앞에 나타난 승천한 스승들 아턴과 퍼사와 나눈 대화이다. 나의 해설을 따로 구분해서 표시하지는 않았지만 대화의 흐름에 방해가 된다 싶을 때는 주註로 표시했다.

승천한 스승들이 정말로 나타났다고 믿어야만 이 책에 실린 정보로부터 이로움을 얻을 수 있는 것은 아니다. 당신이 어떻게 생각하든 나는 개의치 않는다. 하지만 나 같은 문외한이 이런 스승들에게서 영감을 받지 않고 이런 글을 쓴다는 것은 불가능한 일이라는 것만큼은 분명히 말할 수 있다. 아무튼 이 내용의 출처에 대한 판단은 독자에게 맡긴다.

이 내용을 제대로 전하려고 최선을 다하기는 했지만 나는 완벽한 사람이 못 되고, 따라서 이 책도 완벽하지 않다. 여기에 실린 내용 중 혹시 오류가 있다면 그것은 내 스승들의 잘못이 아니라 내 잘못이라는 점을 밝혀두고 싶다. 또 이 논의의 기록은 독자가 쉽게 따라올 수 있도록 '실생활'(real life)의 시간선을 따라 전개되지만, 항상 한 방향으로만 전개되지는 않고 때

---

* 이하 모두 영문 원서 기준임.

로는 홀로그램과 같은 방식으로 제시되기도 한다. 예컨대, 앞에서 말한 내용이 뒤에 가서 다뤄지기도 하고, 뒤에서 다뤄질 내용들이 앞에서 제시되기도 한다. 이러한 구성이라든지 이 책들에 관련된 다른 어떤 사항에 대해서도 나는 내 스승들의 안내에 따라 결정했지, 내 맘대로 정하지 않았다.

각 장의 서두에 인용된 구절을 포함하여 이 책에 인용된 〈기적수업〉 구절들은 그 끝에 출처를 밝혀놓았다. 〈기적수업〉을 안내해준 음성(Voice)에 무한한 감사를 전한다. 이 음성의 정체에 대해서도 이 책에서 다룰 것이다.

이 책이 나올 수 있도록 도움을 준 네 사람에게 감사의 인사를 전한다. 먼저, 내가 수많은 다양한 지역에서 강연을 하면서도 틈틈이 스승들에게서 배울 시간을 가질 수 있도록 스케줄을 짜준 내 첫 번째 예약 담당자 수 보그 Sue Borg와, 뜻밖의 선물이라고밖에 할 수 없는 내 친구이자 두 번째 예약 담당자인 잰 쿡Jan Cook, 그리고 이제는 절친이자 내 스승 중 하나가 된 전처 카렌 레나드Karen L. Renard, 마지막으로 이번 생의 아턴의 정체를 밝혀줄 그 사람에게도 감사를 전한다. 그 사람이 누구인지는 이 책을 읽다 보면 알게 될 것이다.

벌써부터 〈사랑은〉(LHFNO)•라는 줄임말로 불리고 있는 이 책에는 〈기적수업〉 공식판의 구절들이 많이 인용되어 있고, 나는 그것들을 나중에 〈기적수업〉 공부를 하고 싶어할 독자들에게 도움이 되도록 굵은 글씨로 표시해놓았다. 출판사 대표와 나는, 캘리포니아주 밀 밸리에 소재한 '내면의 평화 재단'(Foundation for Inner Peace) 직원들과 같은 주 테메큘라에 소재한 '기적수업 재단'(Foundation for A Course in Miracles) 직원들에게도 감사를 전한다. 수십

• 영어권에서는 원제의 머리글자를 따서 LHFNO라 하는데, 한국에서는 첫 단어인 '사랑은'으로 줄여 부르면 어떨까 싶다.

년에 걸친 그들의 노력 덕분에 세상 어느 곳에서나 〈기적수업〉을 접할 수 있게 되었다.

마지막으로, '기적수업 재단'의 설립자인 케네쓰 왑닉 박사와 글로리아 왑닉에게도 진심을 담아 감사를 전한다. 내가 이 재단과 무슨 관계가 있는 것은 아니지만 이 책은 분명 그들의 노고에 빚을 지고 있다. 아턴과 퍼사를 만난 초기에 그들은 나에게 왑닉 박사의 가르침을 배우도록 인도해주었는데, 이 책은 그 모든 배움의 반영이라 하겠다.

개리 레너드
하와이에서 다섯 시간밖에 떨어지지 않은
캘리포니아 남부에서 햇볕을 즐기며

나는 이 수업에 나오는 기본 개념들은 정도의 문제가 아님을 이미 밝혔다. 어떤 근본적 개념들은 반대 개념을 통해서는 이해할 수 없다. 빛과 어둠, 모든 것과 무無의 양립은 상상조차 할 수 없다. 그것들은 모두가 참이거나, 아니면 모두가 거짓이다. 둘 중 어느 한 쪽에 확고히 헌신하기 전에는 너의 생각이 변덕을 부릴 것이라는 점을 알아차리는 것이 중요하다.

— 〈기적수업〉(T-38/T-3.II.1:1-5)

1

무엇이 되고 싶은가?

너는 신이 창조하신 그대로이며, 따라서 네가 보는 모든 생명도 보이는 형상과 상관없이 신이 창조하신 그대로다. 네가 병과 고통, 약함과 괴로움과 상실로 바라보는 것들은 단지 너 자신을 무방비 상태로 지옥에 있는 것으로 스스로 인식하게 하려는 유혹일 뿐이다. 거기에 굴복하지 말라. 그러면 어디서 일어나든 온갖 형태의 모든 고통이 한갓 태양 앞의 안개처럼 사라지는 것을 보게 되리라.

(T667/T-31.VIII.6:1-3)

2006년 말에 나는 결혼한 상태로 메인 주에서 살고 있었는데, 2007년 말에는 이혼해서 캘리포니아 주에 살게 되었다. 2006년이 내 인생에서 가장 힘든 해였기 때문에, 당시에는 2007년이 이를 능가하리라고는 생각하지 못했다. 그게 가능하리라고는 정말 상상조차 못했던 것이다.

남녀의 모습으로 내 앞에 나타난 승천한 스승 아턴과 퍼사를 마지막으로 본 것은 2005년 8월이었다. 아턴과 퍼사는 우리의 두 번째 책 《그대는 불멸의 존재다: 생사의 쳇바퀴를 벗어나게 하는 예수의 진정한 가르침》*의 내용을 전해주기 위해 1년 8개월간에 걸쳐 총 열한 번 방문했었다. (나는 그 책에 개인적인 설명과 주註도 덧붙였고, 각 장의 대화에서도 최선을 다해 내 몫을 해냈

• 원제는 Your immortal reality: how to break the cycle of birth and death.

다.) 그들의 마지막 방문이 끝나갈 즈음에 나는, 혹시 우리가 다시 만날 수 있을지를 물어보았는데 그들의 대답은 놀라웠다. "지금으로부터 1년 뒤에 당신의 삶이 정말로 당신이 원하는 삶인지를 자신에게 물어보세요. 작가로서의 삶을 계속하고 싶은지 말이죠."

그들은 내가 모르는 뭔가를 알고 있었던 것이다. 그 후로 1년하고도 몇 달간은 매우 힘든 시기였다. 누구라도 힘에 부칠 법한 여행과 강연 스케줄을 소화하는 동시에 왕성한 작가들이 보통 할 법한 일까지 병행하다 보니, 어느새 나는 원한의 대상이 되어 있었다. 나를 시샘한 소위 영적 교사들 몇 명이 내 활동을 박살내버리겠다며 조직적으로 움직였던 것이다.

그중에는 친구라 여겨 아낌없이 호의를 베풀었던 사람도 있었다. 너무 가슴이 아팠고, 이것은 내 인생의 가장 큰 용서 과제 중 하나이기도 했다. 여기서 벗어나는 데 몇 달이 걸렸는데, 나에게는 다행히도, 결국 그들의 노력은 물거품이 되었다. 아마도, 당시 그들이 벌인 일들이 그들이 몸소 가르치고 있는 것으로 여겨지는 영적 원리에 정면으로 위배되었기 때문이 아닐까 싶다. 사람들은 위선을 좋아하지 않는다. 이 영적 교사들은 입으로만 사랑을 말했지, 신포도 냄새가 풀풀 났다.

나로 말할 것 같으면, 나는 알려진 대로 그냥 불완전한 사람일 뿐이다. 내가 어떤 위인인지를 사람들 앞에서 자주 털어놓아서인지, 나를 만나보지 못한 사람들조차 나에 대해 잘 안다고 생각할 정도였다. 나는 내가 더 이상 사람이 아닌 양 나 자신을 묘사한 적이 없다. 그들이 수년간 내 뒷조사를 샅샅이 했어도 실제의 내 모습과 내가 한 이야기는 언제나 일치해서 짜맞출 여지가 없었다. 내게 쏟아지는 증오에 대해서는 막연한 추측만 있을 뿐 그것을 뒷받침할 증거는 하나도 없었고, 그마저도 극소수의 소견임이 드러났다. 결국 대부분의 사람들은 내 말을 믿어주었고, 그 후로도 그것은 계속 입증되었다.

    아턴과 퍼사의 두 번째 방문 기간이 끝난 지 1년쯤 후, 뉴욕 라인벡 Rhinebeck에 있는 오메가 협회Omega Institute에서 집중 워크숍을 진행할 때의 일이다. 베트남 참전 군인이었던 조Joe가 나에게, 《우주가 사라지다》('우사'라는 애칭으로 불리기도 한다)를 통해 자신이 〈기적수업〉에 입문하게 된 사연을 들려주었다. '우사' 덕분에 〈기적수업〉의 가르침을 이해하고 자신의 삶에 적용할 수 있었으며, 결국에는 월남전에서 목격했던 끔찍한 일들을 용서할 수 있는 힘이 생겼다는 것이었다. 또 수십 년간 시달려온 악몽도 이제는 더 이상 꾸지 않게 되었다면서 이 책을 다른 베트남 참전 군인들과 나누고 싶다고도 했다. 그 말을 듣는 순간, 아턴과 퍼사의 질문에 대한 답이 분명해졌다. '그래, 맞아. 난 이 일을 계속하고 싶어. 이 일 말고 뭘 더 바랄게 있겠어?'

    그로부터 몇 개월 뒤, 미수에 그친 다른 교사들의 공격들을 처리한 후, 나는 메인 주 오번Auburn에 있는 내 아파트 거실에 앉아 있었다. 날짜로는 2006년 12월 21일이었는데* 곧 좋은 일이 일어날 것 같은 예감이 들었다. 내 인생의 한 위기가 해결되고 다른 위기가 시작될 시점이라 나는 이날 친구들이 방문해주길 고대하고 있었다. 승천한 스승들은, 그들이 내 앞에 다시 나타날지 말지는 내가 정해야 한다고 하면서 내가 선택과 책임의 주체

---

* 본래 도마 사도의 축일은 12월 21일이었으나 지금은 7월 3일로 바뀌었다. 전에 퍼사는 자신이 2천 년 전에 남자인 도마 사도로서 살았다고 자신을 소개했다. 그리고 아턴은 자신이 다대오 사도였다고 밝혔다.

가 되기를 원했다. 그들은 나에게 결과가 아니라 원인의 위치에 서도록 가르쳤고, 이 원리를 살아냄으로써 다시는 세상의 제물이 되지 않기를 바랐다. 결국 이번 방문의 선택권은 나에게 있었고, 내가 원한다면 그들이 나타날 것임을 나는 알고 있었다. 그들은 나를 실망시키지 않았다. 과연 바로 그때 아턴과 퍼사가 그들이 즐겨 앉던 소파에 나타난 것이다. 참고로, 후에 나는 이 소파를 이혼으로 잃을 뻔했지만 전처 카렌이 다시 돌려주었다.

개리: 오늘 올 줄 알았어요! 다른 사람들도 당신들이 오늘 나타날 것 같다고 이메일을 보내주었어요.

아턴: 우리의 명성을 벗어날 길이 없네요.

퍼사: 혹시 밖에 파파라치는 없나요? 그나저나, 요즘은 참 힘든 시기죠?

개리: 정말 그래요. 내가 〈기적수업〉 역사상 그 어떤 교사보다도 더 많은 헛소리에 시달릴 거라고 왜 경고해주지 않았는지, 어디 설명 좀 해보시죠?

아턴: 용서의 기회를 박탈하고 싶지 않기 때문에 미래에 닥칠 일에 대해서 너무 많은 것을 알려주지는 않을 거라고 애초에 말해줬는데, 기억나나요?

개리: 맞네요. 까먹고 있었어요. 신경 쓰지 마세요. 젠장(Jesus Christ)! 암만 그래도 저 정말 힘들었다고요, 알잖아요.

퍼사: 개리, 예수의 이름을 그렇게 값싸게 입에 올리지 마세요. 예수는 자신의 길을 끝까지 걸었고, 당신도 거의 다 왔어요. 예수는 신과 함께라면 불가능한 일은 하나도 없다는 것을 증명했어요. 그 어떤 고통도 느끼지 않는 일도 포함해서 말이죠. 지금은 툴툴거리고 있지만, 당신은 최근의 용서 과제도 잘 실천해냈잖아요. 그러니 오리처럼 돼보면 어때요?

개리: 오리처럼요? 속는 셈 치고 물어보죠. 무슨 뜻이에요?

아턴: 오리는 뒤를 돌아보지 않죠. 뒤돌아보는 것이 힘든 일이다 보니 대개는 굳이 뒤를 돌아보려고 하질 않아요. 이처럼 오리는 앞에 있는 것만 보고 뒤에 있는 것은 무시해버리죠. 지금 눈앞에 있는 일만이 중요해요. 과거에 대해서는 아무 생각도 않는 거죠.

개리: 그러니까 과거에는 신경 쓰지 말고 지금 이 순간 다뤄야 할 것만을 생각하라, 그러면 미래는 알아서 굴러간다는 말이지요?

아턴: 네, 하지만 일부 대중적인 가르침들처럼 그 정도에서 그치자는 건 아니에요. 소정의 작업을 하지 않은 채 현재의 순간에 머물려고 한다면 죄다 실패하고 말 겁니다. 왜냐하면 당신이 현재의 순간에 머물지 못하도록 방해하는 뭔가가 마음속에 남아 있기 때문이죠. 그 뭔가를 치유하는 법은 고사하고, 그게 뭔지조차 모르는 영성이 수두룩하죠. 또 가장 인기 있다는 〈기적수업〉 교사들도 이를 알지 못하거나 이것을 치유하는 방법을 가르치지 않습니다. 수업을 진정으로 깨우치지 못했기 때문이죠.

퍼사: 우리는 당신이 예전으로 돌아가는 것이 아예 불가능해질 때까지 이 주제를 파고들 거예요.

아턴: 우리의 스승 예수는 수업에서 이렇게 말합니다. **"과거에 대해 가질 수 있는 단 하나의 올바른 생각은, 과거는 여기에 없다는 것이다."**(W13/W-pI.8.2:1)

개리: 멋져요. 그런데 시간이라는 환영 속에서, 이번에는 언제까지 찾아올 예정이세요? 알다시피 요즘 제가 스케줄이 빡빡해서요. 당신들이 특별히 방문하고 싶은 날짜가 있다면 예약담당자에게 알려줘야 하거든요.

아턴: 사실 우리가 언제까지 방문할 것인지는 당신이 자신의 과제를 얼마나 잘, 또 얼마나 빨리해내느냐에 달려 있어요. 우리는 당신에게 과제를 줄 겁니다. 잦은 여행 때문에 이 과제를 제시간에 다 해내지 못할 수도 있겠

죠. 하지만 당신의 용서 과정은 계속 단축되어야 합니다. 두 번째 방문기간 동안 알려준 진보된 형태의 용서 과정이 첫 방문기간 때 알려준 형태보다 짧아졌다는 것을 알아차렸었죠? 이번 방문에서도 용서 과정은 짧아진 형태로 제시될 것입니다. 결국에는 아무런 말도 필요 없이 그저 자동적으로 그것을 하게 될 겁니다. 이건 매우 앞선 단계지요. 우선은, 당신이 빨리 배워나갈 것이며 그리 머지않은 미래에 당신 앞에 무슨 일이 닥치든 자동적으로 용서하는 법을 배우게 될 거란 점만 말해둘게요. 그러면 당신은 신의 교사의 특징인 믿음과 환희에 찬 어떤 의식상태에 남아 있게 될 겁니다. 당신은 당신을 몸이 아니라 그 자신과 같도록 창조한 창조주Creator에 대한 감사의 상태에 머물게 될 겁니다. 당신은 신 안에서 안식할 수 있는 상태에 다다를 것입니다.

개리: 네, 저도 좀더 느긋해지고 싶고, 지난 2년 동안 저를 도와준 모든 것들에 대해서도 더욱 감사하고 싶어요. 제이, 〈기적수업〉, 그리고 당신들, 저스트 포 멘Just For Men(염색약), 비아그라 등등에 말이죠.

퍼사: 최근 몇 개월간 당신에게 공부거리를 던져준 사람들에 대해서도 감사해야 해요. 그들을 용서할 때 그들은 당신의 구원자가 되지요.

개리: 음. 그들 중 한 명은 정신을 차리고는 나에게 공개사과까지 했어요. 하지만 다른 두 얼간이는 언제야 냉수 마시고 속을 차릴지 모르겠어요. 농담이에요. 무슨 일이든 가능하죠. 무슨 말인지 잘 알겠어요. 그들을 용서할 때 실제로 용서받는 자는 다름 아닌 나 자신이고, 그런 점에서 그들은 진정 나의 구원자지요. 그들 없이는 난 집에 갈 수 없어요.

퍼사: 사랑하는 형제, 바로 그거예요. 당신이 그들을 바라보는 방식, 즉 그들에 대해 생각하는 방식이 당신이 자신에 대해 어떻게 생각하는지를 결정하고, 궁극에는 당신이 자신을 무엇이라 믿는지까지도, 즉 육신인지 영

인지도 결정할 거예요. 자, 뭐가 되고 싶나요? 언젠가는 죽을 운명인 덧없는 무엇이 될래요? 아니면 죽을 수 없는 영원한 무엇이 될래요? 그런데 당신이 다른 이들에 대해 생각하는 방식이 당신이 둘 중 어느 쪽을 경험하게 될지를 결정한다는 겁니다! 수업에서 제이가 충고하듯이요. **"이것을 결코 잊지 말라. 너는 형제 안에서 너 자신을 발견하거나, 아니면 잃을 것이니."** (T142/T-8.III.4:5)

개리: 무슨 일이 일어나든 그것을 용서하고, 또 마음에 떠오르는 과거의 기억이나 생각까지도 용서할 때 나는 거기서 자유로워집니다. 단, 이 용서는 대부분의 사람들이 제대로 이해하지 못하는, 제이가 사용했던 특별한 방식의 용서이지요.

아턴: 지금 우리가 이야기하고 있는 종류의 용서는 당신의 에고를 지워서 끝없는 현재의 상태에 머무를 수 있게 해줄 겁니다. 과거와 미래도 용서될 것이고요. 그리고 수업은 말하지요. **"…용서받으면 과거는 사라진다."** (W442/W-pII.289.1:6)

> ❦
> 지금 우리가
> 이야기하고 있는
> 종류의 용서는
> 당신의 에고를 지워서
> 끝없는 현재의 상태에
> 머무를 수 있게
> 해줄 겁니다.

개리: 아, 잠깐만요! 녹음기를 켜놓지 않았어요.

아턴: 걱정 마세요. 이번에는 녹음을 하지 않았으면 해요. 물론 지금 하고 있듯이 받아 적는 것은 괜찮지만요. 당신은 기억력도 매우 좋잖아요. 게다가 이제 당신은 우리가 방문하지 않을 때에도 우리가 말해주는 내용을 들을 수 있고, 또 눈을 감고 우리가 보여주는 문구를 볼 수도 있어요. 혹시 고쳐야 할 실수가 있으면 이렇게 바로잡아줄게요.

개리: 아, 잘 모르겠어요. 예전보다 작업이 힘들 것 같네요. 지금까지는

두 책에다 제 개인적인 설명이랑 주註를 덧붙였고, 제 삶에서 일어나고 있는 일들을 이야기하면서 그 책들을 제 것으로 소화해냈었지요. 하지만 테이프에 녹음된 실제 대화를 옮겨 칠 수 있었던 게 정말 도움이 됐다구요. 그런데 이젠 그렇게 하지 말라는 거잖아요.

퍼사: 그렇게 할 필요가 없다는 거예요. 괜찮을 거예요. 두고 보세요.

개리: 왜 녹음을 하지 말라는 거죠?

퍼사: 간단해요. 당신이 이 작업을 계속 해나가기로 결심했기 때문이죠. 앞으로 더 많은 책이 나온다는 뜻이고요. 그러니까 녹음테이프에 관해서는 사람들이 더 이상 관심을 쏟지 못하게 하자구요. 이제 당신은 그거 없이도 이 일을 할 수 있어요. 사람들이 관심을 두어야 할 곳은 우리가 진짜냐, 테이프가 정말 있냐는 등의 피상적인 것들이 아니라 우리가 말할 내용이에요. 게다가 우리는 신을 제외하곤 그들 자신도 포함해서 아무것도 실재가 아니라는 점을 줄곧 일깨워줬으니까요!

또 당신은 숱한 질문들에도 잘 대답해왔어요. 사람들은 당신과 아턴과 나에 대해서 여러 해 동안 의문을 제기해왔고, 당신은 우리가 충고한 대로 그 질문들에 다 대답해왔어요.

주註: 2001년 하반기 첫 번째 방문 주기가 끝난 이래로 나는 아턴과 퍼사가 나에게 성령으로서 말하는 것을 들을 수 있었다. 물론 이 대화 형태는 대부분 사람들이 생각하는 방식과 늘 같지는 않았다. 들을 수 있는 음성(Voice)의 형태로 종종 들리기도 했지만, 특히 두 번째 책이 나온 이후로 이 대화는 대부분 다른 형태로 일어났다. 자리에 앉아 있든, 자기 직전에 침대에 누워 있든, 그냥 침대에 누워 있든, 이렇게 깨어 있는 상태에서 눈을 감고 있을 때면 마치 책을 읽는 것처럼 단어들이 보이곤 했다. 이것은 이제껏 내가 겪은 영적 소통 중 가장 분명한 형태 중 하나이다.

아턴: 질문에 답하는 것 자체는 아무 잘못도 아니고, 질문에 방어적인 자세를 취할 필요도 없어요. 당신은 단지 잘못된 정보를 바로잡기 위해서 정보를 주고 있을 뿐이죠. 몇몇 사람들은 질문의 형태로 당신을 공격해도 괜찮다고 생각하는데, 참 재미있죠. 사실 그 질문들은 무늬만 질문이지, 실제로는 아무 증거도 없으면서 당신이 거짓말쟁이라고 비난하는 '선언'이거든요. 그러면서도 당신이 거기에 응답을 하면 그걸 빌미로 당신에게 뭔가 문제라도 있는 것처럼 보이게 만들고 싶어하죠. 그들에겐 아주 손쉬운 방법이지요. 그렇다고 형상의 차원에서 당신이 겪은 일들을 이야기해주지 않으면 사람들은 알아서 대답을 지어낼 겁니다.

당신에게 질문에 대답하라고 조언한 또 다른 이유가 있어요. 지금으로부터 4~50년이 지나 사람들이 지금 보이고 있는 흥분이 좀 가라앉은 상태에서 학자들이 이 문제들을 다시 살펴보면, 학자들은 당신이 이 질문들에 전부 대답했다는 것을 알게 될 거예요. 게다가 대부분 아주 훌륭한 대답이었다는 것도 말이죠.

퍼사: 최근 몇 년 사이에 당신은 세상에 널리 알려진 교사가 되었어요. 독자들을 위해서 복습도 할 겸, 제이가 2천 년 전에 가르쳤고 지금도 〈기적수업〉에서 가르치고 있는 내용 중 두 대목 정도만 뽑아서 말해줄래요? 당시엔 몇몇을 제외한 세상은 그 내용을 이해하지 못했고, 지금도 소수를 제외하곤 이해하고 있지 못하죠.

개리: 좋아요. 하지만 짧게 할 거예요. 저도 당신들에게 질문할 게 좀 있거든요. 제일 먼저 알아야 할 것은 우리에게는 단 두 가지 선택지만 있는데,

둘 중 하나만이 실재라는 점입니다. 실재하는 것이란 곧 하나님, 천국, 근원, 집, 혹은 실재, 뭐라고 부르든 좋아요. 뭐라 부르든지 그것은 완벽합니다. 성서랑 〈기적수업〉 둘 다 똑같이 하는 말이 있지요. 신은 완벽한 사랑이라고. 이 완벽한 사랑은 결코 변하지 않습니다. 이 사랑은 절대 고요입니다. 만약 변한다면 그것은 진화해간다는 뜻일 테고, 진화해간다면 그것은 완벽한 것일 수 없습니다. 하지만 실재는 이미 완벽합니다. 자신을 개선시킬 필요가 없어요. 그리고 이것이 모든 이의 실재입니다. 이 완벽한 사랑은 가르치거나 설명할 수는 없지만 경험할 수는 있어요. 우리가 여기 몸 안에 있는 듯이 보이는 동안에도 말입니다.

신이 완벽한 사랑이라면, 그것이 할 줄 아는 것이라고는 오로지 사랑하는 것뿐일 것입니다. 만약 사랑 아닌 다른 것을 할 줄 안다면 그것은 완벽한 사랑일 수 없겠죠? 수업의 비이원적 성질을 이해하려면 이것은 꼭 알아야 할 점입니다.

그런데 자신이 여기에 있다고 생각하는 다른 뭔가가 있습니다. 사실 그것은 여기에 있지 않지만, 여기에 있다고 생각하죠. 그것은 자신이 스스로를 근원(Source)으로부터 분리해내서 자기만의 개체성을 지니고 있다고 생각합니다. 이것을 두고 우리는 에고라 합니다. 에고의 대부분은 무의식의 영역에 있지요. 에고는 표면 아래에 있습니다. 우리는 의식의 마음을 갖고 에고의 극히 일부만을 보고 있을 뿐이고, 그 대부분은 우리에게서 숨겨져 있지요. 그리고 숨겨진 그 영역에는 신에게서 외관상 분리된 것에 대해 느끼는 어마어마한 죄책감이 있습니다. 이것을 원죄라 부를 수도 있겠지만, 죄라는 것이 정말로 있다는 말은 아니에요. 여기서 죄란 분리되어 있다는 생각을 가리키지요. 이렇게 해서 의식(consciousness)이 탄생합니다. 의식을 가지려면 하나 이상이 필요하거든요. 주체와 객체가 필요한 것이죠. 그러면 의식할 수 있는 대상을 갖게 됩니다. 하지만 실재 안에는 주체도 객체도 없고 그저 완벽한 일체만이 있을 뿐입니다.

짧게 말하자면 당신은 이미 그것이므로 그것이 되려고 발버둥칠 필요가 없습니다. 진짜 당신은 이미 완벽하고 변함없습니다. 당신이 해야 할 일이란, 근원으로부터 자신을 분리시켰다고 믿고 있는 가짜인 당신을 지우는 것뿐입니다. 자신이 죄를 지었다고 믿고 있는 가짜인 당신을 말이죠.

퍼사: 신이 순수하고 절대적이고 완벽한 사랑이라면, 애초에 어떻게 이 분리의 생각이 생길 수 있었을까요?

개리: 네! 교묘한 질문이죠. 〈기적수업〉에서는, 속죄에 대한 완전한 앎이란 **"분리가 일어난 적이 없음을 인식하는 것이다"**라고 가르치지요.(T98/T-6.II.10:7)

다른 말로 하자면, 분리란 꿈이요 망상이며 시공간의 우주의 투사입니다. 이 망상에 대한 답을 우리의 지성만 갖고서는 혼자서 찾아낼 수가 없습니다. 에고는 종종 우리를 여기에 갇혀 있는 것처럼 보이게 하는 데에 우리의 지성을 이용하지요. 분리란 가짜 경험입니다. 그리고 분리에 대한 진정한 대답은 분리를 신과 완벽하게 하나임을 아는 참된 경험으로 대체하는 것입니다. 그 상태에서 당신은 더 이상 분리된 개체가 아니라 모든 창조물과 하나이며, 바로 이 경험이 소위 인생이라는 것에 대한 대답(Answer)입니다. 사실 이 상태를 경험할 때 거기에는 아무런 질문도 없고 오직 대답만이 있을 뿐입니다. 그런 후 잠시 이곳 분리라는 가짜 경험으로 돌아오면, 이제 당신은 자신이 그 질문을 꿈꾸고 있다는 것을 자연히 알게 됩니다! 왜냐하면 그 질문들은 실재 안에서는 존재하지 않기 때문이죠. 실재란 완벽한 사랑의 경험이고, 이는 우리가 근원과 하나임을 경험하는 것입니다. 그리고 우리가 마지막으로 몸을 내려놓고 나면 이것은 우리의 항구한 실재가 됩니다.

퍼사: 맞아요, 형제. 그러면 어떻게 해야 이 경험의 물꼬를 틀 수 있을까요?

개리: 음. 맨 먼저 해야 할 일은 희생자의 역할을 그만두는 것입니다. 예를 들어, 만약 이 세상을 신이 만든 것이라 한다면, 당신은 신의 희생양이 될 것입니다. 당신은 당신에게 어떤 일이 일어나게 하는 외부적 힘의 제물이 될 것입니다. 하지만 이 세상은 신이 만든 것이 아닙니다. 〈실습서〉 초기 과에서 말하지요. **"나는 내가 보는 세상의 희생자가 아니다."**(W-48/W-pI.31) 그래서 〈기적수업〉 세 권 중 〈교재〉를 이해하는 것이 매우 중요합니다.● 그러지 않으면 당신은 〈실습서〉를 제대로 이해할 수 없을 것입니다. 사람들은 〈실습서〉의 과들에다 자기만의 해석을 부여해버리죠. 대개는 전형적인 뉴에이지 방식으로 해석합니다. 하지만 〈기적수업〉은 뉴에이지가 아닙니다. 수업은 독특하죠. 수업은 오늘날의 대중적인 영적 스승들과 같은 내용을 가르치고 있지 않습니다. 〈실습서〉의 시작 부분에는 이런 내용이 분명히 나와 있지요. **"교재가 제공하는 것과 같은 이론적 기초는 실습서의 연습들이 의미 있게 다가오게 하기 위한 하나의 틀로서 필요하다."**(W1/W-in.1:1) 〈기적수업〉 교사들 대부분은 수업을 제대로 배우지 않았고 그 뜻을 제대로 이해하고 있지 못합니다. 제대로 이해했다면, 그들은 분명 누구에게도 말하지 않을 겁니다.

대부분의 영성체계는 몸과 마음과 영의 조화를 시도합니다. 셋 다 똑같

● 〈기적수업〉은 〈교재〉, 〈학생을 위한 실습서〉, 〈교사를 위한 지침서〉, 〈기도의 노래〉, 〈심리치료: 목적, 과정 그리고 실제〉으로 구성되어 있다. 〈교재〉는 기적수업의 이론을 다루고, 〈학생을 위한 실습서〉는 총 365개의 과로 구성되어 있어 하루에 한 과씩 수업의 가르침을 실습할 수 있고, 〈교사를 위한 지침서〉는 교재와 실습서에서 특정 주제를 질의응답의 형식으로 다루고 있다. 〈기도의 노래〉와 〈심리치료〉는 헬렌 슈크만 박사가 기적수업을 완성한 얼마 후 받아 적은 내용들로, 이 두 부분은 기적수업의 핵심 원리들의 연장선 위에 있다.

이 중요하지요. 하지만 수업의 접근법은 이와 다릅니다. 수업에서는 마음을 사용하여 몸과 영, 이 둘 사이에서 하나를 택하는 법을 배우라고 가르칩니다. 몸이란 에고의 위대한 분리의 상징이고, 영이란 수업에서는 완벽한 일체(oneness)인데, 이를 개별적인 영혼(soul)과 혼동해서는 안 됩니다. 개별적인 영혼 역시 분리의 생각이니까요.

수업은 이 세상이 우리의 집단적 무의식의 마음에서 나오는 투사물이라고 가르칩니다. 형이상학적 차원에서 우리 마음속에 있던 어마어마한 죄책감을, 즉 근원에서 최초로 분리되었을 때 느꼈던 끔찍한 무의식적 죄책감을 우리는 부인하고, 그것을 바깥으로 투사해냈습니다.

심리학자들은 부인 후에는 항상 투사가 뒤따른다고 말합니다. 뭔가를 부인하고 나면 그것은 어디론가 가야 하기 때문이죠. 일단 뭔가를 부인하고 나면 그것은 무의식의 영역으로 가버리는데, 수업은 이 부인에 대해 상당히 많이 언급하고 있죠. 그래서 우리는 자신이 그것을 부인했다는 사실을 망각하고, 그것이 바깥으로 투사되고 나면 우리는 자신이 보고 있는 투사물을 진짜라고 여기게 됩니다. 그것을 부인했기 때문에 자신이 그것을 만들어냈다는 사실을 망각하게 되는 것이지요! 그러니 그것은 우리의 투사물입니다. 그 사실을 모르고 있을 뿐이지요. 수업은 **"투사가 지각을 만들어낸다"**고 가르칩니다.(T248/T-13.V.3:5) 이 말은, 우리가 지금 보고 있는 것들은 사실 우리가 만들어낸 것이지만, 이를 망각하고는 현실로 받아들인다는 뜻입니다. 우리는 그것이 스스로 지어낸 그릇된 창조물(miscreation)임을 잊어버렸습니다. 제이가 말하듯이, **"네가 보는 세상을 네가 만들었다고 생각하는 것을 스스로 오만이라고 믿는 것은 이상하지 않은가? 신은 네가 보는 세상을 만들지 않았다. 이것은 확신해도 좋다. 덧없는 자, 죄지은 자, 죄책감에 쌓인 자, 두려워하는 자, 괴롭고 외로운 자, 죽어 없어질 몸속에 사는 그런 마**

음에 대해 신이 무엇을 알 수 있겠는가? 너는 이런 것들이 실재처럼 보이는 세상을 신이 만들었다고 생각하기 위해 신을 미쳤다고 덮어씌우고 있는 것일 뿐이다. 신은 미치지 않았다. 하지만 광기만이 이런 세상을 만들어낼 수 있다."(W281-282/W-pI.152.6:1-7)

아턴: 당신과 당신 친구 제이는 말을 좀더 속 시원하게 할 필요가 있어요. 그러니까 당신은 여기서 빠져나가는 방법의 일부는 희생자가 되길 멈추고 자신의 경험에 대해 분명히 책임을 지라는 거라고 말했습니다. 이 일을 어떻게 할 수 있는지 좀더 구체적으로 말씀해 주시겠어요?

개리: 기발한 생각을 한다거나, 내가 나를 가르치겠다고 나서는 방식으로는 이 일을 해낼 수가 없어요. 당신은 자신의 사고체계 대신 성령의 사고체계에 귀를 기울여야 합니다. 진리는 단순하고 일관적이지만 에고는 그렇지 않죠. 에고는 매우 복잡하고 사실 분리의 생각이 살아남기를 원합니다. 분리의 생각은 자신이 특별하다고 느끼게 해주거든요. 그래서 에고는 이 세상에서 특별한 관계들을 만들어냅니다. 특별한 사랑의 관계 혹은 특별한 미움의 관계로 말이죠. 우리는 이 주제도 분명 다룰 거예요. 여기서 핵심은 에고는 복잡한 것이라면 좋아서 환장한다는 것입니다. 왜냐하면 복잡함이란 하나뿐인 진정한 문제와 하나뿐인 진정한 해결책을 가리는 연막탄이거든요.

우리가 신에게서 스스로를 분리시켰다는 생각이 유일한 문제이고, 분리의 생각을 지워서 집으로 가는 것이 하나뿐인 해결책입니다. 성령은 우리를 집으로 인도하기 위해 에고의 복잡함에 맞서 단순한 진리를 제시합니다. 하지만 에고는 단념하지 않습니다. 〈터미네이터〉와도 같아요. 다시금 다시금 일어나서 덤벼들지요. 하지만 에고를 지우는 진리가 결국에는 이길 것입니다. 성령은 완벽하지만 에고는 완벽하지 않거든요.

성령의 가르침을 이해하고 실천하는 것은 누구라도 할 수 있습니다. 〈기적수업〉은 이 수업이 단순하다고 말합니다. 한 번만 말하는 게 아니라 158번이나 말합니다! 〈기적수업〉 용어색인(Concordance)에서 찾아봤어요. 게다가 수업은 우리에게도, 〈기적수업〉 교사들에게도, 심지어는 승천한 스승들에게까지도 자기만의 고유한 생각을 가지라고 조언하지 않습니다. 사실은 이렇게 말하지요. **"영리한 사고는 너희를 자유케 하는 진리가 아니다. 그러한 사고를 내려놓을 용의를 낼 때, 너희는 영리하게 사고할 필요로부터 자유케 된다."**(T45/T-3.V.5:7) 그리고 이렇게도 말해요. 잠깐만요, 여기 있습니다. **"수업은 의문이 제기되면 거기에 하나의 다른 답을 줄 뿐이다. 하지만 이 답은 기발함이나 영리함에 기대려 들지 않는다. 그런 것은 에고의 속성이다. 기적수업은 단순하다. 기적수업은 하나의 역할과 하나의 목표만을 가지고 있다. 오로지 그 안에서만 수업은 온전한 일관성을 유지한다. 일관적일 수 있는 것은 그것뿐이기 때문이다."**(CL77/C-in.3:5-10)

아턴: 맞습니다. 하지만 아직도 핵심은 말하지 않았어요. 당신이 말한 내용에 근거해서, 수업은 어떻게 해야 자신의 경험을 바꿀 수 있다고 하죠?

개리: 다른 사람들을 바라보는 방식을 바꿈으로써 자신의 경험을 바꿉니다.

> 🌱
> 다른 사람들을
> 바라보는 방식을
> 바꾸면 자신에 대한
> 경험도 바뀝니다.

퍼사: 바로 그거예요. 용서란, 상황이든 사건이든 다른 사람이든 그것을 바라보는 방식을 바꾸는 것입니다. 하지만 쉽지는 않죠.

개리: 저도 사람들에게, 다른 이들을 용서하는 것이 쉽다고는 결코 이야기하지 않아요. 사실 엿 같죠. 그들은 용서를 받을 자격이 없거든요.

퍼사: 형상의 차원에서 보면 그게 맞는 것처럼 보일 수도 있죠. 하지만

시간이 좀 흐르면, 다른 이들을 용서할 때마다 실제로 용서받는 것은 다름 아닌 자기 자신이라는 것을 알아차릴 거예요.

개리: 사실 우리는 단 하나이기 때문이죠.

아턴: 맞아요. 사람들이 서로 분리된 것처럼 보일 수도 있어요. 사람들이 보고 있는 것은 분리의 생각에 근거한 투사물이기 때문이죠. 하지만 그것은 속임수입니다. 에고가 몇 번을 나뉜 것처럼 보일지라도 그것은 환영일 뿐입니다. 자기의 근원에서 자신을 분리시켰다고 생각하는 단 하나의 존재만이 있을 뿐입니다. 물론 그것이 다수인 것처럼 보이기는 합니다. 하지만 사실을 말하자면 언제나 단 하나만이 있었고 당신이 바로 그것입니다. 하지만 그 마음은 계속해서 나뉘는 듯이 보이죠. 그런 다음 그 마음은 이렇게 나뉜 것들을 투사해내고 이로써 점점 더 많은 사람들이, 투사된 이곳에 있는 듯이 보이죠. 하지만 이것은 모두 연막이며 거울입니다. 서로 다른 이미지들이 아무리 많이 보이더라도 거기엔 언제나 단 하나의 에고만이 있을 뿐입니다.

개리: 그래서 처음에는 아담과 이브처럼 한두 사람으로 시작하지만 어느 시점에 가면 수십 억의 인구가 있는 것처럼 보이는 거로군요. 저는 이 주제가 환생과 어떻게 맞아떨어질 수 있을지 늘 궁금했어요. 그러니까 제 말은, 만약 처음에 두 사람밖에 없었다면 어떻게 수십억 명의 사람들이 환생하는 듯이 보일 수 있느냐는 거죠. 마음이 분열되지 않았다면 불가능했겠죠. 방금 '환생하는 듯이 보인다'는 표현을 썼는데, 왜냐하면 이 모든 것은 환영이기 때문이죠. 더 나은 표현을 쓰자면, 그냥 사실처럼 보이는 꿈이라는 겁니다. 그래 봤자 꿈이죠. 물론 꿈속에서는 사건들이 정말로 일어나는 듯이 보여요. 그렇다고 그것이 정말로 일어나는 것은 아니잖아요.

퍼사: 환생을 믿나요?

개리: 지금은 아니지만, 다른 생에서는 믿곤 했어요.

아턴: 아까 당신은 다른 이들을 바라보는 방식을 바꿈으로써 자신에 대한 경험을 바꾸게 된다고 말했는데, 여기에 짚고 넘어가야 할 게 두 가지 있어요. 예전부터 우리는 매우 중요한 마음의 법칙을 말하기 위해 **"너는 그를 보듯이 너 자신을 볼 것이다"**라는 수업의 구절을 인용해왔어요.(T142/T-8.III.4:2)

이제 이 주제를 좀더 구체적으로 다룰 때로군요. 그러기 전에, 요즘 손은 좀 어때요?

주: 이번 에이A와 피P(개인적으로는 아턴Arten과 퍼사Pursah를 이렇게 앞글자만 따서 부르곤 한다)가 방문하기 일주일 전 아침에 일어났을 때, 내 손은 아무런 감각을 느낄 수 없었고 움직일 수조차 없었다. 우측 요골 신경손상(right radial nerve damage)이라고 진단한 전문의는 타이핑을 많이 하고 끊임없이 책에 사인을 한 것이 화근이라며, 만약 완치가 가능하다면 최대 1년 정도 걸릴 거라고 했다. 그래서 나는 손이 좀더 빨리 낫게 하기로 마음먹었다.

그래도 통증이 적당한 때에 발생하긴 했다. 통증에도 때가 있다면 말이다. 당시 나는 마침 사방팔방 돌아다니는 여행과 강연을 재개하기에 앞서 한 달간의 성탄절 휴일을 보내고 있었던 것이다. 나는 이 고통으로부터 영향을 받지 않겠노라고 결심했고, 오른손을 거의 쓸 수 없었음에도 불구하고 성탄절 기간 동안 아내 카렌과 함께 근사한 뉴욕 여행을 다녀올 수 있었다.

그리고 〈기적수업〉의 가르침과 승천한 두 친구가 알려준 치유에 관한 가르침을 실천하기 시작했다. 덕분에, 통증은 좀 남아 있었지만 손이 많이 나아져서 아턴과 퍼사가 다시 방문했을 때에는 평소의 절반 정도로는 사용할 수 있게 되었다. 당시 우리가 나눈 대화는 최선을 다해 받아적었지만 완치되지 않은 탓에 애들 낙서처럼 보이는 부분들이 눈에 띄기는 한다.

개리: 조금씩 나아지고 있어요. 배운 대로 하고 있지요.

아턴: 좋습니다. 이번 방문들의 네 번째 방문에서는 치유에 대해 이야기할 겁니다. 물론 이 주제는 당신뿐만 아니라 독자들을 위한 것이기도 하죠. 다시 전장으로 돌아가려면 3주가 남아 있군요. 마음으로 오른손에 대해 작업을 계속 해나가세요. 그리고 네 번째로 방문할 때는 그 주제를 파고들 수 있을 테니까, 당신이 어떻게 했는지를 이야기해주세요.

퍼사: 당장의 주제(subject at hand)로 돌아갑시다… 말장난한 건 아니에요. 사람들이 〈기적수업〉의 가르침을 실천할 때 저지르는 기본적인 실수가 몇 가지 있어요. 그 실수를 저지르는 이유 중 하나는 영이란 진정 무엇인지를 기억하고 있지 못하기 때문이죠. 그리고 또 다른 실수는 실재 대신 환영에 초점을 둔다는 거예요.

개리: 좀더 자세히 말씀해주시겠어요?

퍼사: 이런 종류의 작업을 배우는 초기에 사람들은 종종 삶은 환영이라는 사실에 초점을 잘못 맞추곤 합니다. 하지만 당신이 초점을 두어야 할 곳은 거기가 아니에요. 왜냐하면 당신이 타인을 바라보는 방식대로 자신을 보게 된다는 것이 사실이라 한다면 — 물론 사실이지만 — 당신이 인생을 살면서 사람들과 세상을 환영으로 여긴다면 결국 무의식의 마음속에서 당신 자신도 환영이라고 여기게 될 거예요. 그러면 공허하고 무의미한 기분이 들고, 결국은 우울감에 빠지겠죠. 기억하세요. 당신의 무의식적 마음은 당신

이 다른 이들을 어떻게 생각하든 동시에 그걸 그대로 당신 자신에 대한 메시지로 해석할 거예요. 왜냐하면 당신은 모르고 있더라도, 당신의 무의식적 마음은 모든 것을 알고 있기 때문이죠. 여기에 있다고 생각하는 자는 사실 당신 하나밖에 없다는 사실까지도 포함해서 말이에요. 그래서 당신이 다른 이들에 대해 생각하는 모든 것이 사실은 당신으로부터 당신에게 전해지는 당신에 관한 메시지라는 거예요. 당신의 무의식적 마음은 바로 이런 식으로 생각할 것입니다. 그러니까 다른 이들을 결코 환영으로 치부해서는 안 돼요. 그러면 당신도 스스로를 환영으로 여기게 되고 말 테니까요.

이곳 미국의 학생들만 이런 실수를 범하는 건 아니에요. 힌두교와 불교에서도 우리가 보고 있는 세상은 환영이라고, 혹은 불교식으로는 무상無常하다고 항상 가르쳐왔기 때문에, 인도를 포함한 다른 지역에서도 많은 사람들이 그런 식으로 생각하곤 하죠. 설상가상으로, 인도에는 카스트 제도가 있어서, 인구의 3분의 1은 동물 이하의 취급을 받고 있죠. 그들에게는 아무런 권리도 없고 앞으로도 변함없이 그럴 거예요. 자기네 국민의 3분의 1을 인간 이하로 취급하는 나라의 정신에 무의식이 어떻게 작용할지를 상상해보세요!

그래도 다행인 것이, 인도에는 우리가 불교와 힌두교에서 차용해온 생각을 실천하는 사람들도 많이 있답니다. 미국에 있는 많은 유니티 처치Unity church에서 이 생각을 엿볼 수 있어요. 나마스테Namaste라는 개념이 바로 그건데, 이 말은 "내 안의 신성이 당신 안의 신성에게 절합니다"라는 뜻이죠. 분명 방향을 잘 잡긴 했어요. 하지만 그걸로 충분하진 않아요.

"내 안의 신성이 당신 안의 신성에게 절합니다"라고 말할 때, 당신은 상대방을 시공간의 작디작은 한 조각으로 한정하고 있는 거예요. 개체성을 기정사실화하는 것이죠. 당신과 상대방을 주체와 객체로 분리하는 것이기도 하고요. 제이는 어떻게 했는지 아세요? 제이는 그저 몸을 넘겨봤어요 (overlook). 물론 제이의 육신의 눈이 다른 육신들을 보지 않는 것처럼 보였다는 건 아니에요. 하지만 제이는 자신이 육신의 눈으로 보는 것이 아니며 또 자신이 사실 몸 안에 있는 것도 아님을 이해했어요. 제이는 자신이 마음으로 보고 있다는 걸 알았지요. 제이가 수업에서 말하듯이, 당신은 **"이미 지난 것을 정신적으로 회고하고 있는"** 거예요.(W298/W-pI.158.4:5) 이에 대한 비유로는 영화가 아주 안성맞춤이에요. 이미 필름은 찍혀 있고 다 끝난 일이지만 당신은 이제 그 영화를 보고 있는 거죠. 그리고 이 영화의 특징은 당신 자신의 몸도 볼 수 있다는 겁니다! 당신의 몸도 당신이 보고 있는 다른 몸들이 그런 것처럼 동일한 투사물의 일부에 불과해요.

그러니 당신이 관계하고 있는 그 사람을 시공간의 한 조각으로 한정하는 대신 제이가 했던 것처럼 몸을 넘겨봐야 해요. 그를 무한한 무엇으로 여겨야 해요. 사람들을 그 무한한 것의 일부로 여기지 말고 그것 전부로 여기세요. 이렇게 하면 그것은 당신을 환영에서 초점을 떼게 해서 매우 긍정적인 결과를 가져올 거예요. 이 방법은 잘 먹힐 겁니다. 여러 생의 수고를 덜어줄 거예요. 당신이 사람들을 그것 전부로, 다름 아닌 신으로 본다면 결국 당신 자신도 그것을 경험하게 될 겁니다. 이것이 제이가 해낸 방식이에요. 제이는 모든 곳에서 그리스도의 얼굴을 보았어요. 수업에서 제이는 특별하지 않아요. 제이는 당신이 그와 다르지 않고, 당신도 이를 경험할 거라고 말합니다. 이를 가장 빨리 경험하는 방법은 만나는 모든 이들 안에서 영의 실재를 보는 것이에요.

개리: 알겠어요. 내가 만나는 모든 사람을 신과 똑같이 여겨야 하는 거로군요. 수업이 말하고 있는 것은 완벽한 일체성(perfect oneness)이에요. 본연의 상태에서 우리는 신과 조금도 다르지 않습니다. 이렇게 생각하는 것은

오만이 아닙니다. 오히려 우리가 여차여차해서 신에게서 분리될 수 있다고 생각하는 거야말로 오만이죠. 하지만 사실을 말하자면, 우리는 꿈속을 제외하곤 신에게서 분리될 수가 없습니다. 그러니 〈기적수업〉은 시공간 우주가 환영이라는 생각을 가지고 한 걸음 더 나아가, 이것은 우리가 깨어나야 할 꿈이라는 생각을 정제해냈다고도 할 수 있어요. 이렇게 깨어나는 것이 곧 깨달음이죠.

아턴: 아주 훌륭해요. 이 일의 핵심은 한 사람 한 사람을 일체로 여기는 것입니다. 이렇게 한다면 당신은 역사상 극소수만이 해냈던 일을 하는 것이고, 깨달음도 앞당겨질 것입니다. 당신의 무의식은, 사람들이

핵심은 한 사람 한 사람을 일체로 여기는 것입니다.

신과 완벽하게 일체라면 당신 역시 신과 완벽하게 일체라는 것을 이해할 것입니다. 제이조차도 이 일을 열심히 해야만 했고, 그의 깨어 있는 태도가 결국은 승리를 거두고 말았죠.

개리: 아이구, 제이도 이 일을 열심히 해야 했다면, 모든 사람이 다 열심히 해야겠네요.

아턴: 물론이죠. 이쯤에서 영적인 시각이란 과연 무엇인가라는 주제로 자연스럽게 넘어갈 수 있겠네요. 에고는 차이라면 좋아라 합니다. 차이가 없다면 어떻게 판단을 할 수 있겠어요? 차이가 없다면 어떻게 전쟁을 벌이고 살인을 하고 폭력을 행사할 수 있겠어요? 그래서 에고는 당신이 목격하는 이 모든 분리를 당신이 사실로 여기길 원합니다. 그렇게 할 때 이 모든 것은 당신에게 사실이 됩니다. 분리에 대한 당신의 믿음으로 말이죠. 에고에 바치는 당신의 이 믿음이 에고에게 힘을 부여합니다. 바로 이 믿음이 에고에게 당신을 지배할 힘을 주는 것이죠. 에고는 비교에 환장하고, 당신을

꼬드겨 세상 속의 이런 차이들을 사실로 믿게 합니다. 하지만 성령은 동일함을 봅니다. 물론 성령은 에고의 사고체계를 성령의 사고체계와 비교할 것입니다. 하지만 이것은 비교를 제대로 하는 것입니다. 왜냐하면 둘 중 하나는 참이지만 다른 하나는 거짓이기 때문이죠.

성령은 분리의 관점에서 생각하지 않습니다. 성령은 모든 곳에서 전일함(wholeness)을 봅니다. 여기서 '본다'는 말은 사실 성령이 생각하는 방식을 가리킵니다. 당신이 생각하는 방식이 영적인 시각을 구성하고 있지요. 이것은 육신의 눈과는 아무런 상관도 없습니다. 물론 세상 속에서 영의 상징들을 볼 수야 있겠지요. 그래도 상징은 상징일 뿐입니다. 육신의 눈으로는 실재를 볼 수 없고 마음으로만 경험할 수 있습니다.

영으로 돌아가길 원한다면, 성령처럼 생각하세요. 성령은 가짜 이미지인 몸은 넘겨보고 환영의 베일 너머에 있는 진실을 생각합니다. 그 진실이란 신과 완전히 똑같은 완벽한 일체성이요 죄 없는 순수함입니다. 다른 이들을 이렇게 생각하는 것이 곧 영적인 시각입니다.

자, 이제 웃음보따리를 좀 풀어보세요.

주: 나는 수년간 워크샵에서 농담을 하곤 했다. 일찍이 유머는 내 강연의 중요 부분으로 자리 잡아 꽤나 무거울 수도 있는 주제를 다룰 때 코믹한 안도감을 가져다주었다. 때로는 지어내기도 하고 때로는 주위 들은 농담을 하기도 했는데 사람들이 내가 농담을 좋아한다는 것을 알고는 세계 어디를 가도 자신들이 좋아하는 농담을 들려주었고, 나는 그 농담을 그대로 옮기기만 하면 됐다. 농담은 수업이 논하는 한 문제에 대한 완벽한 처방이었다. **"그 안에서는 모든 것이 하나인 영원 속으로, 정신 나간 작은 생각 하나가 슬며시 끼어들었다. 신의 아들은**

그 생각을 웃어넘겨야 한다는 것을 잊어버렸다."(T586/T-27.VIII.6:2) 내 워크샵은 잊어버렸던 그 '웃어넘기기'를 다시 기억해내기 좋은 곳이 니, 우리는 모두 함께 웃고 즐기면서 공부할 수 있다.

개리: 좋지요. 하루는 커널 샌더스Colonel Sanders가 교황에게 가서 이렇게 말했어요.● "교황 성하, 저는 교회에 10억 달러를 기부하기로 결심했습니다." 그러자 교황이 "오, 이렇게 고마울 데가… 틀림없이 번창하실 겁니다"라고 답했지요. 그런데 커널 샌더스가 한마디 더 했어요. "그런데 딱 한 가지 청이 있습니다. 주기도문을 좀 바꿔주셨으면 합니다. '날마다 우리에게 일용할 빵을 주시고'라는 표현 대신 '날마다 우리에게 일용할 치킨을 주시고'라고 말이죠."

그러자 교황은, 그건 큰 변화라서 혼자서 결정할 문제는 아니고 추기경들과 의논해봐야 할 것 같다며 내일 아침에 답을 주겠노라고 했어요. 커널 샌더스가 떠난 후, 교황은 추기경들에게 전화를 걸어 이렇게 말했어요. "자, 좋은 소식과 나쁜 소식이 있는데, 뭐부터 듣겠습니까?" 추기경 중 한 명이 "좋은 소식부터 말씀하시죠"라고 했고, 교황은 "알겠습니다. 10억 달러의 기부금이 들어올 예정입니다"라고 했죠. 그러자 추기경들은 다들 좋아라 했습니다. 그때 추기경들 중 한 사람이 물었습니다. "잠깐만요. 그럼 나쁜 소식은 뭐죠?" 그러자 교황은 "흠, 우리의 단골 원더 브레드Wonder bread●● 를 잃게 생겼어요"라고 하더랍니다.

퍼사: 재밌는 농담이네요. 그럼 이제 에고를 지우는 데 도움이 될 만한

● 켄터키 후라이드 치킨(KFC) 설립자　　●● 북미 지역의 제빵회사 브랜드

다른 방법들도 좀 언급해야겠네요. 알다시피 주요한 방법은 물론 용서이고, 이에 대해서는 앞으로도 많이 다룰 겁니다. 지금 여기서 다룰, 에고를 지우는 또 다른 방법은 성령이 주관하도록 맡기는 것입니다. 이는 당신이 생각하는 것 이상으로 꼭 필요한 일인데, 단지 성령의 판단이 당신의 판단보다 낫기 때문에 그런 것만은 아니에요. 물론 성령은 시간의 시초에서부터 끝에 이르기까지 일어났던 모든 일을 볼 수 있지요. 하지만 그보다 중요한 이유가 있는데, 그것은 〈교사를 위한 지침서〉가 가르치듯이, **"성령이 주관하도록 맡기는 것은 곧 당신을 죄책감에서 벗어나게 하는 것이기"** 때문입니다.(M70/M-29.3:3)

자신만의 재능이나 능력에 기대는 대신 당신 너머에 있는 힘(higher power)에게 도움을 청하고 의지할 때, 당신은 마음속에서 분리의 생각을 강화하는 대신 지우고 있는 것입니다. 반면 혼자 힘으로 뭔가를 하려고 할 때, 당신은 스스로 분리의 생각을 강화시키고 있는 것이죠. 성령이 주관하도록 맡기는 것만이 빠져나갈 길입니다. 아침에 딱 10초만 시간을 내서 "성령이여, 오늘 저의 모든 생각과 행동을 주관하소서"라고 말하세요. 물론 당신이 하고 있는 일들은 당신의 생각에서 비롯된 결과입니다. 그러니 초점은 결과에 지나지 않는 행위의 차원이 아니라 원인인 마음의 차원에서 당신이 생각하고 있는 내용에다 맞춰야 하는 것이죠. 사실 꿈속에는 원인과 결과가 없어요. 꿈은 전부가 결과일 뿐이죠. 원인은 마음 안에 있는 영사기(projector)에 있고, 거기가 바로 작업해야 할 곳입니다.

에고를 지우는 또 하나의 방법은 〈기도의 노래〉 소책자에 나와 있는 기도의 원형(original form)대로 기도하는 것입니다. 〈기도의 노래〉는 더 이상 소책자가 아니라 최근 '내면의 평화 재단'에서 출간한 〈기적수업〉 3판에 포함되어 있어요. 당신도 종종 다시 읽어봐야 할 거예요. 원형의 기도는 말없이 이뤄졌습니다. 제이가 2천 년 전 '주의 기도'(Lord's Prayer)를 사용했을 때, 그것은 기도가 아니었어요. 신을 부르고 초대하는 일종의 도입 문구였지요. 성서에 실린 버전은 물론 그다지 좋은 번역이 아니에요. 게다가 교회에서 초기 몇백 년 동안 손을 대서 고치기도 했고요. 〈교재〉 350쪽에 보면 '주의 기도'(Lord's Prayer)가 실려 있는데, 이게 더 낫지요. 좀 읽어주시겠어요?•

개리: 네. 저도 항상 이 부분을 좋아하곤 했는데 이 기도문이 사실은 도입에 불과하다는 거죠? 신과 함께하기 위해 자신의 마음을 가다듬는 한 방법이라고요. 진정한 기도란 고요에 젖어들어 완벽한 일체성 안에서 신과 하나가 되어 그분의 사랑 안에서 길을 잃어버리는 것이죠. 이때 당신은 감사와 완전한 풍요의 상태에 있게 되는데, 완벽한 일체성 안에서 당신은 모든 것을 갖고 있기 때문이죠. 이 전체 안에서는 아무것도 빠져 있을 수가 없어요.

퍼사: 잘 이해하고 있네요. 그럼 이제 그 부분을 좀 읽어주시겠어요? 그 다음에 다른 구절도 좀 부탁할게요. 그것까지 읽고 나면, 우리는 몇 분 동안

• 〈기적수업〉과 마찬가지로 〈심리치료: 목적, 과정, 실제〉와 〈기도의 노래〉도 헬렌 슈크만 박사가 내면의 음성을 받아적은 것이며, 이 두 권은 수업의 원리의 확장이라 할 수 있다.
〈심리치료〉는 1973년에 받아적기를 시작해서 1975년에 마쳤으며, 치유에 관한 수업의 원리를 요약해서 제시하고 있다. 즉 치유란, 공동의 이익 혹은 목적을 공유하는 일에 두 사람이 결합하는 것이다. 외견상으로는 심리치료사들을 위해 기록되었지만, 이 기록물은 누구에게나 유용하다.(총 24쪽)
〈기도의 노래〉는 1977년 한 해 동안 받아적었으며, 총 3장으로 구성되어 있고 기도, 용서, 치유에 관한 수업의 가르침을 요약하고 있다. 각 장의 구성방식은 먼저 각 주제에 대한 에고의 그릇된 관점을 제시하고, 그런 다음 그것을 성령의 바른 관점과 대비시킨다.(총 22쪽)
이 두 소책자는 독자들이 수업에 대해 어느 정도 이해하고 있다는 것을 전제하고 있으며, 수업을 공부하고 실천하는 학생들에게 유용한 부록이다. '내면의 평화 재단'에서 발행한 〈기적수업〉 원서 3판(3rd Edition) 부터는 〈심리치료〉와 〈기도의 노래〉도 포함되어 있지만, 그 이전 판을 구입한 경우에는 위 두 권을 소책자의 형태로 따로 구입할 수 있다.

침묵하는 가운데 완벽한 일치 속에서 신과 하나가 되는 실습을 할 건데, 이 것은 분리를 지우는 또 다른 방법이죠.

개리: 좋지요. 자, 읽습니다.

아버지, 저희의 환영을 용서하시고, 환영이 없고 환영이 틈탈 수 없는 당 신과의 참된 관계를 받아들이도록 저희를 도우소서. 저희의 거룩함은 당신의 거룩함입니다. 당신의 용서는 완벽하니, 우리 안에 용서받을 그 무엇이 있겠 나이까? 망각의 잠은 당신의 용서와 당신의 사랑을 기억하지 않으려는 저항 일 뿐입니다. 신의 아들이 유혹되는 것은 당신의 뜻(Will)이 아니오니, 저희를 유혹에 빠지지 말게 하시옵고, 당신께서 주신 것만 받게 하소서. 당신께서 창 조하셨고 당신께서 사랑하시는 저희의 마음속으로, 오로지 당신께서 주신 것 만을 받아들이게 하소서. 아멘.(T350/T-16.VII.12:1-7)

퍼사: 아주 좋네요. 이번에는 〈잊혀진 노래〉(Forgotten Song)에서 당신이 가장 좋아하는 부분을 읽어주세요. 이 부분은 영적인 시각이란 무엇인지를 잘 묘사하고 있을 뿐만 아니라 이번 명상에서 우리가 목적하는 바에 대한 좋은 단서도 제공해줄 거예요. 이것은 당신이 신과 하나되어 그분의 사랑 안에서 길을 잃어버릴 때 하고픈 경험이죠.

개리: 좋습니다. 읽을게요.

몸을 넘어 해와 별들 너머, 보이는 모든 것을 지나서도 왠지 친밀한 곳에 네 시선이 닿으면, 거기 찬란하고 거대한 원을 그리며 펼쳐지는 황금빛 원호 圓弧가 있다. 네 눈앞에서 원은 온통 빛으로 채워진다. 원의 윤곽은 사라져 그 안의 빛을 더 이상 담고 있을 수 없다. 끊김도, 한정도 없이 영원히 빛나며 무한으로 확장해가는 그 빛이 모든 것을 감싼다. 이 빛 속에서 모든 것은 완벽한 연속체로 결합된다. 이 빛 바깥에 무언가가 있다고 상상할 수 없으니, 이 빛이 없는 곳은 없기 때문이다.

이것이 네가 잘 아는 신의 아들이 보는 광경이다. 여기에 아버지를 아는 아들이 보는 광경이 있다. 여기에 네가 무엇인지에 대한 기억이 있다. 너의 실재는 기억의 일부이면서 기억 전부를 품고 있으며, 그 모두가 네 안에서 결합하듯이(join) 모두와 확실하게 결합되어 있다.(T447/T-21.I.8:1-9:3)

퍼사: 이제 5분간 침묵하면서 완벽한 일치와 감사 속에서 신과 하나가 될게요. 아버지, 당신을 사랑합니다. 신이 계시나이다(God IS).

주: 그때 나는 툭 놓아버리고 신과 하나가 되려고 했다. 그러자 나 자신이 확장되면서 모든 종류의 한계나 경계라는 관념을 놓아버리는 것을 느꼈다. 내 마음속에는 아무런 말도 없었고, 아름답고 깨끗하고 새하얀 빛의 생각만이 무한히 뻗어 나갈 뿐이었다. 아무런 저항도, 나를 멈추게 하는 것도 하나 없었다. 사실 거기에 '나'란 없었다. 생각을 하는 것이 아니라 마치 내가 신에 의해 생각되는 듯했다. 그리고 이 생각은 완벽했다.

그 생각은 완벽했기에, 온전하고 충만하며 완전했다. 그것은 상처 입을 수 없는 불멸의 무엇으로, 세상은 어떤 방식으로도 그것을 위협할 수도 건드릴 수도 없었다. 완벽한 일체성 속에서는 공격받을 수가 없으니, 나를 공격할 다른 무엇이란 존재하지 않기 때문이다. 그래서 절대적인 안전감만 있고 아무런 두려움도 없다. 이 상태에서 감사는 너무나 당연한 것이다. 〈기도의 노래〉는 감사의 노래다. 나는 나의 창조주 안에 있기에 마냥 기뻤다. "감사합니다. 고맙습니다"라고 하고 싶었으나 그 상태에다 말을 더하고 싶지는 않았다. 그냥 이 경험을 누리고만 싶었다.

거기에는 빠진 것이 그 무엇도 있을 수 없었다. 결핍이란 있을 수 없었다. 죽음의 가능성도 없었다. 죽음이 생명의 대립쌍이라고는 하나 수업이 말하듯, **"모든 것을 포용하는 것에는 대립쌍이 있을 수 없다."** (Introduction) 거기에는 불변성이 자리하고 있었는데, 이는 시공간 우주에는 존재하지 않는 어떤 상태로서, 절대 고요인 완벽한 실재 상태의 기저를 이루고 있는 경험이다. 이 상태에서 확장은 전체가 동시에 확장되는 듯이 일어나지만, 공간적인 확장과는 다르다. 또 이 상태에서는 시간도 없었다. '다음'이란 없고 그냥 경험 자체만 있을 뿐이며 이 경험 뒤에 뭔가가 따라와야 할 필요도 전혀 없었다. 그것은 정말 아름다웠다. 행복이었다. 신이었다.

나는 이 경험 속에 잠시 머물렀다. 얼마나 오래 지속되었는지는 모르겠다. 무게감도 없었고 내가 있다고 생각했던 그 방으로 돌아와야 할 필요도 없었다. 그러다 아턴이 말하는 소리를 들었고, 그제야 이야기를 다시 이어가도록 애써야 할 때가 되었음을 알아차렸다.

아턴: 수업은 종교가 아닙니다. 수업을 믿어야 할 필요도, 개종을 할 필요도 없습니다. 이것이 올바른 길이라고 사람들을 납득시킬 필요도 없어요. 결국 영성은 개개인의 문제죠. 영성이란 당신과 성령 사이에 이뤄지는 무엇입니다. 혹은 예수, 제이 혹은 이슈아와 당신 사이에 이뤄지는 일이죠. 이름이야 어떻게 부르든 상관없어요. 결국 영성은 신과 우리가 맺고 있는 친교의 개인적인 경험으로 인도합니다. 말로는 결코 표현할 수 없는 완벽

하고 장대한 오르가슴과도 같지요.

수업에는 따라야 할 규칙이 별로 없는데, 바로 이것이 수업이 종교가 아니라는 증거죠. 하지만 〈실습서〉에 실린 지침들은 따르기를 요구합니다. 예컨대, 하루에 〈실습서〉를 한 과 이상은 하지 말라는 것 등 말이에요. 그러니까 〈실습서〉를 최소 1년 이상은 해야겠죠.

개리: 언젠가 한 남자가 저한테 와서는 "난 6개월 만에 〈실습서〉를 끝냈어요" 하고 자랑하더라고요.

아턴: 네, 어떤 사람들은 단 하나의 규칙조차도 따르지 못하죠. 그리고 수업에 명시되지는 않았지만, 당신에게는 너무나 자명한 규칙이 한 가지 있어요. 즉 수업은 실천해야 하는 무엇이라는 겁니다. 실제로 실천하지 않는다면 수업을 제대로 할 때 따라오는 이로움을 누릴 수가 없어요. 수업을 하려면 어느 정도의 수고(work)를 해야만 합니다. 그래서 〈실습서〉(Workbook)라고 부르는 거지요. 수업은 영적 훈련입니다. 수업은 학생들이 뭔가를 하기를 요구하고, 동시에 많은 것을 주기도 하죠. 가질 만한 가치가 있는 것은 그것을 위해 수고할 가치가 있습니다. 그리고 깨달음은 가질 만한 가치 그 이상이죠.

개리: 반면에 여기에는 역설도 있어요. 사실 수업에는 몇 가지 역설이 있는데, 제가 말하려는 역설은 이거예요. 저는 제이가 했던 것처럼 세상을 용서하려면 작업을 엄청나게 해야 한다고 생각하곤 했어요. 그런데 계속하다 보니까, 사람들을 용서하는 것보다 사람들을 판단하는 데 더 많은 시간이 걸린다는 것을 점점 더 깨닫게 되었어요! 그러니까 작업을 계속하다 보면 용서가 점점 자신의 일부가 되어서 예전처럼 용서에 대해 많이 생각할 필요가 없어집니다. 용서가 점점 더 자동적으로 일어나는 거죠. 그래서 용서에 걸리는 시간은 해가 갈수록 점점 더 단축됩니다. 하지만 사람들을 판

단하는 일로 시간을 보내려면 그들이 왜 용서받을 자격이 없는지에 대해서도 구실을 꾸며내야만 합니다. 그러니 그런 나쁜 놈들은 그냥 용서해버리는 것이 시간이 덜 걸릴 겁니다.

퍼사: 형제, 정말 그래요. 이제 용서에 대해서 이야기하고 있으니, 우리가 말하는 용서가 과연 어떤 용서인지를 다시 짚어보도록 하죠. 주체와 대상을 나누는 뉴턴 식의 케케묵은 용서 방식은 아무런 쓸모가 없어요. 사람들이 정말로 당신에게 무슨 짓을 했다고 여기기 때문에 하는 그런 종류의 용서 말이에요. 그건 무의식적인 마음속에다 분리의 생각을 자꾸만 실재화시킬 뿐이에요.

반면에 참된 용서에서는, 사람들이 사실은 아무 짓도 하지 않았기 때문에 그들을 해방시켜줍니다. 애초에 그들을 지어낸 건 바로 당신이기 때문이죠. 당신이 보고 있는 것은 시공간 우주로 나타난 당신의 투사물이에요. 당신은 이것을 지어낸 책임을 받아들였어요. 부정적인 방식이 아니라 강력한 방식으로 말이죠. 그럼 이제 당신은 결과가 아니라 원인의 자리에 있습니다. 이것이 바로 수업에서 말하는 사고의 전환(thought reversal)이죠.

이렇게 할 때 당신은 성령으로 하여금 무의식적 마음의 심연에 파묻혀 있던 것, 즉 죄책감을 치유하도록 허락합니다. 당신도 전에는 이 죄책감을 몰랐지만, 이 죄책감은 신에게서 분리됐다는 태초의 생각으로 소급됩니다. 이것이 소위 원죄이며, 당신을 심란해지게 하는 근본 원인입니다. 하지만 당신은 자신이 심란해진 탓을 곧바로 외부의 어떤 것에다 돌립니다. 거기가 당신이 그것을 투사해놓은 곳이기 때문이죠. 그래서 당신은, 은퇴 후 자금이 충분하지 않다거나 테러리스트들이 비행기를 폭파하려 한다는 이유 등으로 자신이 불안해한다고 생각하는 거랍니다. 이렇듯 당신은 자신을 정말로 심란하게 만드는 것은 외부의 투사물이 아니라 마음 안에 있는 그 근원이라는 점을 망각하고 있습니다. 이에 대한 해결책은 이 환영의 투사물을 용서하는 데 있지요. 전체 일 중에서 이 작은 몫을 함으로써 당신은 성령이 큰 몫을 처리하도록 허용하게 됩니다. 이것이 곧 치유로서, 당신은 이것을 눈으로 볼 수는 없지만 경험할 수 있습니다.

그러므로 용서를 하면 당신의 무의식적 마음 안에서는 근본적인 변화들이 일어나고, 결국은 당신의 경험도 바뀌기 시작할 것입니다. 당신은 차츰차츰 자신을 몸으로 경험하는 대신 자신의 본모습으로 경험하게 될 거예요. 그 본모습이란 사랑, 곧 순수한 영이고, 수업에서 이 둘은 동의어지요. 영의 수준에서 사랑과 영은 신과 정확히 같으니까요.

아턴: 여기서의 사랑은 세상이 말하는 사랑이 아니라 완벽한 사랑이라는 것을 다시 한 번 상기하는 것이 도움이 되겠네요. 이 사랑은 완벽한 것에서 그치지 않습니다. 성서와 수업에서 똑같이 말하듯이, 완벽한 사랑은 두려움을 몰아냅니다. 완벽한 사랑과 두려움은 공존할 수 없습니다. 완벽한 사랑은 모두를 포함합니다. 이것은 누구에게도 아낄 수 없는 그런 종류의 사랑입니다. 그렇지 않다면 당신 자신도 그것을 경험하지 못할 겁니다. 모두를 포함하지 않는다면, 그것은 실재가 아닙니다.

그러므로 여기에는 반복해도 좋을 중요한 주제가 있습니다. 만약 사람들에게 두려움 대신 사랑을 선택하라고 하면서 이를 훨씬 더 자세하게 설명해주지 않는다면 이는 피상적인 가르침에 그치고 말 뿐 아니라 대부분의 사람들은 당신이 그들 방식의 사랑에 대해 말하고 있다고 생각할 것입니다. 하지만 수업에서 말하려는 것은 그게 아닙니다. 수업은 신의 완벽한 사랑에 대해 말하는 것입니다. 세상이 말하는 사랑이라는 개념은 수업에서 특별한 사랑이라 부르는 것에 지나지 않습니다. 그 사랑은 모든 이에게 적용되지 않고 자신이 사랑하기로 선택한 몇몇 개인에게만 한정되기 때문이죠. 대부분의 사람들은 자기 삶에서 특별한 미움의 관계도 갖고 있습니다. 자신의 무의식적 죄책감을 투사하기 위해서 택한 관계 말이에요. 물론 애증愛憎의 관계를 갖는 것도 가능합니다. 특별한 사랑과 특별한 미움의 관계에서, 당신이 사랑한다고 여기는 사람들을 용서하는 것은 분명히 더 쉽고, 미워한다고 여기는 사람들을 용서하는 것은 훨씬 더 어렵습니다. 하지만 진정한 사랑은 모든 사람, 모든 것을 예외 없이 용서한다는 점을 기억해야 합니다. 진정한 사랑은 그들이 진정 무엇인지를 알고 있습니다. 사실 그들은 사람이 아닙니다. 그들은 신이 창조한 그대로의 완벽한 사랑입니다.

기억할 것은,
진정한 사랑은
모든 사람, 모든 것을
예외 없이 용서한다는
것입니다.

물론 그들은 자신을 사람이라 여길 수도 있어요. 심지어 자신들이 지성적이라 생각할 수도 있고요. 하지만 개리, 말해주고 싶은 게 있어요. 사랑 없는 지성은 아무것도 아닙니다. 그러므로 우리가 지금 언급하는 진정한 사랑은 사람들의 사랑이 아니라 성령의 사랑입니다. 성령은 이 꿈의 수준에서 신의 대리인입니다. 성령이란 당신이 본래 누구인지에 대한 기억입니다. 그리고 성령은 모든 곳에서 오직 죄 없는 순수함만을 봅니다. 성령은 모든 이를 자신과 똑같다고 보기 때문이죠. 바로 이 때문에 용서가 성령의 강력한 교구敎具인 것입니다. 용서는 완전한 사랑을 경험하도록 인도합니다. 이것은 사랑의 전부로 존재하는 경험입니다. 수업이 말하듯이, **"신은 당신의 아들이 일체(everything)에 못 미치는 것에 만족하기를 뜻하시지 않는다."** (T307/T-15.III.4:10)

개리: 용서를 다양한 방식으로 설명해주셨는데 그게 다 서로 딱딱 들어맞네요. 난 아직도 용서를 세 단계로 나눠서 보고 있긴 하지만, 계속 해나가

다 보면 너무 익숙해진 나머지 그 세 단계가 하나로 녹아들죠.

그 첫 단계는, 세상에 반응하길 멈춰야 합니다. 이렇게 반응하는 것이야 말로 세상에 실재성을 실어주는 것이죠. 당신은 에고로써 생각하기를 멈춰야 합니다. 무엇이든 누구에게든 자신이 판단과 비난을 퍼붓고 있는 것을 알아차리거든, 혹은 화가 나거나 불안해지거나 심지어 마음이 조금이라도 불편해진다면 바로 그것이 에고임을 확신해도 좋습니다. 성령이라면 그러지 않을 테니까요. 그러므로 자신의 생각뿐만 아니라 감정까지도 예의주시해야 합니다. 사실 다른 것보다는 감정을 행동으로 옮길 가능성이 가장 크지요. 물론 당신의 감정은 당신이 생각하는 것의 결과로 따라오는 것이지만요.

일단 에고와 함께 생각하기를 멈추고 나면 이제 당신은 성령과 함께 생각하기를 시작할 수 있습니다. 이 둘을 동시에 할 수는 없거든요. 에고와 성령은 상호 배타적이며 둘은 저마다 하나의 완전한 사고체계를 대변합니다. 그래서 당신은 에고로부터 성령으로 스위치를 전환하고, 이것이 바로 거룩한 순간(Holy Instant)입니다.

그 상황에서 성령은 당신에게 어떻게 조언할까요? 그 상황을 실재화하기를 멈추라고 합니다. 당신의 판단과 반응이 그것을 실재화합니다. 하지만 이제 당신은, 그들이 당신 눈에 죄인으로 보이는 것은 죄의 책임이 당신이 아니라 그들에게 있기를 당신이 바랐기 때문임을 깨달을 수 있습니다. 그러므로 이를 되돌리기 위해서는 투사를 뒤집어야 합니다. 죄의 책임은 그들이 아니라 당신 안에 있다는 것을 깨달아야 합니다. 사실은 당신에게도 죄의 책임은 없지만 말입니다. 죄의 책임이라는 개념 자체가 자기 자신을 실재화하려는 에고에 의해 날조된 것이기 때문이죠!

그러므로 용서의 두 번째 단계는 에고가 이 모든 것을 지어냈다는 것과,

당신이 보고 있는 것이 사실이 아님을 깨닫는 것입니다. 시공간의 우주란 존재하지 않습니다. 시공간의 우주라는 투사물이 있을 뿐이죠. 그러므로 당신은 그 우주의 희생양이 아닙니다. 희생양이 될 때는 무기력하지만, 원인의 자리에 서면 엄청난 힘이 생기죠.

그런 다음 세 번째 단계는 이에 대한 자신의 마음을 변화시키는 것입니다. 〈교재〉 마지막 장 마지막 과에서 말하듯이, 다시 선택하는 것이지요.* 몸을 넘겨보고 영의 관점에서 생각하기로 선택하는 것입니다. 실재화하기를 멈추고 베일을 지나쳐 그 너머의 진실을 보는 것입니다. 그 진실이란 모두가 죄 없이 순수하다는 것이니, 신은 모든 곳에 계시기 때문입니다. 당신을 포함해서 그 누구에게도 죄가 없습니다. 모두가 성령에게로 평화로이 풀려납니다. 연습을 계속 해나가노라면 이 과정을 점점 더 빠르게 할 수 있다는 것을 알게 될 거예요. 왜냐하면 이제 이것이 당연한 사실로 자리 잡아가기 때문이죠.

게다가, 이제 당신은 세상이 당신에게 오는 것이 아니라 당신으로부터 나온다는 생각에 계속 익숙해지다 보니, 예전의 방식으로 세상에 반응하는 것이 점점 더 불가능해집니다. 그러면 이제 용서는 마땅한 것으로 여겨집니다.

퍼사: 훌륭해요, 형제. 참 잘 배웠네요. 계속하다 보면, 정말로 용서받는 자는 바로 자기 자신이라는 것도 더욱더 경험할 거예요. 판단을 놓아버리고 용서로 대체할수록 자신이 점점 더 자유로워짐을 느낄 수 있죠.

개리: 맞아요. 불교에서 말하듯이, 누군가를 판단한다는 것은 자기가 독

• "Choose once again." (T-31.VIII)

약을 마시고는 다른 사람이 죽기를 바라는 것과 같아요. 모든 판단은 진정 자기 자신에 대한 판단이요 모든 용서도 진정 자기 자신에 대한 용서입니다.

아턴: 아멘. 이 일의 관건은, 에고 — 분리를 진짜라 믿고, 그 특별한 느낌 때문에 분리를 갈망하기까지 하는 당신 마음의 일부 — 로써 사물을 바라보는 대신, 오직 신과 그분의 왕국만이 실재한다고 믿는 성령과 함께 사물을 바라보는 것입니다. 그러면 이제 우리는 의식을 참으로 건설적인 방식으로 사용하기를 시작할 수 있습니다. 사실 의식이란 분리에 지나지 않는다는 점을 배웠으니, 이를 건설적으로 사용하는 유일한 방법은 에고 대신 성령과 함께 생각하기로 선택하는 데 사용하는 것임을 강조하고 싶습니다. 바로 이것이 수업에서 말하는 자유의지(free will)입니다. 인생이 얼마나 복잡하게 보이든, 사람이 얼마나 다양해 보이든, 선택이 얼마나 많아 보이든, 고를 수 있는 보기는 딱 두 가지밖에 없고, 둘 중 하나만이 실재를 반영합니다. 그 실재란 사랑이며, 사랑은 아무도 잊은 적이 없습니다. 성령을 따르면 당신은 그 실재의 경험으로 이끌려갈 것입니다.

개리: 그리고 물론 이 길을 걷노라면 다른 경험들도 하게 될 겁니다. 영감을 더 많이 받고, 몸은 점차 덜 느끼되 영은 더 많이 느끼게 될 겁니다. 신과, 다른 사람들에게 더 가까이 다가간 느낌을 느낄 거고요. 이 길을 가다 보면 때로는 자신에게 영적인 재능, 예컨대 다른 이들을 치유하는 능력 같은 것이 계발되고 있다는 느낌을 느낄 수도 있답니다. 내가 수업을 공부한 지 2년쯤 되었을 때, 매사추세츠에 사시는 고모로부터 전화를 받은 적이 있었어요. 난 그때 암환자였던 고모를 전화상으로 치유하려고 시도했었죠. 나는 내가 정말로 고모에게 영향을 미쳤다고 느꼈고, 치유자로서도 잘 해나갈 수 있겠다는 느낌이 들었어요.

아턴: 당신의 고모는 돌아가셨죠.

개리: 좋은 것을 원한다면 나쁜 것도 받아들여야겠죠. 어쨌든, 다른 이들을 용서함에 따라 우리는 용서받게 되고, 이로써 죄 없이 순수한 자신에게 점점 더 다가가서 죄책감을 덜 느끼게 되죠. 역설적인 것은, 세상이 실재하지 않는다는 것을 점점 더 깊이 깨닫게 됨에도 불구하고 실제로는 세상을 즐기지 못하는 것이 아니라 오히려 더 즐길 수 있게 된다는 거예요. 그러니까, 이런 공부를 처음 시작할 때 사람들은 세상을 실재가 아닌 꿈으로 바라봄으로써 자신들이 뭔가를 포기하고 있는 것으로 생각하거든요. 그런데 내가 깨닫는 것은, 오히려 인생을 더욱 즐기게 되었단 거예요. 영화를 볼 때랑 비슷해요. 영화가 사실이 아니란 걸 안다고 해서 즐길 수 없는 것은 아니거든요. 사실 나는 예전보다 오히려 더 영화를 즐기고 있어요. 그 어느 때보다 음악도 많이 즐기고 있고요. 나에게 이 수업은 해변을 거닐거나 아름다운 일몰이나 위대한 작품을 감상하는 등을 포기하는 그런 일이 아니에요. 죄책감과 두려움을 덜 느낄수록 오히려 더 많은 것들을 즐길 수 있게 되죠.

퍼사: 개리, 잘 짚어주었어요. 일거양득이죠. 수업도 하고 일상의 삶도 즐길 수 있어요. 두 마리 토끼를 다 잡을 수 있지요.

세상을 실재화하기를 멈추더라도 당신이 여기에 있는 것처럼 보이는 동안 뭘 해야 할지에 대해 성령의 인도(Guidance)를 계속 받을 수 있다는 점에서는 수업이 매우 실용적이죠.

개리: 맞아요. 사람들은 종종 워크샵 쉬는 시간에 내게로 와서 이렇게 묻곤 해요. 왠지 돈이나 섹스나 자신의 꿈이나 목표, 심지어는 지금 맺고 있는 관계들을 포기해야만 할 것 같은데 어쩌면 좋겠냐구요. 그럼 전 이렇게 얘기해주죠. 앞으로 3~40년이 지나도 어쨌든 그런 일들을 계속해야 하겠지만 육신은 영원히 남아 있지 않으니 기왕이면 그 시간을 영원히 남아 있을 뭔가를 세우는 일에 사용하는 게 어떻겠냐구요. 바로 그것이 반석 위에

집을 짓는 것과 모래 위에 집을 짓는 것의 차이죠. 그런데 그거 알아요? 모래도 여전히 누릴 수 있다는 거 말이에요! 일상적인 삶을 살아가면서도 용서를 해가면서 신의 반석 위에다 집을 지을 수 있는 거죠. 이 수업은 매우 실용적인 영적 행로예요. 왜냐면 이것은 당신 삶을 바꾸는 것이 아니라 삶에 대한 당신의 마음을 바꾸는 수업이기 때문이죠.

퍼사: 당신의 말인즉슨, 제이는 자신이 뭘 하고 있는지를 잘 알고 있었다는 거죠?

개리: 네, 맞아요. 그래도 당신들에게 질문할 게 하나 있긴 해요. 수업의 화법에 관한 건데요. 어떤 사람들은 제이가 신이나 성령 같은 것들을 가리킬 때 '그(He)'라는 대명사를 사용하는 것을 언짢아해요. 또 수업의 셰익스피어식 무운시無韻詩 요소도 그렇고, 이슬람식 오보격으로 쓰인 〈코란〉과는 달리 수업은 약강오보격弱强五步格으로 쓰인 것도 그렇고, 여하튼 사람들은 수업의 화법이 독자들에게 불친절하다고 생각해요. 코란 이야기는 농담이지만, 이 점에 대해서는 어떻게 생각하세요?•

퍼사: 여기서 당신이 알아야 할 게 두 가지 있어요. 셰익스피어 식 표현은 헬렌 슈크만 박사가 제이와 함께 작업하면서 제이가 불러준 내용을 받아 적은 7년의 세월을 견디는 데 매우 큰 도움이 되었어요. 생각난 김에 말하자면, 〈기적수업〉을 공식 출판하고 있는 '내면의 평화 재단'에서는 헬렌

• 무운시(blank verse): 각운脚韻이 없는 시로, 특히 스탄자Stanza(節·聯)로 나누어지지 않은 약강5보격弱强五步格(iambic pentameter)의 시형詩形을 말한다. 약강5보격은 다섯 개의 음보音步로 이루어진 시행. 16세기말부터 5보격을 가장 많이 써온 영시에서는 약강5보격을 주로 썼다. 약강5보격으로 구성된 한 행은 총 열 음절로 구성되며, 약강弱强의 패턴이 다섯 번 반복된다. 〈기적수업〉 본문에서 예를 들자면 다음과 같다: God is / but Love, / and there / fore so / am I. (신은 다만 사랑이시며, 따라서 나도 그렇다. W329/W'.pl.rvV.10:8)

에 관한 DVD를 새로 출시했어요.* 이 DVD에는 헬렌의 육성이 그대로 실려 있는데, 헬렌이 음성(the Voice)이라 불렀던 그 소리를 듣는 것이 어떤 경험이었는지, 또 그 여러 해 동안 어떻게 그 음성과 작업을 해왔는지에 대해 이야기한 내용이 실려 있어요. 헬렌의 목소리는 녹음된 적이 없다고 여겨졌었는데, 알고 보니 70년대 말에 테이프로 녹음한 게 있었던 거예요. 그런데 잡음이 심해서 틀 수가 없어서 25년간 상자 속에 처박혀 있었고요. 그런데 최신기술 덕택에 배경의 잡음을 제거해서 헬렌의 목소리를 똑똑히 들을 수 있게 되었어요. 헬렌의 음성을 직접 들을 수 있으니 그 DVD의 슬라이드쇼는 볼 만할 겁니다. 전에는 불가능했던 일이죠. 헬렌이 유명을 달리하기 딱 3년 전에 녹음한 거예요. 그 DVD를 보면 헬렌이 얼마나 예리하고 빠릿빠릿했는지, 또 헬렌의 경험이 얼마나 진실한 것이었는지를 알 수 있을 거예요. 물론 당신에게 이런 증거가 필요해서 말한 것은 아니고요.

다시 수업의 문체 이야기로 돌아가자면, 헬렌이 셰익스피어 광이었기 때문에 제이가 셰익스피어 식의 문체를 사용한 것은 헬렌에게 도움이 되었어요. 문체의 일관성을 유지하는 데도 도움이 되었고요. 또한 수업은 킹제임스 성서를 8백 번 넘게 인용하면서, 종종 내용을 바로잡거나 뜻을 밝혀주고 있어요. 그래서 남성적인 언어가 그대로 사용된 거죠. 하지만 〈기적수업〉이 말하고 있는 바를 정말로 이해한다면, 영에는 남성도 여성도 없다는 것을 깨달을 거예요. 왜냐고요? 거기에는 차이도 구분도 대립쌍도 대응물도 없기 때문이죠. 오직 완벽한 일체만이 있어요. 〈기적수업〉을 있는 그대로 존중해주세요. 이것은 영적인 예술 작품이지, 사회적인 성명聲明이 아닙니다.

● '내면의 평화 재단' 사이트(facim.org)에서 〈A Rare Interview with Dr. Helen Schucman〉이라는 제목으로 판매하고 있다.

우리 가슴에 친근하고 소중한 작품인 도마 복음의 이 구절을 떠올려보세요. **"… 남자와 여자를 하나로 만들어 남자가 남자가 아니고 여자가 여자가 아니게 만들면… 너는 왕국에 들어서리라."**

문체에 대해서 하나 더 말해줄게요. 셰익스피어의 작품은 정통 방식의 영어를 구사하고 있어요. 5백 년 전 영어의 방언으로 적힌 글을 읽어보면 깜짝 놀랄 수도 있어요. 많은 경우, 그동안 단어가 많이 바뀌고 철자도 너무 많이 바뀌어서 마치 횡설수설하는 것처럼 들리거든요. 언어는 고정되어 있지 않아요. 세기가 바뀔 때마다 언어도 바뀌죠. 하지만 셰익스피어의 문체는 정통적인 형태의 언어를 사용하고 있어서 세기가 지나도 바뀌지 않아요. 그래서 사람들이 지금도 읽고 이해할 수 있는 거죠. 물론 항상 쉽지만은 않지만요.

개리: 알겠어요. 쉽지만은 않겠지만, 지금으로부터 5백 년이 지나든 천 년이 지나든 간에 사람들은 여전히 〈기적수업〉을 읽고 이해할 수 있겠네요. 일상어가 아니라 정통의 문체를 따르고 있으니 말이죠. 시간을 초월한 내용이니 시대에 뒤처지지도 않을 테고요. 그렇게는 생각을 못 해봤어요. 기발한데요. 제이 이 친구는 정말 재주가 있는 거 같아요. 그러니까 그 완벽함이라든지 세상과 온갖 것들에 대한 용서 외에 다른 방면에서도 말이죠.

아턴: 개리, 당신도 세상을 용서할 수 있어요. 언제 어디서 무슨 일이 생기든 용서하기만 하면 돼요. 당신이 맺고 있는 듯이 보이는 관계를, 당신이 처박혀 있는 듯이 보이는 상황을, TV를 통해 간접적으로, 혹은 직접 접하는 끔찍한 사건을, 마음에 떠오르는 나쁜 기억을, 이 모든 것을 다 용서할 수 있어요. 다 똑같아요. 당신은 다른 육신들도 용서할 수 있고, 또 당신의 육신도 용서할 수 있어요. 그것도 다 똑같은 거예요. 다른 이들을 향해 품고 있는 억울한 마음도, 자기 삶에 대한 후회도 다 놓아버릴 수 있어요. 한 번

에 하나씩만 처리하면 돼요. 그러다 보면 당신의 일을 끝마치는 날이 오고야 말 겁니다.

> 사랑은 오직 사랑이
> 거기 있기만을 바랍니다.

퍼샤: 우린 이제 곧 떠나지만, 도움이 될 만할 때 다시 보러 올게요. 우리가 나타날 때에는 항상 그럴 만한 이유가 있답니다.

성탄절 기간이고 하니, 당신이 좋아하는 수업 구절을 들려주고 싶네요. 그리고 평화 속에서 성령과 함께해요. 2천 년 전에는 대부분의 사람들이 제이의 메시지를 오해했어요. 제이가 죽은 방식 때문에 사람들은 제이의 메시지를 고통과 희생의 메시지로 여겼지요. 자신들이 전에 몸담았던 종교에 희생의 오랜 전통이 있어서 그렇게 믿은 것이기도 하고요. 하지만 제이의 메시지를 어찌 이보다 더 오해할 수 있었을까요? 이 구절은 〈교재〉의 '희생을 종식시키는 성탄일'이라는 제목의 과(T-15.XI)에서 인용한 것입니다.

우리가 떠나더라도, 진정한 사랑을 경험하기 위해서는, 당신의 너무나 특별한 관계들이 어떤 형태의 희생을 요구하더라도 사랑은 오직 사랑이 거기 있기만을 바랄 뿐이라는 사실을 배워야 한다는 것을 잊지 마세요.

이번 성탄일에는 네게 상처 입힐 모든 것을 성령께 바치라. 성령의 치유의 역사에 네가 함께할 수 있도록, 너 자신부터 온전히 치유되라. 그리고 모두를 해방시킴으로써 우리의 해방을 다 함께 경축하자. 어느 무엇 하나 남겨두지 말라. 해방은 전면적인 것이니, 나와 함께 해방을 받아들일 때, 너는 나와 함께 해방을 주게 되리라. 우리의 관계에서 모든 고통과 희생과 편협이 사라지니, 우리의 관계는 아버지(Father)와의 관계처럼 순결하고 강하다. 우리 앞에

불려 오는 고통은 우리의 임재 속에서 사라지니, 고통 없이는 희생도 있을 수 없고, 희생이 없으니 거기엔 사랑이 임하기 마련이라.(T327/T-15.XI.3:1-6)

2

생과 생 사이의 여행

그러니 올해는 네가 여태껏 직면한 결정 중 가장 쉬운 결정이자 유일한 결정을 내릴 때다. 하나님은 건너편에 계시고 여기에는 아무것도 없음을 깨달았다는 이유만으로, 너는 실재(reality)로 들어서는 다리를 건너게 되리라. 이것을 깨닫고도 당연한 결정을 내리지 않기란 불가능하다.

(T344/T-16.V.17:1-3)

이번 기간 중 아턴과 퍼사의 두 번째 방문은 2007년 1월 22일에 이루어졌다. 내가 매사추세츠주 서부에 있는 크리팔루Kripalu 요가센터에서 열린 그해 첫 세미나를 끝마친 직후였다. 내 손은 아턴과 퍼사가 지난번 방문한 후부터 크리팔루 요가센터의 주말 워크샵이 있었던 3주 반 동안 급속도로 호전되었다. 책에 사인을 하고 짐을 들고 참가자들과 악수를 하는 데 아무런 어려움도 없었고 덕분에 한시름 놓을 수 있었다. 물론 나는 용서의 과정에 큰 확신도 있었고 또 용서가 어느 상황에나 적용될 수 있다는 점도 확신하고 있었지만, 용서가 내 삶에 작용하는 모습을 지켜보는 것은 언제나 즐거운 일이었다. 또한 내 스승들이 이번 방문 기간 중 적당한 때에 용서의 과정과, 이것이 어떻게 몸의 치유에 적용될 수 있는지에 대해서 보다 자세히 다루겠다고 했기 때문에 기대에 차 있었다.

그리고 다음 주부터 몇 주 동안은 하와이에 있는 카우아이Kauai 섬과 오아후Oahu 섬에서 워크샵을 진행할 예정이었다. 특히나 한겨울에 그런 이국적인 곳에 가서 지내는 것은 나의 꿈이었다. 추운 날씨와 얼음과 눈을 좋아하지 않는 나로서는 한겨울에 메인Maine 주를 벗어날 기회가 생기면 언제라도 환영이었는데 그해 겨울이 추운 지역에서 보낼 마지막 겨울이 될 줄이야.

내 아내 카렌은 10년 전에 2년 정도 〈기적수업〉을 공부했는데 아내가 그것을 공부한 주된 동기는 내가 〈기적수업〉을 공부했기 때문이었다. 카렌은 내가 나가던 스터디 그룹에 2년 정도 다니다가 그만두었고, 그때부터 우리는 서로 다른 방향으로 가게 되었다. 카렌이 개인 사업을 시작하며 자기 관심사에 몰두한 반면 내 경우에는 수업이 점점 더 내 삶의 중심이 되어 나중에는 수업을 전하기 위해 상당히 많은 여행을 하게 되었다. 이렇게 우리 둘 사이는 멀어지기 시작했고 카렌이 원하는 만큼 내가 집에 오래 머물 수 없다 보니 카렌은 혼자 보내는 시간이 많아졌다. 그렇다고 카렌이 일을 그만두고 나와 함께 여행을 다닐 만큼 경제적인 여유가 있는 것도 아니어서 이 문제는 우리 둘에게 딜레마였다.

이번에 방문한 아턴과 퍼사는 평소보다 진지해 보였다. 퍼사가 먼저 입을 뗐다.

퍼사: 형제, 오늘은 다룰 게 많아요. 먼저, 손은 많이 괜찮아졌죠? 수업의 가르침을 잘 실천한 걸 축하해요. 우리가 가르쳐온 방식의 용서에 담긴 보편적인 파급력을 잘 이해해가고 있어요. 다음 달은 다사다난할 거예요. 그래서 마음의 준비를 갖추도록 도와주고 싶어요. 하지만 그에 앞서 깜짝 선물이 있어요.

개리: 좋은 거겠죠?

퍼사: 네, 좋은 거예요. 예전에 우리는, **"마음은 자신이 고수하는 사고체**

계에 따라 그 방향이 절로 정해진다"고 말했었죠.(T59/T-4.II.10:5) 바른 마음의 생각을 할 때, 달리 말해서, 성령과 함께 용서의 생각을 할 때, 당신은 바른 방향으로 향할 수밖에 없어요. 신의 품을 향해서 말이죠. 하지만 에고와 함께 판단과 단죄의 생각을 한다면, 신에게서 자신을 계속 떼어놓고 있는 것이죠.

아턴: 영성에 관심이 있는 대부분의 사람들은 자기 몸이 죽어 소위 사후 세계(afterlife)에 가게 되면 자신이 다음 생에서 무엇을 어떻게 할지에 대해서 정하고 계약이나 다짐을 한다고 생각하지요. 그런데 사실은 그렇지 않습니다! 그러한 환생은 이미 다 끝났습니다. 그들은 이미 필름에 찍힌 영화를 다시 경험하는 것일 뿐이지요. 사실 사람들이 사후(afterlife)라 부르는 것은 생과 생 사이의 시기(in-between life)을 말합니다. 이미 세세한 것까지 정해진 한 꿈의 생과, 역시나 세세하게 정해진 다음 꿈의 생 사이에서 보내는 시기죠. 꿈의 여러 생 동안 그들에게 있는 자유 혹은 자유의지란, 모든 것에 대해서 에고의 해석 대신 성령의 해석을 선택할 수 있는 능력뿐입니다. 그들이 이 선택을 내리느냐 마느냐, 진정한 치유를 하느냐 마느냐에 따라서 다음 생은 물론이고 생과 생 사이의 시기를 어떻게 경험할 것인지도 결정됩니다!

그래서 용서를 실천하기를 미루지 말라는 것입니다. 내년으로, 다음 생으로 미루지 마세요. 지금 어떤 선택을 내리느냐에 따라서, 즉 당신이 지금 보고 있는 것들에 대해 에고와 성령의 해석 중 무엇을 선택하느냐에 따라서 당신의 미래가 결정되는 것입니다. 당신의 다음 꿈의 생은, 그러니까 당신이 또 다른 생을 회고해본다면, 그것은 외관상의 시간 흐름을 따라 일어나지 않을 수도 있어요. 다음번에 경험할 생은 지금으로부터 5백 년 전이나 천 년 전 혹은 백 년 후에 일어나는 듯 보였던 생이 될 수도 있단 말이죠. 하지만 상관없어요. 지금 당신에게 제시되고 있는 용서의 기회를 살려서 용서를 배울 것인가 말 것인가, 그것만이 그 생과 거기에 담긴 용서의 과제들의 본질적인 목적입니다. 그래서 그날그날 자신에게 제시되는 과제를 활용하는 것이 그토록 중요한 것입니다. 성령이 당신이 배우기를 바라는 과제가 바로 그것입니다. 당신이 그것을 배우면 — 그리고 결과가 아니라 원인의 자리에서 비롯되는 참된 용서를 실천함으로써 그것을 배워간다면 — 당신은 다음번 꿈속의 생에서 비슷한 패턴들을 다시금 반복할 필요가 없어집니다. 이때 당신은 더욱 성장해갈 수 있는 위치에 놓이게 됩니다. 그리고 어쩌면 당신에게 주어진 용서의 과제를 다 마치고 집으로 돌아가게 될 수도 있습니다. 물론 이번 생에도 그렇게 할 수 있어요. 자신에게 일어나는 일들을 전부 다 용서하느냐 마느냐, 또 이 일에 얼마나 헌신하느냐에 따라서 말이죠.

> ❦
> **당신은 더욱
> 성장해갈 수 있는
> 위치에 놓이게 됩니다.**

수업의 다음 구절은 이번 생은 물론이고 다른 어떤 생에도 적용되는 말입니다. "**시련이란 깨우치지 못한 과제가 재차 주어지는 것일 뿐. 그러니 이전에 잘못 선택했던 자리에서 이제는 더 나은 선택을 할 수 있다. 그리하여 이전의 선택이 가져다준 모든 고통에서 벗어날 수 있다.**"(T666/T-31.VIII.3:1)

개리: 그럼 지금 자신에게 제시된 용서의 과제를 배우는 데 실패했다고 쳐봅시다. 방금 그 구절에서는 그 과제들이 다시 제시될 거라고 했는데, 그렇다고 완전히 똑같은 형태로 제시되는 것 같진 않아요. 그에 상응하는 비슷한 사건이나 상황이나 관계가 될 수도 있는 거죠.

아턴: 맞아요. 지금으로부터 백 년 뒤에 제시되는 과제는 지금 제시되는

과제와 정확히 같지는 않습니다. 똑같이 남아 있는 것은 그 의미와 내용입니다. 형태는 바뀐 듯이 보일지 모르지만요.

퍼사: 깜짝 선물이 있다고 했죠? 셋이 잠깐 여행을 떠나볼까 해요. 하지만 그에 앞서, 마음 여행에는 다양한 형태가 있다는 점을 짚어주고 싶네요. 지금 지구의 인류는 물질을 동력으로 하는 물리적 수준의 기초적인 여행만이 가능하다고 믿고 있어요. 이것이 사실 얼마나 원시적인 방식인지에 대해서는 결코 생각해보려 들지 않죠. 하지만 우리는 때로 당신에게 훨씬 진보된 형태의 여행도 있다는 것을 보여줬었지요. 우리가 마음 이송移送(mind transport)이라 부르는 거 말이에요. 이것은 원격으로 보는 방식과는 달라요. 당신의 몸은 계속 특정 장소에 남아 있는 듯이 보이지만, 멀리 있는 것들을 — 때로는 아주 멀리 있는 것들을 — 보기만 하는 방식이 아니에요. 또 마음 이송은 에너지에 기반을 둔 가벼운 영체가 당신과 동반하는 것처럼 보이는 아스트랄 여행과도 분명 같지 않아요. 마음 이송을 할 때에는 육신도 같이 움직이고 감각기관이 제공하는 정보도 모두 경험하는 것처럼 느껴진답니다. 마음 이송을 할 때는 육신 속에 있는 것처럼 보일 때 경험하는 것들만큼이나 모든 것이 생생하게 느껴집니다.

마음 이송은 당신이 이곳에서 할 수 있는 형태의 여행이 아니기 때문에 이런 설명을 해주고 싶었어요. 마음 이송은 대부분의 외계인들이 지구를 방문할 때 사용하는 여행의 형태이기도 해요. 만약 5백억 광년 떨어진 곳에 방문하고 싶다면, 빛의 속도로 여행한다 하더라도 도착하는 데 5백억 년이 걸려요. 전혀 실용적이지 못하죠. 하지만 마음 이송 기술을 터득하기만 하면 5백억 광년 떨어진 곳으로 간다고 해도 시간이 전혀 걸리지 않아요.

개리: UFO들의 불가능해 보이는 속도와 비행술도 그걸로 설명할 수 있겠군요. 외계인들은 여행을 할 때 마음을 사용하고 있기 때문에 물리적 법

칙에 의존하지 않아요. 사실 외계인들은 물리적 법칙을 초월하죠.

퍼사: 맞아요. 수업도 이것이 가능하다고 말하죠. 물론 거룩함(holiness)이라는 맥락에서 설명하고 있긴 하지만요. — **"너의 거룩함은 세상의 모든 법을 거스른다. 그것은 시간, 공간, 거리의 제약과 모든 종류의 한계를 초월한다."**(W58/W-pI.38.1:1-2) 이제 우리의 여행에 사용할 방식은 아스트랄 여행이에요. 생과 생 사이에서 사람들이 경험하는 가장 흔한 여행방식이거든요. 많은 사람들은 아스트랄체를 영혼으로 생각하지만, 사람이 저마다 개별적인 영혼을 가진다는 생각 또한 분리의 생각이라는 점은 몰라요. 하지만 진짜 영은 총체적이고, 나뉨도 인격적인 정체성도 없습니다.

우리는 당신이 사후의 기간(in-between life) 동안 보게 될 수도 있는 것들을 짧게 구경시켜줄 거예요. 불교와 수업은 똑같이 말하지요. **"탄생은 시작이 아니었고, 죽음도 끝이 아니다."**(M61/M-24.5:7) 마지막 환생에 가까워질수록 당신이 사후의 기간 동안 볼 광경은 오늘날 보는 우주와 점점 비슷해질 거예요. 하지만 아직 그렇게 영적으로 진보하지 못했다면, 당신이 좋아하는 〈천국보다 아름다운〉(What Dreams May Come) 영화에서처럼 온갖 기이한 것들을 보게 될 겁니다.

제이가 나자로를 죽은 자들로부터 일으켜 세우고 며칠이 지나자, 몇몇 로마 군인들은 나자로를 죽이라는 명을 받고 그를 붙잡았어요. 빌라도는 이미 죽었던 사람들이 멀쩡히 돌아다니는 것을 원하지 않았지요. 군인들이 나자로에게 "저승은 어땠냐?"고 묻자 나자로는 "여기와 비슷해요"라고 대답했어요. 나자로는 영적으로 매우 진보한 사람이었던 거죠. 결국 군인들은 나자로를 죽였고, 그래서 나자로는 그 생애에서만 두 번 죽은 셈이지요.

당신은 생과 생 사이의 삶에서 온갖 이미지들을 볼 수 있지만, 우리의 의도는 그 무엇도 실재화하려는 것이 아니라는 것을 분명히 알아두세요.

하지만 정말 진짜처럼 보이기는 할 거예요. 준비됐나요?

개리: 아, 아뇨.

주: 그 순간 내가 몸을 떠나는 느낌이 들었다. 놀라웠다. 갑자기 육체적인 모든 걸림이 사라진 듯했다. 여전히 육체와 같은 한계가 있는 어떤 공간 속에 담겨 있는 듯하기는 했지만 신체감각은 전혀 없었다. 하지만 일종의 정신적인 감각은 있었다. 아턴과 퍼사가 나와 함께 있다는 것을 감지할 수는 있었지만 그들이 보이진 않았는데, 갑자기 아턴이 텔레파시 방식으로 말을 건네왔다.

아턴: 지금 이 순간도 당신은 어떤 한정된 공간 속에 있는 듯이 보일 거예요. 그것 역시 분리의 생각입니다. 시간이든 공간이든 육체든 아스트랄체든 뭐든 죄다 분리의 생각에 기반을 두고 있어요. 당신의 현 상태에서는 물론 육체적인 고통이 전혀 없어요. 그건 — 특히나 처음에는 — 아주 신나는 일일 수 있어요. 하지만 이제 곧 알게 되겠지만, 심리적인 고통이 발생할 가능성은 여전히 남아 있답니다.

개리: 못 기다리겠어요. 기분이 묘하네요. 지금 우리는 분명히 의사소통을 하고 있지만 말을 하고 있지는 않잖아요. 입이 없다고요! 숨도 쉬고 있지 않고요! 믿어지질 않아요.

아턴: 인간의 몸 안에 있을 때 숨을 쉬어야 한다는 생각도 마찬가지예요. 그냥 믿음일 뿐이죠. 죽음도 마찬가지로 믿음일 뿐입니다. 모든 것은 마음속에 있어요. 사실 당신이 육체를 떠난 것처럼 보인 후에도 당신은 육안이 보는 것을 보고 있는 것처럼 경험할 거예요. 하지만 사실은 그렇지 않습니다. 당신은 마음으로 '보고' 있는 거예요. 육신이든 아스트랄체든 어떤

종류의 몸이든, 몸은 실재하지 않아요. 그것들은 다른 투사물들과 마찬가지로 뭇 투사물들의 일부에 불과하기 때문이죠. 제이도 수업에서 이렇게 말하지요. **"몸은 한순간도 존재하지 않는다."**(T388/T-18.VII.3:1) 오늘 여행을 하다 보면 어느 순간 당신의 아스트랄체는 사라지는 듯이 보이고, 자신이 모든 것을 마음으로써 보고 있다는 것을 알아차리게 될 거예요. 그건 아주 수준 높은 상태지요.

주: 그 후 나는 자신이 점점 더 높이 올라가는 것을 경험했다. 지구의 둥근 윤곽이 점점 드러났다. 덥지도 춥지도 않았고 매우 가볍고 날렵하게 떠다녔다. 내 주위 공간과 하나로 결합하기라도 하는 것처럼 점점 더 내 주위와 이어진 느낌이 들었다. 구름으로 덮인 부분이 더러 있긴 했지만 여러 대륙을 볼 수 있었고 그런 다음 나는 지구의 하늘빛을 뒤로 하고 암흑을 향해서 총알같이 외계 공간으로 나갔다. 하지만 내가 집으로 여기고 있는 푸른 행성은 아직도 볼 수 있었다.

나는 갑자기 속도에 속도를 더해 빠르게 날아가는 듯했다. 달과 화성도 지나쳤다. 전에 아턴과 퍼사는 과거에는 화성에도 생명이 있었고 그것이 결국은 지구로 이주해왔다고 말했었다. 화성을 보자 기분이 끝내줬다. 태양계 밖으로 쏜살같이 빠져나오기 전에, 내가 식별할 수 있는 다른 행성들도 근처를 지나치면서 보았다.

그다음에는 모든 것이 정말로 이상하게 보이기 시작했다! 이렇게 내가 이동할 수 있는 배후의 동력은 아스트랄체가 아니라 다름 아닌 마음이라는 것을 느꼈고, 그것은 재미있었다. 하지만 보이는 것들 중 일부는 생소했다. 믿을 수 없는 속도로 점점 더 우주 멀리 나아감에 따라, 예기치 않았던 갈등의 느낌이 일어났다. 그런 다음 두 개의 은하처럼 생긴 것을 보았는데, 서로 사이가 안 좋은 듯이 보였다.

아턴: 지금 당신은 내면에서 갈등을 일으키는 생각이 외부처럼 보이는 곳에서 형체를 드러내고 있는 예를 보고 있어요. **"네가 보고 있는 것은 내면의 상태가 외적으로 드러난 모습이다"**(T445/T-21.in.1:5)라고 수업이 하는 말은 문자 그대로의 뜻입니다. 둘 중 한 은하에는 블랙홀이 있는데, 다른 은하를 향해 방사선과 에너지 광선을 쏘고 있어요.

개리: 두 은하가 전쟁이라도 벌이고 있다는 말인가요? 농담이죠?

아턴: 진담이에요. 한 은하가 다른 은하를 통과하면서 공격을 받고 있는 것입니다. 방사선 입자를 맹렬히 퍼붓고 있지요. 믿기 어려울 수도 있겠지만, 분리는 시공간이 투사된 모든 곳에서 펼쳐지고 있어요.

개리: 사람들만 그러는 게 아니었군요.

퍼사: 맞아요. 이제 당신은 정말로 다른 뭔가를 볼 거예요. 기억하세요. 꿈속에서는, 자신이 원하는 것은 무엇이든 볼 수 있고 자신이 원하는 것은 무엇이든 투사해낼 수 있어요. 하지만 당신이 마음의 힘에 완전히 다가가지 못하도록 차단하고 있는 장애물들을 제거하는 것만이 중요해요.

주: 멀리서 우주선처럼 보이는 것이 시야에 들어왔고, 그것은 계속 커져만 갔다. 그러더니 그것은 가늠할 수 없을 만큼 커져서 경외감마저 들게 했다. 나는 보이지 않는 아턴에게 말을 걸었다.

개리: 저건 또 뭐예요?

아턴: 플레이아데스 우주선이에요. 자기네 은하를 순찰하는 단순한 임무를 수행하는 중이죠. 하지만 저 우주선은 지구를 포함해서 어디든지 순

식간에 갈 수 있습니다.

개리: 플레이아데스 종족은 과거의 존재인 줄로만 알았어요.

아턴: 아니에요. 그들은 여전히 활동 중이죠. 훌륭한 종족이에요. 매우 진보했고요. 그들 중 더 많은 이들이 깨달을수록 이곳에 있는 듯이 보이는 자들의 수도 계속 줄어들지요. 앞서 우리는, 마음은 계속 분열되어서 이곳에 여러 가지 이미지로 나타난다고 했었는데, 플레이아데스 종족들처럼 깨닫기 시작하면 그들 중 더 많은 이들이 홀로그램을 떠나 신의 품으로 돌아가게 됩니다. 깨달은 존재는 이곳에 돌아오지 않기 때문에 인구가 감소하기 시작하죠. 결국 당신들도 태어나는 이들보다 마침내 깨달아 이 환영을 떠나는 이들이 많아질 거예요. 그러면 그 종족은 사라져버립니다. 나쁜 방식이 아니라 좋은 방식으로요. 신의 품으로 돌아가는 거죠. 저 우주선에 한번 타볼래요?

개리: 설마. 농담이겠죠?

퍼사: 갑시다, 카우보이.

주: 눈 깜짝할 사이에 나는 우주선에 올라타서, 불가능해 보일 정도로 넓은 어떤 장소에 있게 되었다. 이렇게 큰 걸 누가 어떻게 만들었을까 어리둥절해하고 있는데 어디선가 두 존재가 나타나서는 내 앞에 우뚝 섰다. 사람처럼 보였으나 덩치는 더 컸고 둘 다 금발이었다.

퍼사: 플레이아데스인은 당신 눈에 인류처럼 보일 수도 있지만, 더 매력적이에요. 인간의 눈에조차 말이죠. 이것은 그들의 유럽풍의 모습(Nordic look)이에요. 그들에게는 당신에게는 보여주기를 택하지 않은 다른 모습도 있답니다.

개리: 왜죠? 전 받아들일 수 있는데.

퍼사: 한 종족의 결정에 대해 우리가 간섭할 수는 없어요.

개리: 아, '최우선지침'이로군요.* 맞죠?

퍼사: 비슷한 거예요. 저 존재들에게 질문을 던져볼래요?

두 사람이 있었는데, 나는 그들에게 "이렇게 큰 우주선을 어떻게 운전하시나요?"라고 물어보았다.

그중 한 명이 답했다. "이 우주선을 만들어낸 방식과 똑같은 방법으로요. 마음으로 하죠. 우리는 공간을 헤집지 않고도 원하는 곳은 어디든지 순식간에 이동할 수 있어요. 결국은 인류도 이 일을 해낼 테지만 아직은 갈 길이 멀죠.

덧붙이자면, 인간이 다음 생에 외계 종족의 구성원으로 태어나는 것도 가능해요. 플라이아데스인으로도 살 수 있지요."

나는 "끝내주는데요!"라고 맞장구치면서 말을 이으려고 했지만 그 존재는, "그 일은 당신이 생각하는 방식에 의해 정해집니다. 우리도 좀더 이야기를 하고 싶지만 당신이 이 짧은 여행을 마쳐야 하는 시간이라는 걸 느껴요. 잘 지내요"라고 말하며 나와의 대화를 끝맺었다.

다음 순간 우리는 그 거대한 우주선의 바깥에 있는 듯이 보였고 또다시 엄청난 속도로 이동하면서 내 마음속의 어떤 음성(a Voice)이 시리우스와 오리온이라 말해준 곳을 차례로 지나쳤다. 속도를 줄여서 멈추자 내 마음은

---

* 〈스타트렉〉 시리즈에서 등장하는 용어로, 이 지침은 행성 간 연합 단체인 스타플릿의 구성원들은 외계문명의 독자적인 발달과정에 개입하는 것을 금하는 것을 내용으로 한다.

회전하기 시작했다.

퍼사: 저길 보세요. 뭐가 보이죠?

개리: 확실하지는 않지만 무슨 터널처럼 보이는데요.

퍼사: 저건 웜홀이에요.* 지구의 과학자들 중 많은 이들이 우주의 한 지점에서 다른 지점으로 이동하는 데 웜홀이 이용될 가능성이 가장 크다고 믿고 있고, 실제로도 종종 그렇게 사용되기도 해요. 심지어는 시간여행도 가능하고요. 대부분의 종족들이 처음에는 이런 식으로 접근하지만, 마음이송이 최고의 이동 방법이라는 점에는 변함이 없어요.

개리: 저기요. 내가 지금 소위 생과 생 사이의 상태에 있다고 한다면, 어째서 현실의 시간에도 존재하는 것처럼 보이는 것들이 이토록 많이 보이는 거죠?

퍼사: 간단해요, 개리. 그 무엇도 실재가 아니니까요! 그래서 사람들은 생과 생 사이의 국면에서 자신들이 볼 준비가 된 것만 보게 되는 겁니다. 그래서 사람마다 천양지차가 생길 수 있죠.

그 후 나는 우리가 왔던 쪽으로 속력을 내며 돌아가고 있다는 것을 느꼈다. 우리가 지구를 향해 가고 있다는 것을 직감했지만, 오는 길에는 이해할

• worm hole: 웜홀은 두 시공간이나 동일 시공간의 두 곳을 잇는 시공간의 좁은 통로이다. 웜홀을 지나 성간여행이나 은하 간 여행을 하면 훨씬 짧은 시간에 우주의 한쪽에서 다른 쪽으로 갈 수 있다. 이때, 블랙홀은 입구가 되고 화이트홀은 출구가 된다. 블랙홀이 빨리 회전할수록 웜홀을 만들어내기가 쉽고 전혀 회전하지 않는 블랙홀은 웜홀을 만들어낼 수 없다. 하지만 화이트홀의 존재가 증명된 바 없고, 블랙홀의 기조력 때문에 진입하는 모든 물체가 파괴되기 때문에 웜홀을 통한 여행은 수학적으로만 가능할 뿐이다. 웜홀(벌레구멍)은 벌레가 사과 표면의 한쪽에서 다른 쪽으로 이동할 때 이미 파먹은 구멍을 뚫고 가면 표면에서 기어가는 것보다 더 빨리 간다는 점에 착안하여 이름지어진 것이다. (두산백과)

수 없는 것들이 좀 있었다.

퍼사: 저기 보면 반물질이 물질을 파괴하는 모습이 보일 거예요. 반물질은 중성자별들과 블랙홀들에 의해 갈가리 찢기는 별들로부터 나오지요.

개리: 우리 태양계 밖의 우주가 이토록 폭력적일 줄은 몰랐어요.

퍼사: 사실 우주는 통일성에 기반을 두고 있지 않아요. 심지어 우주가 하나로 묶여 있는 이유도, 오직 하나의 투사물밖에 존재하지 않고, 우주의 모든 것이 이 투사물의 일부라는 이유 말고는 없어요. 그래서

> 🔥
> **사실 우주는
> 통일성에 기반을
> 두고 있지 않아요.**

우주를 정말로 갈라놓을 수는 없는 거예요. 그럼에도 불구하고 우주는 산산조각으로 무수히 나뉘고 다시 또 나뉘는 듯이 보일 거예요.

계속 가다 보니, 우리의 태양으로 여겨지는 항성이 보였다. 나는 자기장 선과 그것을 따라 움직이는 파문 같은 것도 볼 수 있었다.

아턴: 저것은 태양의 파문입니다. 태양 파문이 당신네 태양의 에너지를 모든 방향으로 나르고 있지요. 태양 파문은 전자기 시스템의 중요한 구성요소로서, 중력과 함께 당신네 태양계의 움직임을 통제합니다. 태양 파문은 우주로 퍼져 나가기 때문에 모든 곳의 그와 유사한 작용들과 연결됩니다.

태양을 향해 빠르게 다가가는 동안 태양계 행성들의 모습이 다시 보였고 지구에도 빠르게 다가가고 있었다. 우리는 다시 대기권에 진입하여 북미 쪽으로 이동했다. 우리는 북미의 특정 지역을 향해 다가갔는데, 내가 살

던 곳 같지는 않았다. 어떤 도시가 점점 크게 보였는데, 나는 전에 시카고에 가본 적이 있어서 미시간 호수를 기준으로 그곳의 위치를 파악할 수 있었다. 도시와 하늘이 맞닿은 윤곽선이 내가 기억하던 것보다 더 커 보였다. 좀 더 가까이 다가가자 여러 채의 건물들이 보였고 그중 하나는 응급실 입구가 있는 걸로 봐서 병원인 듯했다. 하지만 내가 익히 봐왔던 건물들과는 달랐는데 뭐랄까 좀더 미래적이었다.

이런 생각을 하고 있는데 어느 순간 나는 수술실 같은 곳에 들어와 있고, 한 여자가 아이를 낳으려는 모습을 볼 수 있었다.

개리: 저 여자는 누구예요?

퍼사: 우리 엄마예요.

개리: 예?

퍼사: 우리 엄마라고요. 당신의 다음 생에서 내가 태어나고 있는 거예요. 생과 생 사이의 삶을 마치고 나면 당신은 저절로 홀로그램의 이 시공간으로 인도될 것이고, 거기서 당신은 나로 태어나는 듯이 보일 거예요.

개리: 아까 본 것은 희한한 축에도 못 끼는군요. 저기 뱃속에 있는 아기가 저라고요? 그리고 이것이 우리의 마지막 생의 시작이고요?

퍼사: 맞아요. 우리는, 전에 당신이 깨우치지 못했던 용서의 과제들을 깨우칠 또 다른 기회로서, 또다시 한 생을 시작하게 되는 과정을 당신에게 보여주고 싶었어요. 당신의 경우에는 깨우쳐야 할 과제가 얼마 남아 있지 않을 거예요. 개리였을 때 항상 매끄럽게 용서를 실천하지만은 못했을지라도 당신의 끈기 있는 태도가 결국은 제 몫을 해낼 테니까요.

당신이 노력으로 얻어낸 상위 영역으로 가보죠. 당신은 결과가 아닌 원인의 자리에서 참된 용서를 실천해서 그곳에 이르렀어요. 그 결과로 성령의 진정한 치유가 따라왔고요. 이제 당신이 곧 경험할 의식 상태는 당신이 퍼사로 환생하는 듯이 보이는 생을 시작하기 전, 생과 생 사이의 단계가 어떠할지를 보여줄 거예요. 실은 이 상태가 당신이 생과 생 사이의 삶을 경험할 때 제일 먼저 경험할 부분인데 아까는 일부러 지나쳤어요. 이 부분만 따로 보여주고 싶었거든요. 개리라는 육신을 내려놓고 생과 생 사이의 삶을 재연할 때, 이제 곧 보게 될 이 상태부터 경험할 거예요. 그런 다음 아까 보았던 다른 모든 일을 겪은 후, 저 아기의 몸속으로 들어가는 듯이 보일 거예요. 물론 당신이 어떤 몸 안에 정말로 있다는 것은 아니지만요. 같이 가요, 형제.

주: 우리는 전혀 다른 장소에 있었다. 내 주변에는 아름답고 하얀 빛이 있었다. 이 빛은 따뜻했고 치유하는 느낌이 들었다. 따끔거리기도 했지만 초대의 느낌과 오르가슴의 느낌도 들었다. 이때 나는, 내가 진정 신과 하나가 되었다고 느낀 몇 안 되는 계시의 순간에만 느낄 수 있었던 지복의 느낌을 경험했다.

그러자 기적수업에서 〈기도의 노래〉라 부르는 과의 아름다운 구절이 생각났다. 그 부분은 내가 그때 느끼고 있던 바를 잘 담아내는 듯했다. 내가 수업을 문자 그대로 외울 수 있는 것은 아니지만 가슴 깊이 와닿아서 쉽게 떠올리고 읊을 수 있는 구절들은 많이 있었다. 이 구절도 그중 하나였고, 나는 마음속으로 그 아름다운 말들을 떠올렸다. 그런 다음 침묵에 들었다. 나는 아턴과 퍼사가 나와 함께 있다는 것을 알았다. 그런데 모든 이들이 나와 함께 있는 듯한 느낌도 들었다. 나는 〈기도의 노래〉에서 말하고 있는 다음의 상태를 실제로 경험하는 것이 가능하다는 사실에 감사를 느꼈다.

육신은 신의 아들이 신께로 가는 길을 돕도록 고맙게 사용되었으니, 그 죽음은 평화로운 가운데 기쁘게 내리는 차분한 선택이 되어야 한다. 그러니 우리는 몸이 우리에게 베풀어준 모든 봉사에 감사한다. 하지만 우리는 또한 이 제약에 갇힌 세상을 걸을 필요도, 사랑에 찬 섬광 속에서만 선명히 보이던 형체 없는 그리스도께 도달해야 할 필요도 다했음에 감사한다. 우리는 이제 다시 그를 쳐다볼 수 있도록 익숙해진 그 빛 안에서, 거침없이 그를 볼 수 있다.

우리는 죽음이라 일컫지만, 그것은 사실 해방이다. 죽음은 저항하는 육신에 고통스럽게 가해지는 무엇이 아니라 해방을 맞이하는 평온한 느낌으로서 찾아온다. 진정한 치유가 있었다면 즐거운 일을 즐거이 끝내고 안식의 시간에 이르렀을 때, 죽음은 이런 모습으로 찾아올 수 있다. 이제 우리는 대기는 더 자유롭고 기후는 더 온화한 곳, 우리가 베푼 선물들이 우리를 위해 고스란히 간직되어 있었음이 쉬 눈에 띄는 곳으로 평화로이 간다. 이제 그리스도는 우리 앞에 더욱 뚜렷이 보이고 그의 비전은 우리 안에 더욱 확고하며, 그의 음성, 신의 말씀은 더욱 여실히 우리의 것이 되므로.(S17-18 / S-3.II.2:1-3:5)

이 상태는 잠시 지속되는 듯했다. 얼마나 지속되었는지는 모르겠다. 그 시간 동안 나는 일시적으로 생각을 멈췄었다. 몸은 없었고 마음도 보이지 않았다. 이 상태에 영원히 머물더라도 불평하지는 않았을 텐데, 그럼에도 마침내 나는 불편한 느낌을 느끼기 시작했다. '이건 뭐지?' 뭔가 잘못된 것이 있기라도 한 것 같았다. 마치 내가 뭔가를 잘못한 것 같은 느낌이 들었다. 이 느낌을 이해할 수는 없었지만, 멀리하고 싶은 느낌이라는 것만큼은 알았다. 그 순간 어느새 나는 내 집에 도로 와 앉아 있었고 내 앞에는 승천한 두 스승이 있었다. 나는 너무 놀라 말도 못할 지경이었지만 이내 질문을 쏟아냈다.

개리: 굉장했어요! 그렇게까지 자유를 느낄 수 있을 줄은 정말 몰랐어요. 이번 여행 중 보여주신 것들이 대부분 굉장했지만 마지막에 내가 근원과 하나되는 느낌에 비길 수는 없었어요. 그런데 이해가 안 되는 게 두 가지 있어요. 이를테면, 사람들이 사후세계에 대해 말하는 걸 들어보면 설명이 매우 구체적이지만 저마다 다른 듯이 보여요. 예를 들면, 온갖 종류의 수정으로 된 성이라든지 아름다운 환시나 놀라운 장면을 보고 생각만으로 이런 저런 것들을 창조해내는 등등 말이죠. 이건 어떻게 설명할 수 있죠?

퍼사: 그래서 아까, 사람들은 자기가 볼 준비가 된 것만을 보게 될 거라고 말한 거예요.

아턴: 사람은 자신이 볼 준비가 된 것만 볼 수 있어요. 우리가 '본다'는 표현을 쓸 때, 그것은 언제나 마음으로 본다는 뜻이에요. '본다'는 말은 사실 생각하는 방식을 뜻해요. 다시 말하지만, 영적인 시각은 마

> 영적인 시각은
> 마음의 차원에서
> 일어나는 것입니다.

음의 차원에서 일어나는 것이어서, 몸이 외관상 보고 있는 것과는 정말이지 아무런 상관도 없습니다. 몸은 어떤 식으로도 무엇 하나 볼 수 없고 무엇 하나 할 수가 없습니다! 하지만 마음은 몸을 에고가 아니라 성령에게 봉사하는 데에 사용하기로 항상 선택할 수 있습니다.

개리: 좋아요. 그러니까 잠시, 제가 미친 게 아니고, 또 방금 본 것이 우리 모두가 공유하고 있는 듯이 보이는 시간과 공간의 우주였다고 칩시다. 그러니까 사람들이 겪게 될 생과 생 사이의 삶의 경험은 자신들이 무엇을 믿고 있는지에 따라서, 또 경험할 준비가 된 정도에 따라서 크게 달라진다는 말이죠?

퍼사: 물론이죠. 당신은 계속 용서를 실천해왔고 이 환영의 삶 속에서

앞으로도 그렇게 해나갈 거예요. 그러면 몸을 내려놓고 떠나는 듯이 보일 때 좋은 경험을 하게 되죠. 아까 일어나는 듯이 보였던 장면은 일부 사람들이 겪게 될 일에 비하면 상당히 좋은 경험이에요. 종종 사람들은 자기가 기대하는 것부터 보기 시작하죠. 오랫동안 보지 못했던 친척들을 보기도 하고, 형용할 수 없는 아름다운 색이나 빛처럼 보이는 긴 터널을 보기도 하죠. 심지어 소위 우주의 신비라 할 수 있는 아름다운 장면을 보고 감격할 수도 있어요. 몸속에서 그들이 인생이라 불렀던 것 너머에 있는 신비죠.

하지만 이 경험이 오래가지는 않아요. 사람들은 당신도 아까 겪었던 것과 같은 불편한 느낌을 느끼기 시작해요. 종종 그보다 훨씬 더 끔찍하지만요. 그것은 그들이 벗어나고 싶어 하는 심리적 고통이에요. 이 고통은 그들이 태초에 근원으로부터 외관상 분리되는 듯이 보였고 그 결과로 자신이 느꼈던 죄책감의 순간을 재현하고 있어요. 그래서 그들은 여기서 달아나고자 몸 안으로 숨어들고, 아까 병원에서 당신이 처해 있는 것처럼 보였던 상황에 처하게 되고야 말죠. 작고 무력한 희생양의 모습으로, 그들의 생각엔, 그 무엇에도 책임이 있을 리 없는 갓난아기로 말이에요. 물론 사실을 말하자면 당신은 모든 것에 대해 책임이 있는데, 그것을 잊어버리는 것뿐이죠.

그래서 우리가 지금 당장 용서의 기회를 살리는 것이 그토록 중요하다고 강조하는 거예요. 용서를 실천하면서 더 많은 것을 터득할수록 장차 겪을 경험도 나아질 거예요. 그때 당신이 지구에 있는 듯이 보이든 말든 상관없이 말이에요.

개리: 그래서 큰일들뿐만 아니라 사소한 일들도 용서해야 하는 거군요. 나보다 책을 더 많이 팔아먹는 사람이 저 바깥에는 사실 아무도 없다는 점과, 내 마음을 사용해서 만나려고 애쓸 사람도 실제로는 아무도 없다는 점을 이해할 필요도 있고요. 이를테면 누군가를 만나보겠다고 '끌어당김의

법칙' 같은 걸 사용하는 거 말이에요.

아턴: 지난 2년 동안 당신은 샤키라Shakira에게 계속 관심이 쏠려 있었죠.•

개리: 이봐요. 사람들은 그걸 스토킹이라 할지 몰라도 내게는 사랑이에요.

퍼사: 어쨌든 대부분의 사람들에게 끌어당김의 법칙은 통하지 않아요. 이 점에 대해서는 좀더 나중에 다룰게요. 한마디만 하자면, 《끌어당김의 법칙》과 《시크릿》보다 나은 버전을 보고 싶다면, 나폴레온 힐Napoleon Hill이 쓴 고전 《부의 비밀》(Think and Grow Rich)을 보면 돼요. 1930년에 처음 출판되었어요. 오늘날 사람들은 "다빈치도 이 비밀을 사용했고 에디슨도 이 비밀을 사용했다"고 말하지만 정작 가장 중요한 내용 중 하나는 쏙 빼놓고 말하죠. 그 양반들은 무진장 노력했어요! 그리고 아예 모르기 때문에 언급조차 못 하는 더 중요한 내용도 있어요. 이것도 나중에 다룰게요.

아턴: 성공은 10퍼센트의 영감(inspiration)과 90퍼센트의 땀(perspiration)으로 이뤄진다고들 말하죠. 이것은 대부분의 경우에 맞는 말입니다. 예를 들면, 당신은 우리 셋이 당신의 첫 번째 책에서 나눈 대화내용 때문에 게으름뱅이라고 소문나 있지요. 하지만 사실 당신은 지난 몇 년간 아주 열심히 일했어요. 때로는 그렇게 노력하는 것 말고는 더 필요한 게 없죠. 당신은 대부분의 영적 교사들보다 난이도가 높은 어려움을 겪고 있어요. 청중이 원하는 내용을 말해주지 않는다는 이유만으로 말이죠. 수업이 가르치는 내용과 당신이 워크샵에서 말하는 내용을 고려해봤을 때, 당신과 당신의 책과 CD는 기대보다 훨씬 더 선전하고 있어요. 하지만 이렇게 일이 풀리기까지 당신은 엄청난 노력을 해야 했어요.

• 콜롬비아 출신의 유명 여가수

개리: 그 나머지는 성령에게 달린 거죠.

퍼사: 맞아요. 그러면 언제나 성공해요. 하지만 개리, 일하는 속도를 조금이라도 늦추는 게 현명할 거 같아요. 최소한 한 달에 일주일 정도는 쉬면 어때요? 그러면 매달 10~11일 정도는 집에 있을 수 있고 그렇게 되면 수업의 메시지를 나누는 여행을 충분히 하면서도 책 쓸 시간도 좀 더 확보할 수 있을 거예요.

개리: 올해는 이미 예약이 다 찼고 내년 정도에는 그렇게 할 수 있을 것 같아요. 그러니까, 제가 정말로 저 자신을 위해 시간을 내야 한다고 보세요?

퍼사: 네. 근데 다른 이유도 있어요. 당신은 이제까지 두 권의 책을 냈고, 아주 잘 했어요. 그런데 우리는 당신이 좀더 많은 책을 냈으면 해요. 이런 가르침을 강연으로 직접 접할 수 있는 사람은 한정돼 있잖아요. 하지만 당신은 사람들이 수업을 더 깊이 공부하도록 도와줄 뿐만 아니라 새로운 사람들을 수업으로 인도해주고 있어요.

개리: 책을 여러 권 내려면 한 달에 일주일 이상은 시간을 내야겠네요.

아턴: 좋습니다. 이만하면 일에 대해서는 웬만큼 조언을 한 것 같은데, 결혼생활은 어때요?

개리: 음, 쉽지 않네요. 서로 노력하지 않은 것도 아니에요. 우린 오랫동안 결혼생활을 해왔어요. 그런데 이제는 뭘 어떻게 해야 할지 모르겠어요. 물론 좋은 시절도 있었죠. 몇 해 전부터 내가 여행을 많이 하게 된 것이 결정타가 되지 않았나 싶어요. 결혼생활이 계속 유지될 것 같지는 않아요. 그냥 서로 파장이 다른 것 같다고 할까요. 카렌은 언제나 그랬듯이 좋은 사람이지만, 언제부턴가 우린 서로 다른 방향으로 가고 있는 것 같아요.

최근에 저는 운전면허증을 갱신해야 했는데, 왜 혼인신고는 운전면허처럼 갱신하지 않는 거죠? 5년이든 몇 년이든 그렇게 하면 좋을 텐데. 둘 중 하나라도 결혼 면허를 갱신하길 원치 않으면 그냥 만료되는 걸로 말이에요!

아턴: 고마워요, 개리. 영적인 길을 가는 다른 사람들은 물론이고 퍼사와 나 자신까지 대변해서 말하건대, 당신의 그 독특하고 신선한 관점은 도전의식을 불러일으키는군요.

퍼사: 제정신으로 할 얘기는 없나요?

개리: 정말이지, 뭘 해야 할지 모르겠어요.

퍼사: 특히 다음 달에, 그리고 그 이후로도 당신은 수없이 다양한 도전을 받을 거예요. 우리는 당신이 직접 경험하고 용서할 기회를 주기 위해서 미래에 대해 너무 많은 것을 알려주지는 않을 거라고 늘 말해왔죠. 하지만 이번에는 정말 압도적으로 느껴질 거예요.

개리: 또요?

퍼사: 네. 하지만 우리가 항상 당신과 함께 있으면서 모든 것을 지켜보고 있다는 것을 기억하세요. 제이도 마찬가지고요. **"우리는 성령의 현현이자 교사들의 스승들로서, 우리가 모르는 자는 아무도 없다."**(M64/M-26.2:2, M-26.2:6)

개리: 고마워요. 정말 큰 힘이 되네요.

아턴: 지금부터 다음 방문 때까지, 아무것도 필요하지 않은 경지로부터 비롯하도록 노력하세요. 뭔가가 필요할 때, 당신은 결핍의 자리로부터 비롯하고 있는 겁니다. 예컨대 어떤 일을 벌이기 위해 돈이 필요할 때, 돈을 사랑을 넓히는 데 이용하는 도구로 여기세요. 환영 속으로 사랑을 넓히고 있더라도 상관없습니다. 중요한 것은 실재하는 사랑 그 자체이고, 아무것도 필요로 하지 않는 데서 오는 풍족감입니다. 그러면 그 풍족감도 넓혀갈 수 있게 됩니다. 그러니 수업이 말하듯이, **당신의 풍요를 베풂으로써 당신 형제들이 자신의 풍요를 배우게 하세요.**(T128/T-7.VII.7:7)

개리: 이것은 관계에도 적용되는 이야기겠네요. 자신에게 누군가가 필요하기 때문에 그를 따라가서는 안 되겠군요. 내가 누군가를 필요로 하고 있다면, 나는 궁핍한 것입니다. 하지만 누구를 필요로 하지 않는다면 풍족을 함께 인식하는 가운데 서로 함께할 수 있는 거죠.

퍼사: 맞아요. 이것은 관계든 돈이든 어디에나 다 적용되는 원리예요. 이런 일들을 에고의 영광을 위해서가 아니라 성령의 사랑으로 하는 것, 그것만이 중요해요. 뭘 하느냐가 아니라 그 일을 누구와 하느냐가 중요한 겁니다. 성령이냐, 에고냐가 말이에요.

아턴: 많은 사람들은 자기가 하는 일 자체가 중요하다고 여기고, 그 일을 자신과 자신의 지성을 미화하는 데에 교묘하게 이용하죠. 하지만 정말이지, 사랑만이 중요합니다. 사랑의 자리로부터 비롯할 때, 당신이 하고 있는 일들은 영의 인도를 받을 수 있게 됩니다.

개리: 맞아요. 사람들이 원자를 쪼개어 핵을 발견했을 때를 생각해봐요. 맨 먼저 한 일이 뭐였죠? 폭탄을 만들었지요! 그 일을 하는 데엔 지성은 발휘됐겠지만, 분명 사랑이 필요하진 않았죠.

아턴: 그래서 아인슈타인도 "인류는 선한가?"라는 진지한 의문을 품었던 겁니다.

개리: 에고의 본성을 놓고 보자면 적합한 질문이네요. 에고의 지배하에 있다면 인류는 기껏해야 선과 악으로 양분될 텐데, 그마저도 상태가 좋을 때의 이야기지요. 마음이 오직 성령의 생각들의 지배만 따를 때라야 — 물론 우리 스스로가 그렇게 선택을 내려야겠지만 — 인류는 점점 더 나아져서 결국 신성(the Divine)으로 돌아갈 수 있습니다.

아턴: 옳은 말입니다.

개리: 사랑 없는 지성은 아무것도 아니라는 당신의 말이 맘에 들어요.

아턴: 수업 모임에 많이 나가봐서 알 거예요. 그런 데에 가면, 자기가 수업에 관해 모든 걸 알고 있고 항상 자신만 옳아야 하고 다른 의견은 아예 들어설 여지를 주지 않는 사람들이 종종 있죠. 반면에 당신이 여행을 하면서 만난 지적 장애가 있는 사람들 중 많은 이들은 사랑의 눈으로 다른 이들을 바라보면서 삶을 헤쳐가고 있고요. 매우 흥미롭지 않나요? 전에도 말한 적이 있지만, 다른 이를 보는 대로 자기 자신을 보게 된다는 말이 사실이라 한다면, 비록 지적 장애를 갖고 있지만 사랑의 눈으로 다른 사람들을 바라보며 삶을 헤쳐가는 사람들이, 행복하기보다 옳기만을 고집하는 지성인들보다 이번 생에서 영적으로 더 빠르게 성장하고 있을 겁니다!

퍼사: 당신의 마음을 어떻게 사용할지는 당신에게 달려 있어요. 에리히 프롬이 말했듯이, 사랑은 인간 실존 문제에 대한 대답이에요. 또한 사랑은 집으로 가는 길이기도 하

> 🔥
> **천국에는
> 대립쌍이 없습니다.**

고요. 물론 사랑의 경험을 가장 빠르게 촉진시키는 것은 참된 용서지요. 그래서 우리는 이 주제를 계속 다루는 것이고요. 하지만 수업에서 '사랑'이라는 말은 완전한 어떤 사고체계를 대변하는 용어라는 점을 기억하세요. 즉 성령의 사고체계를 대변하는 말이죠. 이에 반해 수업에서 '두려움'이라는 말은 또 다른 총체적인 사고체계, 즉 에고의 사고체계를 대변하는 말입니다. 두 사고체계는 상호 배타적이어서 결코 조화될 수가 없어요. 당신은 이 둘 중 하나를 선택해야만 합니다. 그러지 않으면 당신의 마음은 분열될 테니까요. 천국에는 대립쌍이 없으므로 천국에 다시 들어가기 위해서는 당신 마음속의 상반되는 두 사고체계 모두에게 충성해서는 안 됩니다.

개리: 성령이란 어쨌든 실재 속에서는 나 자신이기 때문에 성령이 내 마음을 더욱더 차지하도록 내맡기기를 두려워할 필요는 없어요. 그렇게 내맡

기다 보니 전에 내가 신경 썼던 일들이 실제로는 그럴 필요가 없는 일이라는 생각도 들더라고요. 예를 들면, 2년 전과 비교하면 요즘 저는 예전만큼 정치에 관심이 가지 않아요. TV 화면에 나오는 정치인들을 계속 용서하다 보니 그런 일들이 내게 예전만큼 크게 영향을 주지 않지요.

퍼사: 훌륭해요. 그렇다고 해서 당신이 원할 때, 혹은 정치에 관심을 좀 쏟고 싶을 때 투표로 의사표시를 할 수 없는 것은 아니에요. 다만 이때 당신은 그 일에 대해 반응하는 상태에 있지 않다는 뜻이고, 그러니 마음이 훨씬 더 평화롭지요.

개리: 맞아요. 또 나는 노후를 대비하기 위해, 혹은 무슨 일을 위해 충분한 돈을 마련해둬야겠단 생각도 예전만큼 하지 않는 것 같아요. 누군가가 나를 돌봐주고 있고 앞으로도 그럴 거라는 느낌이 들거든요.

퍼사: 아주 좋아요. 수업의 〈심리치료〉 소책자를 보면 — 참고로 여기서는 '치료사'라는 표현이 자주 사용되고 있지만 대신 '치유가'나 '교사' 등 당신의 직업으로 바꿔 읽어도 글의 의미는 고스란히 전해질 거예요. — 이렇게 가르치고 있어요. **"높은 경지의 치료사조차도 이곳에 있는 동안에는 세속적인 것들을 얼마간 필요로 한다. 그에게 돈이 필요해진다면 그것은 대가의 지불로서가 아니라 뜻에 더 잘 봉사하도록 돕기 위해 주어질 것이다. 돈은 악이 아니다. 돈은 아무것도 아니다. 하지만 이곳에서는 누구도 환영 없이는 살 수 없다. 그는 최후의 환영이 모든 곳의 모든 이들에게 받아들여지게 하는 일에 매진해야만 하기 때문이다. 그는 자신이 온 이 목적 속에서 중대한 역할을 맡고 있다. 그는 오로지 이를 위해 이곳에 머문다. 그리고 이곳에 머무는 동안 그에게 필요한 것은 주어질 것이다."**(P22/P-3.III.1:3-10)

개리: 좋은데요! 그게 어떤 방식으로 오느냐는 중요하지 않아요. 그것은 오기로 되어 있으면 그저 찾아올 거예요. 하지만 어떤 이들은 그것이 찾

아오는 방식이 중요하다고 생각하죠. "옛날 방식으로 내 돈을 받았어"라고 말하는 제 친구도 있으니까요.

아턴: 아, 유산 말이로군요.

퍼사: 그런데 이 인용문에서 **"그는 오로지 이를 위해 이곳에 머문다"**(He stays here but for this)라는 표현이 있었죠. 수업은 셰익스피어의 문체를 따르고 있기 때문에 'but'이란 단어를 이런 방식으로 사용하곤 해요. 하지만 당신처럼 셰익스피어를 그다지 좋아하지 않는 경우라면, 'but' 대신 'only'로 바꿔 읽으세요. 그러면 훨씬 부드럽게 읽힐 거예요.

개리: 야, 이런 깨알 같은 설명 좋네요. 더 없나요?

퍼사: 있지요. 하지만 그건 사소한 내용이 아니에요. 모든 일의 목적을 기억하세요. 다음 달에 무슨 일이 벌어지더라도 말이에요. 목적이야말로 이 가르침을 일관되고 의미 있게 만들어주는 것 중의 하나예요. 당신은 모든 일의 목적이 무엇인지를 늘 알고 있어요. 무슨 일이든 용서를 위해 활용하는 것 말이에요. **당신은 진실을 자신의 환영에 넘겨주는 대신 자신의 환영을 진실에 바칠 수 있어요.**(T352/T-17.I.5) 수업에서는 이 점을 매우 분명하게 밝히고 있습니다. 예를 들면, 다음과 같은 구절이죠.

세상은 환영이다. 세상에 오기를 택하는 이들은 자신의 실재를 피하여 환영이 되어 있을 수 있는 곳을 찾고 있는 것이다. 하지만 여기에조차 자신의 실재가 있음을 발견하면 그들은 한 걸음 물러나 실재가 길을 인도하게 한다. 사실 그들에게 달리 무슨 수가 있겠는가?(W291/W-pI.155.2:1-4)

개리: '세상에 오기를 택하는 이들'이라는 표현에서, 나는 당신이 마음은 우리가 용서를 실천하느냐 마느냐에 따라 그 방향이 절로 정해진다고

말한 것으로 생각했는데 이 구절을 보면 마치 우리가 생과 생 사이의 시기에서 여기에 오기로 선택한다고 말하는 것 같네요.

퍼사: 아니에요. 수업의 많은 부분이 그렇지만, 이건 비유적 표현이에요. 당신이 성령 대신 에고를 택했고, 그리하여 시공간 우주가 만들어졌던 그 태초의 순간에 이미 당신은 이곳에 오기로 선택을 했어요. 그 태초의 순간부터, 용서를 실천하지 않음으로써 당신은 여기에 남아 있기로 선택하는 것이고, 당신이 맺고 있는 관계나 상황이나 사건에 대한 에고의 해석을 받아들이지 않음으로써 집으로 돌아가기로 선택하는 거랍니다. 지금 우리가 다루고 있는 이 구절이 비유라고 하는 것은, 시간은 홀로그램적이지만 당신이 여기서 내리는 선택들은 순차적으로 일어나는 것처럼 보이기 때문이에요. 이것이 시간의 역설이죠. 홀로그램의 관점에서 보자면 이미 다 일어난 일이지만, 당신의 순차적인 경험선상에서 보자면 아직 해야 할 일들이 있어요.

당신은 시간의 선형적인 성질을 진지하게 받아들이기를 거부하고 당신이 간단히 할 수 있는 유일한 진짜 선택을 해야만 해요. 이 선택은 시간의 미친 환영을 무시해버립니다. 위 구절과 같은 페이지에서 수업은 이렇게 말하지요.

이것이 오늘 우리가 내리는 단순한 선택이다. 이곳에 오기를 택했으나 아직 그 선택이 실수였음을 깨닫는 기쁨을 누리지 못한 이들이 볼 수 있도록, 광란의 환영은 당분간 증거로 남아 있을 것이다. 그들은 그것이 진실임을 부인했으므로 진실로부터 직접 깨우칠 수가 없다. 그래서 그들에게는, 그들의 광기를 보면서도 그 환영 너머 그들 안에 있는 단순한 진실을 볼 줄 아는 교사가 필요하다.

진실이 그들에게 세상을 포기할 것을 요구한다면 그들에게는 그것이 마치 실재인 어떤 것을 희생하라는 요구처럼 보일 것이다. 많은 사람들이 여전히 세상을 실재라고 믿으면서도 세상을 버리기로 했다. 그래서 그들은 상실감에 시달렸고, 따라서 해방되지 못했다. 어떤 이들은 오로지 세상만을 택했고, 그리하여 더욱 깊은 상실감에 시달리면서 무슨 영문인지 몰라 했다.

이 두 길 사이에, 희생하는 느낌도 박탈감도 가볍게 떠나게 함으로 모든 종류의 상실을 피해 가는 또 다른 길이 있다. 이것이 지금 네게 주어진 길이다.(W291/W-pI.155.3:1-5:2)

퍼사: 그러니 세상에 집착하지 않는 것이 당신이 걸어갈 길입니다. 자신의 삶을 살아가도 괜찮아요. 거룩함을 계속 선택해 갈수록 세상의 실재성을 점점 덜 믿게 되지요. 온전함이야말로 실재라는 믿음을 마음 바탕에 품고 세상에서 자신의 역할을 해나가노라면, 가짜인 세상이 실재처럼 보이는 경험은 점차 지워질 거예요. 그리고 그렇게 지워지다 보면, 영원한 당신의 참된 본성을 자연스레 경험하게 됩니다.

아턴: 형제, 당신을 보니 흐뭇하네요. 만만치 않은 과제로 힘에 부칠 때 망설이지 말고 마음으로 우리를 부르면 함께 이야기를 나눌게요. 적당한 때가 되면 또 보게 될 겁니다.

개리: 둘 다 고마워요. 여행 잘했어요!

퍼사: 우리도 즐거웠어요. 당신도 또 여행을 떠나야겠네요. 마이애미의 환영을 즐기세요.

아턴과 퍼사는 평소대로 한순간에 동시에 사라졌다. 아턴과 퍼사가 방문했던 그 주에 나는 유니티 온 더 베이 처치the Unity on the Bay Church에서 열리는 워크샵에 참석하기 위해 마이애미로 여행을 떠났다. 그 교회의 신자들과 워크샵 참가자들 대부분은 스페인어를 사용했고, 나는 두 번째로 통역을 통해 강연을 해야 했다. 통역에는 순차통역과 동시통역, 두 가지 방식이 있다. 순차통역을 할 때에는 통역자가 내가 한 말을 바꿔 말할 수 있도록 한두 문장을 말한 다음에 멈춰야 하는데 동시통역 장비가 없을 때는 보통 이 방식으로 통역이 이뤄지곤 한다. 순차통역을 할 때에는 중간중간 멈춰서 통역자를 기다려야 하고, 자신이 방금 말한 내용을 기억해뒀다가 다음 이야기를 이어가야 하기 때문에 성령 속에서 자신을 잃어버리는 것만큼은 재미가 없다.

동시통역을 할 때에는 통역자가 마이크에 대고 말을 하면 통역이 필요한 사람들에게만 이어폰을 통해 통역이 전달된다. 이 방식의 통역은 통역자가 당신의 말을 계속 따라가면서 통역해주므로 강연자가 자기 스타일을 바꿀 필요가 없기 때문에 대부분의 강연자들은 이 방식이 훨씬 수월하다고 느낀다. 물론 통역자를 생각해서 평소보다 좀 천천히 말하기는 하는데, 똑같은 내용을 말하더라도 영어로 말할 때보다 스페인어, 이탈리아어, 불어 등으로 말할 때는 더 많은 단어가 필요하다.

마이애미에서는 동시통역을 할 예정이었는데 통역자의 이름이 우연찮게도 예수(Jesus, '헤수스Hey-suse'로 발음함)였다. 예수는 총명하고 친절한 사람으로 내 말을 매끄럽게 잘 통역해주었고, 덕분에 워크샵도 아주 잘 진행되었다. 그 후 멕시코에서의 강연도 동시통역으로 이루어졌고 결과는 역시 만족스러웠다. 수업이 다른 언어보다 스페인어로 가장 빨리 보급되고 있는 상황에서 당시 내 첫 번째 책은 스페인어로 번역되어 있었고, 번역가들 사이에서 번역의 질이 매우 좋다는 평판이 있었기에 그 또한 나를 행복하게 했다.

워크샵이 끝난 뒤 예수는, 텔레비전에서 보았던 남부 해변과 도시와 하늘이 맞닿은 장면만이 마이애미의 전부라고 생각하는 나의 편견을 바꿔주고 싶다며 자진해서 도시를 구경시켜주겠다고 나섰다. 덕분에 나는 워크샵 참가자 몇 명과 함께 마이애미 이곳저곳을 둘러볼 수 있었고 예수의 친절한 설명을 들으며 우리는 우스갯소리로 "예수를 따르자"고 농담을 하기도 했다.

내가 마이애미에 가기 직전에, 편견에 찌든 한 미국 정치인이 그곳을 방문해서는 마이애미가 마치 '제3세계 국가' 같다는 발언을 했다. 하지만 직접 가서 보니 그 발언은 순전히 인종차별주의에서 나온 것임을 알 수 있었고, 사실 나중에 나는 마이애미가 미국에서 가장 깨끗한 도시라는 조사결과도 직접 접할 수 있었다. 만약 미국에서 제3세계 국가의 모습을 보고 싶다면, 차라리 뉴욕에 있는 라구아디아 공항이나 케네디 공항을 가보라고 말하고 싶다. 미국을 처음 방문하는 이들 중 많은 이들이 시대에 한참 뒤처진 공항시설에 충격을 받으리라고 확신한다. 이에 비하면 마이애미는 아름답기 그지없다.

예수는 목소리도 좋았지만 스페인어로 말할 때는 더욱 아름답게 들렸다. 내 귀에 스페인어는 거의 음악처럼 들린다. 스페인어는 영어보다 훨씬 다채롭고 흥미롭다. 나는 언어에는 전혀 소질이 없었다. 이번 생에 언어는 내 몫이 아닌 듯하다. 하지만 예수가 자기 친구들에게 스페인어로 말하는 것은 제대로 즐길 수 있었다. 예수는 스페인어로 말한 내용을 다시 영어로 말해주었고, 그래서 그가 친절하게 관광을 시켜주는 동안 나는 내가 보고 있는 것들을 이해할 수 있었다.

예수는 도시 곳곳을 구경시켜주었고, 전에 내가 본 적 있는 해변과 섬 주변으로 드라이브를 시켜주기도 했다. 그런 다음 내가 가본 적이 없는 장소로 이동해 코럴 게이블즈Coral Gables와 코코넛 그로브Coconut Grove 같은 인근 지역을 구경했다. 야자수와 도심을 가로지르는 수로와 잘 관리된 경치와 사랑스러운 집들이 어우러진 그곳은 더없이 매력적이었다. 우리는 리틀 하바나Little Havana도 방문했는데, 그곳에서 쿠바산 시가를 불법으로 몰래 구할 수 있다고 소문이 나 있는 쿠바 시가 상점도 구경하고, 유명한 쿠바 식당에도 들러 모히또라는 음료수도 마셨다. 예수가 사준 모히또는 달콤하긴 했지만 나는 그것이 도수가 매우 높다는 것을 금방 알아차렸다. 내일도 강연이 있다는 것을 영리하게 기억해내고 한 잔으로 만족한 게 다행이었다.

새로 사귄 스페인 친구들의 친절하고 따뜻한 태도에 나는 정말 흐뭇했고 마이애미에 다시 올 기회가 생긴다면 조금도 망설이지 않을 것이다. 게다가, 나는 진 보가트Gene Bogart와 그의 아내 헬렌과도 친구가 되었는데 진은 내게 자신과 함께 팟캐스트를 해보자고 제안했다. 팟캐스트가 뭔지도 모를 정도로 현대문명에 뒤처진 나였지만 어쨌든 우리는 2006년 10월에 〈개리 레나드 팟캐스트Gary Renard Podcast〉 방송을 시작했고, 진은 나와 함께 진행을 하는 동시에 프로듀서 일도 담당했다. 나는 전 세계로부터 이 방송에 호응해오는 사람들의 숫자에 놀랐고, 우리는 곧 아이튠즈 영성 분야에서 10위권에 진입했다.

진과 나의 삶에는 비슷한 구석이 많다. 우리는 나이도 같고 20년 동안 직업으로 기타를 연주했으며 둘이 다 주로 내 스승들과《우주가 사라지다》덕택에 수업을 이해하고 있었고, 많은 방면에서 사고방식이 같았다. 진은 마이애미에서 북쪽으로 40분 정도 떨어져 있는 포트 로더데일Fort Lauderdale 옆에 있는 보카 레이턴Boca Raton이라는 곳에 살고 있었는데, 나는 마이애미와 포트 로더데일 지역이 장차, 특히나 — 프랭크 시나트라Frank Sinatra가 〈퐁텔블로 호텔Fontainebleau Hotel〉에서 즐겨 말했듯이 — '성수기'에는 내게 상당히 매력적인 곳이 될 거라는 걸 직감했다. 그때 불현듯 수업과 내 스승들이 나에게 여러 번 말해준 내용이 뇌리를 스치고 지나갔다. **"이것은 무엇을 위해서인가?"**(T366/T-17.Ⅵ.2:2)

〈기적수업〉에서는 대개 좋은 일들을 용서하는 일에 초점을 맞추지 않는다. 거기는 무의식적 죄책감이 놓여 있다가 표면으로 올라오는 곳이 아니다. 수업은 특히 당신이 분노를 느낄 때, 심지어는 짜증을 느끼는

불편한 느낌은 어떤 종류든 다 똑같습니다.

순간들에 초점을 맞추고 있다. 사실 수업에서는, 불편한 감정은 중대해 보이는 것이든 사소해 보이는 것이든 다 똑같은 것이라 가르친다. 똑같이 평화가 아니기 때문이다.

어디까지나 주관적인 것임을 스스로 알고 있는 '세상의 아름다움'으로 인해 내가 평화를 빼앗기는 일은 없었다. 그래서 난 세상의 아름다움은 문제가 아니란 걸 알았다. 제이는 내가 죄책감을 느끼길 결코 원하지 않는다는 것도 알고 있었고, 수업은 아름다운 일몰이나 예술작품을 용서하는 일에 대해서는 크게 신경 쓰지 않는 듯했다. 물론 수업 자체도 분명 하나의 예술작품이기는 하다. 그래서 나는 내가 외부에서 보는 아름다움이란 단지 내부의 아름다움과 풍요를 상징하는 것임을 더 자주 기억하기로 마음먹었다. 그것들은 실재가 아니었고, 따라서 그것을 즐기는 것에 대해 죄책감을 느낄 이유도 전혀 없었다. 사실 '이것은 무엇을 위해서인가?'라는 생각은, 이러한 것들을 즐기더라도 특히나 내가 사랑의 자리에서 비롯하고 있다면 그것이 죄 될 것이 없음을 깨닫게 해주는 도구가 될 수 있었다.

누가 봐도 아름다움과는 거리가 먼 세상사로 말하자면, 그것은 내가 용서를 실천하기를 한시라도 쉴 수 있도록 내버려두지 않는다.

그다음 주에 카렌과 나는 워크샵을 하기 위해 하와이로 떠났다. 두 번의 워크샵을 진행할 예정이었는데 한 번은 경탄을 자아내는 카우아이Kauai 섬에서 하고, 또 한 번은 '만남의 장소'로 통하는 아름다운 오아후Oahu 섬에서 그다음 주에 할 예정이었다. 카렌과 나는 우리에게 주어진 2주일을 십분 활용해서 휴가도 보내고 올 계획이었으나 결과적으로 이번 '휴가'는 휴식과는 한참 거리가 먼 것이 되어버렸다.

카우아이 섬은 보텍스vortex 에너지가 휘감고 있는데, 특히 초승달이 뜨는 저녁에는 이상한 일들이 일어날 수 있다고들 말한다. 에너지나 변할 수 있는 것들은 모두 실재가 아니라는 것은 나도 너무나 잘 알고 있었지만, 이런 것들이 우리가 시간과 공간 속에서 연출해내는 것처럼 보이는 각본과 어떻게 관계를 맺고 있는지에 대해서는 아직 관심이 있었다. 내 스승들은 몇 해 전에 내게, 시간이 시작되었을 때 설정된 각본이 점성학적 조건과도 종종 일치한다고 말해준 적이 있다. 거대한 투사물 안에 있는 모든 것들은 서로 연결되어 있고 모든 사건은 예정되어 있다.

카우아이 섬에서 보낸 첫날 저녁에, 내 책을 읽은 사우디아라비아 출신의 독자가 나를 위해 북쪽 해안(North Shore)에 있는 집에서 파티를 열어주었는데, 내 예약담당자인 잰Jan도 내가 3년 전 이 섬에 왔을 때 친해졌던 몇몇 친구와 함께 참석했다. 파티는 엄청나게 소란스러워지기 시작했고 나는 내가 아는 아일랜드 여자에게서 배웠던 건배사를 그 자리에 모인 40명 정도의 사람들과 함께 했던 것으로 기억한다. 그 건배사란 이렇다. "난 술을 그리 잘 마시지 못해요. 기껏해야 한두 잔이죠. 석 잔을 마시면 탁자 아래에 있고, 넉 잔을 마시면 집주인 밑에 깔려 있지요." 한바탕 웃음이 터져나오긴 했지만, 참석한 사람들 중 몇 명은 분명 나의 그처럼 세속적인 말에 놀랐을 것이다. 영성을 공부하는 많은 학생들은 즐기는 것과 영성을 같이 두고 보지 않는다.

밤이 깊어지자 파티를 연 친구는 빼어난 벨리댄서 두 명을 소개하여 춤을 추게 했는데 그는 분명 내 책을 통해 나의 성향을 정확히 파악하고 있었음에 틀림없었다. 나는 이 무용수들을 지켜보는 것을 문화적인 의무를 다하는 것으로 여겨 그들에게 주의를 집중했다. 그러던 중에 영성을 공부하지만 수업은 잘 알지 못하는 학생이 슬쩍 내게 다가와서는 수업 파티가 원래 다 이런 거냐고 물었다. 나는 그런 일은 거의 없다고 대답했지만, 그렇다고 내가 파티에 불만이 있었던 건 전혀 아니었다.

하지만 카렌의 성미에는 파티가 흘러가는 모양새가 마음에 들지 않았다. 카렌은 내가 무용수들을 뚫어지라 쳐다봤을 뿐만 아니라 그들과 가까이서 춤도 췄다고 했는데, 아마도 카렌의 말이 맞을 거다. 결국 그날 밤이 끝날 때 시작된 말다툼으로 인해 카렌은 나를 두고 그곳을 떠나버렸고, 나는 혼자 그 집에서 밤을 보내야 했다. 나중에 알게 된 사실이지만 파티를 열었던 친구도 그날 밤 동거하던 여자와 한바탕 싸우고 헤어졌다고 한다. 난 이런 일들은 일어나기로 되어 있을 때 일어난다는 것을 말하려는 것일 뿐, 이 일을 두고 다른 무엇을 탓하려는 것이 아니지만 그래도 이렇게 두 사건이 동시에 일어난 것은 놀라웠다.

다음 날 카렌과 나는 다시 만났고 휴가를 계속 함께 보내기로 했다. 그동안 함께 지낸 시간이 많다 보니 떨어져서 지내기는 힘들 것으로 생각했는데 오히려 나머지 휴가 기간은 재앙이라 할 만큼 고통스러웠다. 재미는 커녕 고문을 당하는 것만 같았다.

난 결코 내 개인사가 공적으로 전하는 가르침까지 영향을 미치게 하지 않는다. 이틀 후 카우아이 섬에서 열린 워크샵은 매우 잘 진행되었고, 캘리포니아에서 하와이로 온 친구 셋을 사귀기도 했는데, 시간이 지날수록 그들은 점점 더 내 삶에 큰 비중을 차지하게 되었다.

카우아이 섬에서 보낸 나머지 주간은 극에서 극으로 치달렸다. 그토록 아름답고 평화로우면서도, 동시에 그만큼 비참했다. 카렌과 나는 뭘 해도 마음이 편하지 않았다. '이 일이 무엇을 위해서인지'를 기억해내는 것은 결코 쉽지 않았지만 그래도 나는 애를 썼다. 수업의 다음 구절을 몇 번이나 읽고 상황을 신께 내맡겼던 것이 기억난다.

에고를 신께 가져오는 것은 다만 오류를 참(truth)으로 가져오는 것이며, 거기서 오류는 자신과 상반되는 것을 대면함으로 해서 바로잡힌다. 더 이상 반대하여 버티지 못하니, 오류는 지워진다. 성립불가능한 자신의 실체가 명백히 드러난 마당에, 얼마나 더 반대하여 버티고 있을 수 있겠는가? 빛 속에서 사라지는 것은 공격받은 것이 아니다. 그것은 단지 참이 아니라서 사라지는 것일 뿐이다. 실재는 유일해야 하므로 다양한 실재란 아무런 의미가 없다. 실재는 때나 분위기나 운에 따라 변하지 않는다. 실재를 실재하게 만드는 것은 그 불변성이다. 실재의 불변성은 지워질 수 없다. 지운다는 것은 비실재를 지운다는 뜻이다. 바로 이것을 실재가 너를 위해 해줄 것이다.(T291/T-14.IX.2:1-11)

오아후 섬에서도 역시 우리의 관계는 서먹했다. 섬 여기저기를 둘러보며 아름다움을 만끽해보려고도 했고 카일루아^{Kailua} 마을 해변가에 머무르며 돌고래와 함께 수영도 했지만 이마저도 우리의 상황에는 별 도움이 안 되는 듯했다. 오아후 섬에서 지내던 어느 날 밤에는 지금 이 책이 될 내용을 컴퓨터로 작업하고 있는 내게 카렌이 별안간 내 타이핑 소리가 너무 크다며 불만을 터뜨렸다. 동시에 내 안에선 '이 일 덕분에 이렇게 여행도 다니는 걸 몰라?'라는 생각이 일어나서 카렌의 행동을 도저히 이해할 수가 없었다. 그것은 내 생각의 흐름을 깨트려놓았고, 안 그래도 온통 삭막한 상황을 더욱 삭막해지게 만들었다. '이 모든 일에 대한 책임은 받아들일 수 있지만, 그래도 이건 이해하기가 너무 힘들어'라는 생각도 들었다. 그건 아마도 에고의 세상 자체가 항상 이해될 수 있는 것은 아니기 때문에 그럴 것이다. 좋은 일이 있으면 나쁜 일도 있기 마련이어서, 둘 다 참이 아님을 깨닫는 것만이 내가 그것을 이해할 수 있는 유일한 방법이었다. 선과 악, 이 둘 너머에 참된 행복이 있다. 하지만 참된 행복은 시공간 우주에서 일어나는 듯이 보이는 일에 달려 있지 않다.

이 모두가 당혹스러운 상황이었지만, 나는 미국뿐만 아니라 전 세계로부터 전해오는 지지를 위안으로 삼았다. 이제 내 처녀작 《우주가 사라지다》는 열여덟 개의 언어로 보급되었고, 각계각층에서 격려가 쇄도했다. 나는 미국에서 매주 영성을 공부하는 학생들을 만나게 되었는데, 이것이 내 삶에서 가장 행복한 경험 중 하나임을 나중에야 깨달았다. 내 책들과 강연이 분명 어떤 변화를 일으키고 있다는 사실을 그들의 얼굴에서 읽을 수 있었던 것이다. 또한 《우사》는 책으로서도 많은 극찬을 받고 있었는데 인터넷에 올라온 좋은 평들은 특히 더 반가웠다. 왜냐하면 《우사》가 처음 나왔을 때, 《우사》의 많은 부분이 케네쓰 왑닉의 가르침과 일치하는 것으로 보인다는 것을 주된 이유로 불평하는 소위 수업의 학생들에게 사실상 난도질을 당했기 때문이다. 참고로 아턴과 퍼사는 케네쓰 왑닉을 두고 '기적수업의 가장 위대한 교사'로 묘사했었다.• 《우사》는 독자적으로도 여러 가지 공헌을 했지만, 이들 비평가들은 그것을 거의 무시했다. 하지만 《우사》를 지지하는 사람들이 이 책에 환호를 보내는 데는 공통된 이유가 하나 있다. 수업의 학생이자 교사인 레이철 어조레Rachel Azorre라는 사람의 다음 글에 이 이유가 특히 잘 나타나 있는 듯하다.

— 수업의 학생이자 교사로서 나름 충분히 경험도 했고 여러 해 영성의 길을 걸어온 한 사람으로서, 나는 이 책을 이제껏 수업에 관해 나왔던 책들 중에서도 최고라고 주저 없이 손꼽겠다. 하나만 봐도 알 수 있다. 사람들은 30년 넘게 수업에 관해 다른 많은 책들을 읽어왔다. 그런 책들을 읽은 후 그들은 수업을 혼자서 혹은 모임에서 다시 공부해보지만 여전히 모른다는 것을 발견한다. 나도 잘 안다. 그런 사람들을 보아왔고, 나 역시 그랬기 때문이다. 하지만 이 책이 나오고부터 사람들은 수업에 열광하기 시작했고 활기도 되찾았다. 이 책을 읽고 나서 〈기적수업〉을 읽거나 〈기적수업〉 모임에 가면 이제 정말로 수업을 이해할 수 있기 때문이다! 전에는 결코 없었던 일이었다. 게다가 새로운 학생들도 수업에 대한 이해와 기대를 품고 수업을 찾아온다. 개리가 누구든 상관없이, 개리와 그의 스승들에게 감사를 전하고 싶다. 《우주가 사라지다》와 더불어 수업은 판도가 완전히 바뀌었다. 게다가 훨씬 더 즐거워졌다!

오아후 섬의 다이아몬드 헤드 유니티 처치Diamond Head Unity Church에서 진행된 워크샵은 훌륭한 사람들뿐만 아니라 훌륭한 경치 덕분에도 특히 더 만족스러웠다. 나는 이 분위기와, 참가자들 사이에서 느껴지는 일체감에 흠뻑 젖었고 그렇게 2주간의 하와이 여행이 끝났다. 카렌은 다시 일터가 있

● 케네쓰 왑닉Kenneth Wapnick: 애칭으로 '켄'이라 불리기도 한다. 1942년 뉴욕 브룩클린에서 출생했고 1972년 헬렌과 빌을 만나 〈기적수업〉 출판 작업에 함께하고 그 후로는 〈기적수업〉에 관한 강의와 집필 활동을 왕성하게 하다가 2013년 12월 27일에 사망했다.

는 메인 주로 돌아갔고 나는 대규모의 〈기적수업〉 강연회가 열리는 샌프란시스코를 향해 다음 모험을 떠났다.

메인으로 돌아갈 때 어떤 일이 나를 기다리고 있을지에 대해서는 전혀 모르고 있었다. 한 가지만은 알고 있었다. 그것 역시 실재는 아니란 걸 말이다. 워크샵 장소를 떠나 미국 서부 해안을 향해 비행하면서, 나는 중요한 것은 딱 하나밖에 없다는 것을 기억하고 오직 그것만을 위해 깨어 있겠노라고 그 어느 때보다 단호하게 결심했다. 타협을 모르는 제이가 자신의 수업에서 말하듯이.

그의 왕국은 끝이 없고 한계가 없으며, 그에게는 완전하고 영원하지 않은 것이 없다. 이 모두가 바로 너이며, 이것 외에는 그 무엇도 네가 아니다.(T336/T-16.III.7:7-8)

3

각본이 써져 있기는 하나
돌에 새겨진 것은 아니다

이것은 너 자신을 아는 법을 가르치는 수업이다.
너는 네가 무엇인지를 가르친 적은 있어도
너인 그것이 너를 가르치게 한 적은 없다.

(T335/T-16.III.4:1-2)

다년간 북미의 주요 도시를 여행해본 결과 가장 아름다운 도시는 두 곳 정도를 꼽을 수 있는데, 이는 어디까지나 내 개인적인 소견이므로 충분히 이견이 있을 수 있다고 본다. 어쨌든 그중 한 곳은 샌프란시스코로, 나는 그곳을 두 번 가봤는데 한 번은 커뮤니티 미라클즈 센터Community Miracles Center의 요청으로 뮤어 우즈Muir Woods에서 워크샵을 진행하기 위해서였고, 또 한 번은 내 책의 첫 출판인인 패트릭 밀러D. Patrick Miller와 합동 강연을 하기 위해서였다. 참고로 패트릭의 출판사인 피어리스 북스Fearless books 덕택에 《우사》는 널리 알려지게 되었고, 패트릭과 나는 더욱 힘을 합하여 인터넷에서 주목받는 데 성공, 영성 분야의 사이트에서도 인지도가 껑충 뛰어올라 대형 출판사인 헤이 하우스Hay House에서 판권을 인수할 즈음에는 책이 이미 미국의 반스 앤 노블Barnes & Noble 서점들에 다 깔려 있었다.

샌프란시스코에 두 번째 방문했을 때, 패트릭의 안내로 끝내주는 파노라마의 버클리 힐즈Berkeley Hills뿐만 아니라 해로海路로도 샌프란시스코를 구경할 수 있었는데, 사람들이 왜 샌프란시스코 만灣에 있는 이 도시를 사랑하는지 그 이유를 알 것 같았다. 이 여행엔 패트릭의 책을 오디오 CD로 녹음한 인연이 있는 내 친구 진 보가트와 그의 아내 헬렌도 함께 동행해 더욱 뜻깊었다.

샌프란시스코와 더불어 내가 북미에서 가장 아름다운 도시로 손꼽는 곳은 브리티시 컬럼비아British Columbia 주에 있는 밴쿠버Vancouver이다. 물론 내가 모든 곳을 다 가본 것은 아니지만, 밴쿠버의 아름다움은 순위를 매길 수 없을 정돈데 이곳에서는 경치뿐만 아니라 색다른 추억도 있다. 2004년 첫 워크샵을 진행했을 때의 일로, 새로 사귄 친구와 점심을 먹고 식당을 나서려는데 친구가 갑자기 이 식당에 에크하르트 톨레Eckhart Tolle가 와 있는데 한 번 만나보지 않겠냐고 물었다. 난 당연히 좋다고 했고 그렇게 친구의 소개로 나와 에크하르트는 인사를 나누고 잠깐이나마 서로의 책에 대해 이야기를 나눌 수 있었다. (나중에 알고 보니 둘은 서로 아는 사이였다.) 짧은 만남이었지만 나는 그가 잘난 척하는 성격과는 거리가 먼 매우 겸손한 사람이라는 걸 알 수 있었다. 그가 실로 진실한 사람임을 부인할 만한 단서는 하나도 찾아볼 수가 없었다.

사실 이 일은 두고두고 생각할수록 신기했다. 수백만 명이 살고 있는 도시에서 점심을 먹다가 '우연히' 에크하르트 톨레를 만날 경우의 수가 얼마나 되겠는가? 결국 이 일은 우연이란 없다는 것을 내게 다시 한 번 분명하게 일깨워준 계기가 되었다. 그 후로 1년 동안 우리 둘은 각각 〈살아 있는 선각자들〉(Living Luminaries)이라는 제목의 영화에 출연했다. 블록버스터 영화는 아니었지만 그래도 수십만 명이 이 영화를 본 덕분에 내 책은 이전보다 훨씬 더 많이 알려지게 되었다. 그 후로도 나는 여러 다큐멘터리 영화의 인터뷰에 응했고, 이 영화들은 그로부터 2년 내로 나왔다. 이렇게 일들이 꼬리를 물고 이어졌다. 아무튼, 나는 강연 일정이 있건 없건 그저 구경을 위해서 다시금 밴쿠버를 방문하곤 했다.

한편 샌프란시스코에서는 록스타 대접을 받았다. 사실 강연에 앞서 나는 수업과 관련된 다른 저자들이 나에 대해 썼던 부정적인 글들이 사람들에게 어떤 영향을 미쳤을지가 궁금했는데 이를 확인하는 데는 그리 오랜 시간이 걸리지 않았다. 수업 관련 저자들 중 딱 세 명에게만 전체 모임에서 강연할 기회가 주어졌는데, 나와 나에 대해 부정적인 글을 썼던 두 명이 그 주인공이었다! 두 사람이 어떤 얘길 할까 나름 긴장했으나 그들은 자신들이 쓴 글에 대해서는 일절 언급하지 않았고 나 또한 그랬다. 첫 번째로 단상에 오른 이의 강연은 청중을 지루하게 만들었고 꾸벅이며 조는 사람까지 보였다. 두 번째 순서에 내가 단상에 올랐을 때, 대다수의 청중은 내가 입을 떼기도 전에 일어나 우레와 같은 박수를 보내주었다. 나는 그것으로 사람들이 다른 사람의 비평이 아니라 내 책에 대한 자신들의 경험을 바탕으로 나를 보고 있다는 것을 알 수 있었다. 그들 중 절반은 지난 몇 년간 미국 전역의 강연장에서 나를 만났던 사람들이긴 했지만 나머지 절반은 오직 내 글을 통해서만 나를 안 것일 뿐이었는데도 말이다.

강연 때 나는 종종 《우시》를 읽어본 사람은 손을 들어보라고 하는데, 이렇게 하는 것이 그날 강연에 온 청중들의 성향을 파악하는 데 도움이 되기 때문이다. 이날도 나는 손을 들게 했고, 90퍼센트에 이르는 사람들이 나의 첫 번째 책을 읽어봤다는 것을 확인한 나는 내게 주어진 1시간 15분을 꽉 채워서 강연을 했다. 한 시간이 아니라 다섯 시간이라도 기꺼이 했을 것이다. 나는 수업의 가르침에다 내가 항상 즐기는 기막힌 농담도 섞어가며 강연에 열기를 불어넣었고, 결국은 강연 막바지에 청중들이 보내준 뜨거운 반응과 복도에서나 식사 때나 책에 사인할 때 만난 사람들이 보여준 반응을 통해 조금이나마 남아 있던 의심마저 말끔히 씻어 낼 수 있었다. 대부분의 수업 학생들과 나 사이에는 사랑의 경험이 자리 잡고 있었고, 이 경험은 다른 이들의 견해에 영향을 받을 수 없는 무엇이었다. 주말까지 이어진 강연회로 그곳은 점점 더 화합의 장으로 변해갔고 수업을 둘러싼 법적인 문제라든지 수업이 의미하는 바를 놓고 여러 해 불화를 겪었던 수업 학생들이 이제는 서로를 얼싸안고 있었다.

> **사랑은 용서로부터 절로 따라나온다.**

그 모습을 보고 있자니 문득 이런 생각이 떠올랐다. 이 강연회에는 수업이 뜻하는 바에 관해 어느 지점에서는 늘 일치를 보지 못했던 수업 학생들이 대규모로 참석하고 있었지만, 그것은 문제가 되지는 않는다는 거였다! 〈기적수업〉 학생이 수업을 충분히 오래 공부하다 보면 결국에는 이 수업이 처음부터 끝까지 용서에 관한 것이라는 사실을 이해하게 될 수밖에 없다. 그리고 화합으로 이끄는 데는 용서 하나면 된다. 우리 친구 셰익스피어의 말을 빌리자면, 용서로부터 사랑이 나오는 것은 낮으로부터 밤이 나오는 것만큼이나 자연스럽다.

이것은 나에게 이론에 대한 경험의 승리로 느껴졌고, 그래서 더욱 힘이 났다. 강연회에 모인 우리 모두에게 수업이 말하듯이, **"보편적인 신학은 불가능하다. 하지만 보편적인 경험은 가능할 뿐만 아니라 반드시 필요하다. 기적수업은 바로 이 경험을 지향한다."**(CL77/C-in.2:5-6) 그리고 나는 이 일이 일어나는 것을 내 두 눈으로 똑똑히 보고 있었다.

이처럼 샌프란시스코에서 체험한 강렬하고 매혹적인 사랑의 경험은 나로 하여금 수업에 담긴 지혜가 말 그대로 지혜라는 것도 깨닫게 했다.(나는

1967년 사랑의 여름*에 대한 향수를 느끼곤 했었다.) 수업이 전적으로 용서에 관한 것임을 사람들이 기억하는 한 수업은 통할 것이고, 사실 이 방법만이 수업이 통할 수 있는 유일한 방법이다.

그다음 일정은 다음 주말에 오레곤 주 포틀랜드에 들른 후 내 생일에 맞춰 메인 주의 집으로 돌아가 이틀을 쉰 다음 텍사스 주 오스틴에 있는 더 크로싱즈The Crossings로 가는 거였는데, 포틀랜드로 가기 직전에 내가 좋아해 마지않는 스승들이 한 번 더 방문해주었다. 내 스승들은 자신들의 육신이 진짜라는 것을 가르치기 위해서가 아니라 그 어떤 육신도 진짜가 아니라는 것을 가르치기 위하여 육화肉化하기를 즐기고 있는 듯해 보였다. 때는 2007년 3월 초였고, 나의 아름다운 퍼사가 먼저 입을 뗐다.

퍼사: 잘 나가는 친구, 축하해요! 죽어가던 사람도 벌떡 일으켜 세울 만큼 잘했어요.

아턴: 맞아요. 인정하기 싫을 정도로 훌륭했어요.

개리: 아턴, 오늘따라 무척 살갑군요.

아턴: 그렇다면 당신의 결혼생활에 대해 이야기해볼까요. 거긴 대체 뭔 일이래요?

개리: 당신이 당신만의 우아한 방식으로 잔인한 사람인 줄은 알고 있었어요.

아턴: 그저 분명한 사실을 터놓고 말해보잔 거예요, 우리의 친애하는 형제.

* Summer of love: 1967년 여름에 일어났던 사회적 현상을 가리킨다. 이 기간 동안 약 10만 명의 사람들이 샌프란시스코의 헤이트 애시베리 지구에 모여 주요한 문화적, 사회적 변혁을 일으켰다. 이곳 말고도 미국과 캐나다와 유럽의 주요 도시에서도 히피들이 모였으나, 샌프란시스코는 히피 혁명을 일으킨 사회적 지진의 진앙지로 남아 있다. 출처 위키피디아

개리: 좋아요. 이미 말했듯이, 뭘 해야 할지 모르겠어요. 나도 그렇고 카렌도 그렇고, 계속 버티고는 있는데 잘 통하는 것 같지는 않아요. 아턴, 뭐 도움이 될 말한 말 좀 해주세요.

아턴: 있죠. 집에 가야 할 때 집으로 가서, 거기서부터 시작하세요.

개리: 미워 죽겠어요. 퍼사 하고 놀게 당신은 하이킹이나 가시지 그래요?

아턴: 당신이 날 미워하지 않는다는 건 알지만, 퍼사에게 수작 걸 건 안 봐도 뻔하네요.

퍼사: 개리, 승천한 스승인 내가 그런 육체적 관계 따위엔 흥미 없다는 건 아실 텐데 그래요? 그게 문제랄 건 없지만, 내 애인은 신이랍니다.

개리: 퍼사, 눈 딱 감고 해봐요. 1분이면 끝날 거예요. 아무렇지도 않을 거라고요.

퍼사: 왠지 그 말은 미덥지 않군요. 따지기를 좋아하진 않지만, 그냥 한 번 따져봅시다. 당신이 실제로 나에게 구애를 한다면 뭐라고 말할 건데요?

개리: 아마 이렇게 말하겠죠. 만약 당신이 나고 내가 곧 당신이라면 나는 나 자신보다도 당신을 더 사랑할 거예요. 하지만 내가 우주고 당신이 은하계라면, 나는 당신을 집어삼킨 후 내 뱃속에서 당신의 정수를 홀딱 빼먹을 거예요.

퍼사: 보나 마나 만나는 여자들에게 다 그렇게 말하고 다니겠군요.

아턴: 당신은 저항하고 있지만, 우리는 당신이 카렌이 있는 집으로 돌아가서 거기서 다시 시작했으면 해요. 그리고 퍼사의 말이 맞아요. 당신의 일은 잘 돼가고 있어요. 당신이 기꺼이 응해주기만 한다면 오늘 당신과 나누고 싶은 이야기가 있어요.

개리: 당신들은 매번 흥미로운 얘깃거리를 들고 오는 것 같군요. 이번에는 어떤 내용이죠? 퍼사, 그렇다고 내가 당신을 포기한 걸로 받아들이진 마

세요.

아턴: 당신이 열심히 용서를 실천해왔기 때문에 교통사고도 피할 수 있었다고 했던 말 기억나죠?•

개리: 네, 극장에 가서 뭘 볼까 하다가 하나 골랐는데 보고 나니까 지지리도 엿 같은 영화를 골랐다는 생각이 들었었죠. 그런데 나중에 당신이 말해주길, 그 영화가 내가 당시에 용서를 실천하지 않았더라면 골랐을 영화가 끝난 시간과 다른 시간에 끝났다고 했어요. 그때 용서를 실천한 덕택에 내가 더 이상 배울 필요가 없게 된 삶의 교훈이 있었던 거라고요. 그러니까 이렇게 용서를 통해 깨우친 덕분에 그 고통스러운 교훈은 불필요해져서 난 다른 시나리오로 갈아탔던 거죠. 이건 수업 앞부분에 나오는 내용과도 맞닿아 있어요. 그 부분에서는 시간의 여러 차원에 대해 언급하고 있고, 기적이 시간의 모든 차원에서 작용하고 있다고 말하죠.•• 그리고 물론 여기서 기적이란 결과가 아니라 원인의 자리에서 비롯하는 그런 종류의 용서를 뜻하고요.

아턴: 그런데 이런 일이 개개인뿐만 아니라 인류 전체에게도 가능하다면 어떻겠어요?

개리: 하나님 맙소사(Jesus Christ). 그렇게는 전혀 생각 못해봤어요. 그 말은 인류가 집단적으로 하는 생각의 내용에 따라 모든 것이 변경될 수도 있다는 거잖아요? 방금 변경된다는 표현을 쓰긴 했지만, 그렇다고 각본 자체를 바꿀 수 있다는 뜻으로 한 말은 아니에요. 각본은 바뀔 수 없거든요. 그

• 《우주가 사라지다》 408쪽 참고
•• "기적은 용서라는 서로 맞물린 고리의 일부로, 용서가 완성되면 그것이 곧 속죄(Atonement)다. 속죄는 시간의 모든 차원에서 항상 작용한다." (T4/T-1.I.25:1-2)

러니까 우리가 시간의 차원을 바꾼다는 말을 하지만, 그건 각본 자체가 아니라 다른 뭔가를 두고 말하는 거예요.

아턴: 정확해요, 개리. 예를 들어, 만약 인류가 시간을 다른 차원의 것으로 갈아탄다면 우리가 전에 두 번의 방문기간 중에 했던 모든 예측과 지금 여기서 말하는 모든 것이 무효화될 가능성도 있어요. 만약 충분한 수의 사람들이 용서를 실천한다면 인류 전체가 다른 시나리오로 갈아타는 것도 가능해집니다. 그러면 성령이 오래된 테이프를 지우는 것도 가능해지고요. 성령이 한 개인을 위해 시간을 붕괴시켜 그를 전체 계획의 앞쪽으로 당겨올 수 있는 것처럼, 성령은 세상 전체를 위해서도 똑같은 일을 할 수 있답니다.

퍼사: DVD를 빌려 보면 개중에는 제2의 결말을 보여주는 것도 있잖아요. 그처럼 당신이 보고 있는 이 영화에서도 다른 결말을 보는 것이 실제로 가능해요.

개리: 네! 하지만 전 개인적으로, 영화에 여러 가지 결말이 있는 걸 좋아하진 않아요. 영화는 완성된 예술작품이어야 한다고 생각하거든요. 하지만 인류가 좀더 나은 영화를 보는 건 물론 괜찮아요.

퍼사: 자, 여기서 잊지 말아야 할 게 있어요. 설령 당신이 다른 결말을 보기로 하더라도 그 결말 역시 이미 필름은 다 찍혀 있다는 거예요! 그러니 당신이 정말로 전체 각본을 바꾸는 건 아니라는 말이죠. 당신은 그냥 전체 각본의 다른 부분을 보게 되는 것일 뿐이고, 옛날 것은 지워지고 있는 것이죠. 그러니까 시간을 따라 당신이 새로운 부분을 만들어내고 있는 것은 아니란 말이에요. 이미 다 완성되어 있어요.

개리: 무슨 말인지 알겠어요. 수업이 말하듯이, 우리는 아직도 **"이미 일어난 일을 정신적으로 회고하는"** 것일 뿐이죠.(W298/W-pI.158.4:5) 이 사실만큼은 결코 변함없고요.

퍼사: 맞아요.

개리: 전에 당신들이 말해준 시나리오에 따르자면, 핵이 장착된 기기가 주요 도시에서 터질 가능성이 있다고 했었죠. 어떤 종류의 기기인지는 말해주지 않았지만, 아마도 비열한 폭탄 같은 거겠죠. 그리고 네 개의 도시 즉 뉴욕, 로스앤젤레스, 런던, 텔아비브가 모종의 공격을 받을 위험이 가장 크다고 하셨고요. 그런데 이런 공격을 피하는 것도 가능은 하다는 거죠?

퍼사: 맞아요. 하지만 당신들이 그것을 피하게 될 거라고 말하지는 않았다는 점에 유의하세요. 다른 시나리오로 갈아탐으로써 그것을 피할 수도 있다고 했어요. 개인뿐만 아니라 인류도 어떤 종류의 경험을 할 것인지를 스스로의 선택을 통해 늘 결정하고 있어요.

아턴: 이제 경고도 좀 주고 싶군요. 용서를 실천하고 있다고 해서 항상 유쾌한 결과로 갈아탈 수 있는 뜻은 아니에요. 또 시간의 차원을 갈아탈지 말지를 정하는 주체도 당신이 아니고요. 그건 성령만이 할 수 있는 일이지요. 성령은 전체 그림을 볼 수 있지만 당신은 그렇게 할 수 없기 때문입니다. 예수도 물론 그의 지상 모험의 마지막에 유쾌한 경험을 하지는 않았죠. 하지만 성령은 예수가 그것을 감당할 수 있다는 걸 알았어요. 예수의 용서는 매우 진보해 있어서 그의 모든 죄책감은 이미 치유되어 있었고, 따라서 그는 아무런 고통도 느낄 수 없었거든요.

그러니까 항상 좋은 일만 일어날 거라고 기대하지는 마세요. 당신이 할 일이란 무슨 일이 일어나든지 그저 용서하는 것뿐이고, 그 길을 가는 동안 성령을 더욱더 깊이 신뢰하기를 배워야만 해요. 지금 당신은 그렇게 하고 있고, 앞으로도 계속해야 합니다. 전일체로서의 인류도 똑같이 그래야만 하고요. 형상의 차원에서 처리해야 할 중요한 몇 가지 문제들이 있어요. 물론 이 문제들이 실재는 아니고 이것들을 실재화하려고 우리가 여기에 온 것도 아니지만, 이런 것들을 용서하는 법에 관해서는 조언을 좀 줄 수 있어요.

개리: '이런 것들'이라는 표현도 쓰셨지만, 지금 현재 벌어지고 있는 듯이 보이는 일들이 많네요. 기후변화도 그렇고, 테러도 그렇고, 또 2012년 12월 21일에 세상이 끝날 거라고 믿는 사람들도 많이 있고요. 그러니 대놓고 물어볼게요. 2012년엔 어떻게 되는 거죠?

주기는 다양한 형태로
반복된답니다.

아턴: 2012년이 되어도 세상은 끝나지 않을 겁니다. 에고에겐 그게 너무나 분명한 일이죠. 에고는 이 게임이 계속되길 원해요. 요한계시록이 나온 이후로 세상이 끝날 거라고 믿는 사람들이 소규모로, 때로는 대규모로 세기마다 여러 번 나타나곤 했었죠. 하지만 세상은 결코 끝나지 않아요. 전에 당신에게 말했듯이, 2012년은 새로운 주기의 시작일 뿐이에요. 주기는 다양한 형태로 반복된답니다. 전보다 규모도 커지고 속도도 빨라지다 보니 전혀 다른 것처럼 보이겠지만, 정말로 달라진 것은 아니에요. 형태는 변해도 내용만큼은 변하지 않죠.

형태에 관해 말하자면, 미국은 기후변화 같은 세계적인 문제를 해결하는 일에 다른 국가들과 더욱 긴밀하게 협력하기 시작할 거예요. 물론 쉽지는 않을 겁니다. 그동안 시간을 너무 많이 낭비하기도 했고, 세계에서 가장 힘 있는 국가가 해결사 역할은커녕 문제아였기 때문이기도 하죠. 물론 중국과 인도도 이 문제엔 큰 책임이 있고요. 어쨌든 세계의 기후가 갈수록 이상해지고 있다는 건 분명해요

개리: 정말 그래요!

아턴: 더 깊이 들어가기 전에 농담 하나 해주세요. 무거운 주제로 들어가려면 좀 경박한 분위기도 괜찮겠어요.

개리: 좋아요. 한 남자가 신문에서 "말하는 개를 100달러에 팝니다"라는 광고를 봤어요. 호기심이 발동한 남자는 물어물어 그 집을 찾아갔고, 개 주인은 그에게 개가 있는 방을 가리켜주면서 원한다면 가서 말을 한 번 걸어보라고 했죠. 남자는 주저 없이 그 방으로 갔고, 주인 말대로 그곳엔 개가 한 마리 있었어요. 혹시나 하는 마음에 개를 지켜보고 있는데 아니나 다를까, 정말로 개가 말을 하는 거예요! 그 개는 남자에게 자기가 한때 CIA에서 어떤 활약을 했는지를 들려줬는데, 아무도 개를 스파이로 의심하지는 않을 걸 안 CIA가 자기를 크렘린 궁으로 보내서 러시아인들을 염탐하게 했다는 거예요. CIA의 기대대로 그 개는 일급비밀을 밝혀내는 등 무수한 임무에 성공하여 영웅 대접을 받았고, 나이가 든 후 은퇴하여 지금은 기관에서 주는 연금으로 생활하면서 회고록을 써볼까 하는 중이라고 했어요.

개의 말에 놀란 남자는 얼른 개 주인에게로 가서, 저 개가 어떤 개인 줄을 몰라서 100만 달러도 벌어들일 수 있는 개를 고작 100달러에 팔아치우려고 하는 거냐고 물었어요. 그랬더니 개 주인이 뭐랬는지 아세요? 개 주인 왈, "아, 걔는 입만 뻥긋하면 거짓말이에요. 실제로 그런 일을 하진 않았거든요"라고 했대요.

퍼사: 좋네요. 귀여운 농담이에요.

개리: 실화예요.

아턴: 아까 날씨에 대해서 말하다 말았죠?

개리: 아, 네. 이상징후를 처음 감지한 것은 9년 전 이곳에서 얼음보라°를 봤을 때예요. 며칠 동안 낮에도 수은주가 정확히 0도씨에 머물렀다니까

° ice storm. 심한 어는 비를 동반한 기상요동으로서 착빙 또는 비얼음에 의하여 항공기의 안전운항에 영향을 끼치는 등 피해가 발생할 정도의 좋지 못한 날씨를 말하며, 착빙성 악기상이라고도 함. 출처: 농촌진흥청

요! 얼마나 기이한 일이에요? 메인 주의 모든 전신주를 바꿔야 했죠. 말 그대로 전부 다 부러졌거든요. 그게 1998년 1월에 있었던 일인데 당시 전신주를 전부 교체하기 위해 미국 전역에서 기술자들이 왔고 한 달 만에 모든 일을 끝낸 그들은 영웅 대접을 받았죠. 날씨가 점점 희한해지고 있다는 걸 그때 처음 실감했는데, 한겨울에 전기 없이 23일을 지내야만 했어요. 카렌의 부모님 댁에 화목 난로가 있어서 그나마 다행이기는 했지만, 거기까지 가기 위해서 또 다른 위험을 감수해야만 했죠. 그때부터 시작해서 몇 해 동안 기록적인 폭설이 이어지더니 작년 2006년과 2007년 사이 겨울에는 오히려 눈이 전혀 오질 않아서 스키 리조트를 운영하는 사람들을 질겁시켰죠. 이에 반해서 같은 해 겨울 뉴욕에서는 사상 최고의 단일 강설량을 기록했고요. 또 오아후 섬에서는 44일 동안 끊임없이 비가 내렸다니까요! 전에는 이런 일이 전혀 없었는데, 점점 걷잡을 수 없이 커지는 것 같아요.

퍼샤: 그처럼 기상천외한 날씨에 대해 좀더 말하자면, 올해 역사상 처음으로 바그다드에 눈이 내릴 거예요. 런던은 처음으로 토네이도를 겪을 거고요.• 캘리포니아에는 비가 고작 50밀리미터밖에 안 내릴 거고 미국 남동부와 남서부에는 가뭄이 들겠지만, 그다음 해에 중서부에는 끔찍한 홍수가 올 거예요. 이 같은 패턴이 마치 늘 그래왔던 것처럼 굳어질 겁니다. 비가 너무 많이 오거나 아예 오지 않거나, 눈이 너무 많이 내리거나 아예 오지 않거나, 너무 덥거나 아니면 너무 춥거나 말이죠. 이렇듯 극단적인 날씨만 반복되고 '정상적인' 날씨는 사라지고 있어요. 폭풍의 규모도 점점 커져서 파괴력 또한 커질 거고요.

• 2008년 1월

개리: 지금 얘기로는 문제를 바로잡기 위해 미국의 협력 하에 전 세계가 실질적인 노력을 기울여야 한다는 말인 것 같은데, 맞나요?

퍼사: 맞아요. 재앙을 피할 것인지 겪을 것인지를 정해야 할 때가 가까워지고 있어요. 당신들은 중국을 협력하게 만들지는 못할 겁니다. 아, 그건 그렇고《우사》는 중국 본토에서도 잘 나갈 거예요.

개리: 농담이죠? 중국 정부는 그것이 본토에 상륙하는 것 자체를 허락하지 않을 텐데요. 그들은 신에 대해 어쩌고저쩌고하는 책은 별로 좋아하지 않는다고요.

퍼사: 그렇긴 하죠. 하지만 중국 공산당이 정말로 두려워하는 것은 공산당에 대한 도전인데, 당신이 그걸 건드리지는 않았거든요. 그래서 결국은 당신의 책을 들여보내줄 거예요.

개리: 끝내주는데요! 어쩌면 나중에 중국에 가볼 수도 있겠군요.

퍼사: 어쩌면요. 하지만 어딜 가기로 결정하기 전에 우리나 성령에게 자문을 구하는 것을 잊지 마세요. 우리나 성령이나 그게 그거기는 하지만요. 물어보지 않고는 어떤 나라를 방문할 때 언제가 적당할지, 언제가 안전할지를 결코 알지 못할 거예요. 그나저나 미국 50개 주 전부에서 강연할 계획을 세우고 있겠죠?

개리: 넵! 올해가 지나면 40개 주를 채우게 되고요.

퍼사: 아주 좋네요. 하지만 수시로 휴식을 취하는 것도 잊지 말고 자신을 잘 돌봐주세요. 또 전에는 우리가 당신을 비평하는 사람들이 던지는 질문에 응답하라고 조언하긴 했지만, 앞으로도 늘 그렇게 해야 한다는 뜻은 아니에요.

주: 그동안 올라왔던 공격적인 글들과 관련해서, 나는 그에 응대하는

글을 써 왔고 거기서 제기된 질문들에도 답해왔다. 훌륭한 수업 교사일 뿐만 아니라 유명한 저자이기도 한 마이클 멀대드Michael Mirdad는 독자적으로 이러한 글들 모두에 응대하는 글을 썼다. 그 글의 제목은 〈왕바보 수업〉(A Course in Megafools)이었고 거기엔 이런 내용도 실려 있었다.

— 최근 개리는 자신을 헐뜯는 사람들과, 그와 관련된 모든 이들에게 거의 대부분 소상하고도 현명한 답변을 해왔고, 이로써 그런 주장들의 일관되지 못한 논리와 거짓들을 많이 밝혀냈다. 그리고 개리의 이 답변은 이제 〈미라클즈Miracles〉 잡지에도 실렸다. 이 일이 세상의 법정에서 진행되었다면 개리는 아주 손쉽게 이겼을 것이다. 그래도 개리가, 켄 왑닉이 그랬던 것처럼, 자신을 공격하는 자들을 그저 무시해버리는 순탄한 길을 택했을 수도 있었다는 점을 언급해둘 필요가 있다. 아무튼 개리가 이 일에 응대하기를 택한 결과로, 수업 커뮤니티에 시나브로 침투하여 많은 사람들로 하여금 수업을 공부하지 못하게 만들었던 위선들 — 주로 스탭들 중 일부의 위선 — 이 드러나게 되었으므로 오히려 더 잘 된 일이라고 할 수 있다.

나는 내가 이 방법 대신 순탄한 길을 택하여, 자신이 유리집에 살고 있으면서도 남에게 돌을 던지기로 선택한 사람들을 그냥 무시해버릴 수도 있었다는 그의 말이 맞다는 것을 깨달았다. 이제까지는 아턴과 퍼사가 나를 비판하는 글들에 반응하지 말라거나, 거기에 제기된 질문들에 대답하지 말라고 권고하지는 않았다. 그리고 지금까지 그들의 충고를 따르면 대체로 일이 아주 잘 풀리곤 했다. 하지만 앞으로는 나를 공격하는 사람들을 간과하는 선택도 충분히 권고받을 수 있겠구나 하는 것을 깨닫게 되었다. 어쨌든 공개적으로 제기된 질문들에는 최소한 한 번 이상 모두 답해왔기 때문에 어쩌면 이제는 그냥 쉬어도 될 때가 아닌가 싶기도 했다. 이렇게 생각하자 마음이 한결 편안해졌고, 퍼사가 방금 한 말도 이런 내 생각을 확인해주는 듯했다.

개리: 좋네요. 안 그래도 요즘 그런 생각을 해왔는데, 말해줘서 고마워요. 전에 당신들이 《우사》에서 했던 예언 중 하나에 대해 다시 생각해본 적이 있어요. 당신들이 그 말을 해줬을 때는 1990년대였죠. 대부분의 사람들은 그 책을 완성하는 데 9년이 걸렸다는 사실을 모르고 있더라고요. 방문 횟수가 많기도 했고 방문과 방문 사이의 기간이 가끔은 매우 길었고, 특히나 뒤로 갈수록 더욱 뜸해졌죠. 그런데 그때 당신들은 놀라운 예언을 전해줬죠. 그 예언을 했을 당시의 미국은 클린턴 대통령 시절로, 재정상태도 좋고 잘 굴러갈 때였음에도 불구하고 당신들은 미국이 장차 하향세를 걷게 될 것이고 유럽이 경제와 정치 분야에서 힘을 얻을 거라고 했죠. 그런데 정말 첫 번째 책이 나온 이후로 미국 달러가 얼마나 폭락했는지, 믿을 수 없을 정도였죠! 일부 사람들은 당신들이 말해준 내용을 좋아하지 않았지만, 어쨌든 당신들 말이 맞았어요. 어쩌면 우리 미국이 정책 중 일부를 재고해봐야 할 때일 수도 있겠어요.

퍼사: 유럽도 자체적인 문제를 겪겠지만, 결국에는 다시 힘을 되찾을 거예요. 왜냐하면 미국의 정책들은 정책이라기보다는 그냥 계산이기 때문이죠. 미국의 정책들은 소수에게만 많은 돈을 벌려주고 나머지 다른 모든 사람들에게는 지옥을 안겨주게끔 설계되어 있어요. 그러면서도 왜 정책이 안 통할까 의아해하죠. 그러니까 미국의 경우, 재고라는 표현보다는 생각을

조금이라도 시작해야 한다는 표현이 맞아요. 공공의 이익에 대한 고려는 전혀 해본 적이 없어요… 정치 이야기는 이쯤에서 끝내죠. 역사적인 두 선거가 다가오고 있는데, 선거가 다 끝나기 전까지는 이 책이 나오지 않았으면 해요.

개리: 그건 또 왜요? 예언이라도 하실 건가요? 그럼 더 많은 책이 나올 거라는 말과 모순되지 않나요?

> 🔥
> 성령이 당신을
> 거기서 **빠져나오도록**
> 도와줄 거예요.

퍼사: 아뇨. 선거 후에 책이 여러 권 나올 거예요. 하지만 당분간은 다른 이유들에 대해서는 말하지 않을 거예요. 그 이유를 밝힐 때까지는, 당신이 해야 할 일이란 성령의 도움을 받아 당신의 세상을 용서하는 것임을 항상 기억하세요. 신이 당신을 세상에 갖다 놓은 건 아니지만, 이 세상에 관한 한 성령이 당신을 거기서 빠져나오도록 도와줄 거예요.

개리: 알았어요. 그럼 인류가 더 많은 용서를 실천하지 않은 채 지금 방식대로 나간다고 가정해봅시다. 그러면 이 꿈속에선 어떤 일들이 벌어질까요? 물론 이 모든 것이 용서를 위한 것이고, 성령은 내가 이 과제들을 배우기를 원한다는 것도 알아요. 그래도 아직은 어떤 일이 벌어질지를 살짝 들여다보고 싶은 마음이 자꾸 들어요.

아턴: 더 많은 사람들이 용서를 실천하지 않을 경우에 일어나게 될 일들이 몇 가지 있죠. 항상 그렇듯이 좋은 일들도 있고 나쁜 일들도 있고, 좋게 전개되기도 하고 나쁘게 전개되기도 할 거예요. 하지만 좀더 많은 사람들이 용서를 실천한다면 끔찍한 일들 중 일부는 일어나지 않을 것이고, 그건 큰 차이점이지요. 사실 시간의 여러 차원들은 서로 매우 비슷하답니다. 하지만 그 대수롭지 않아 보이는 차이가, 일어나게 될 몇 가지 일과 관련해서

는 아주 중요한 차이가 될 수도 있어요.

개리: 제가 교통사고를 피한 것처럼 말이죠? 물론 여기서는 더 큰 규모의 일을 말하는 거겠지만요.

아턴: 정확해요. 그리고 사실 지금 이 순간도 당신은 시간의 모든 차원 속에 있어요. 당신은 동시다발적인 생을 살고 있죠. 하지만 마음속에서 분리의 생각이 벽처럼 에워싸서 차단하고 있어서 당신은 그것을 알아채지 못하고 있는 거예요. 우리가 말해왔듯이, 당신은 공간 속에 갇혀 있지도, 시간의 일직선 위를 걷고 있지도 않습니다. 당신은 이 환영 속에서조차 모든 곳에 있어요. 하지만 당신은 직선적인 시간과 공간적인 틀 속에서, 한 번에 조금씩밖에 경험하지 못하고 있어요.

개리: 난 벌써 소화해내기에 벅찰 정도로 경험하고 있는 걸요.

아턴: 잘 즐기고 있으면서 뭘 그래요? 온갖 명소들도 다 구경하고 멋진 호텔에서 자고, 고급스러운 식당에서 식사도 하고요. 게다가 여자들의 시선도 한몸에 받고 있잖아요. 이건 어떻게 설명할 거예요?

개리: 그건 쉬워요. 여자들은 내가 게이라고 생각하거든요.

아턴: 여자들에게 접근할 때 효과 만점이겠네요. 세계 전역을 여행해봤으니 묻는 건데, 가장 아름다운 여성을 만날 수 있는 곳은 어디죠?

개리: 에이, 그것도 쉬워요. 그야 물론 공항이죠.

아턴: 관찰력이 예리하군요.

퍼사: 남자들이란! 좀 어른답게 행동해줄래요?

개리: 네, 근데 이왕 말이 나왔으니 말인데, 남자들의 사고방식에 대해 말해줄게요.

퍼사: 그건 재미있겠는데요. 그래, 남자들은 어떻게 생각하나요?

개리: 간단해요. 섹스를 못하면 불같이 화를 내죠.

퍼사: 많은 걸 설명해주는 말이네요. 자, 아턴. 미래의 예측을 다시 다뤄볼까요?

아턴: 일단 우리가 말해준 모든 것을 명심하세요. 21세기에는 새로운 형태의 에너지가 많이 등장할 겁니다. 이미 몇몇 형태는 제한적으로나마 사용되고 있고, 앞으로 더욱 많이 개발될 거예요. 풍력도 좋은 예죠. 갈수록 더욱 보급될 겁니다. 또 이미 석탄을 저렴한 가솔린으로 바꾸는 처리 기술이 있기는 하지만 대기 오염을 일으키지 않을 기술이 개발될 겁니다. 사실 기후 문제의 가장 큰 원인은 자동차가 아니라 석탄이거든요. 하지만 대기를 오염시키지 않고도 석탄을 연소시키는 방법을 찾아내면, 향후 250년은 더 쓸 수 있는 석탄이 매장된 미국은 갑자기 세계의 사우디아라비아로 등극할 겁니다. 물론 선택된 소수만 부유하게 만드는 정책 대신 실질적인 에너지 정책을 세워야겠죠. 또 일부 사람들이 옹호하는 핵발전소를 더 짓느라 시간을 낭비하는 대신 대체 에너지를 생산해내는 현명한 방법들도 발전시켜야겠고요.

21세기 안에 사람들은 바닷속에 터빈을 설치해서 무한한 청정에너지를 생산할 수 있는 기술도 개발할 겁니다. 이 터빈은 걸프 해류와 그 밖의 해류들에 의해 돌아갈 거예요.

개리: 와. 그런데 기껏 그걸 설치해놓았는데 지구 온난화 때문에 걸프 해류가 멈추면 웃기겠어요.

아턴: 21세기 후반부에는 고속 튜브 여행이 가능해져서, 교통 운송에도 혁신이 일어날 겁니다.•

• high-speed tube travel: 긴 진공 튜브를 설치하여 초고속으로 사람과 물건을 운송하는 방식

개리: 그건 또 뭐래요?

아턴: 직접 알아보세요. 하지만 당신처럼 여행을 많이 하는 사람이라면 지금 당장에라도 있었으면 할 걸요.

퍼사: 자동차 산업이 가파른 하향세를 타고 있는 미국에서는 하이브리드가 대세가 될 거예요. 전기자동차가 개선되면 특히 미국 서부지역에서 대중화될 거고요. 심지어는 압축공기로 달리는 자동차도 등장할 겁니다.

개리: 공기를 다 써버리는 일만은 없기를 바라야겠네요. 에탄올은 어때요?

아턴: 지금 수백만 명이 굶어 죽어가는데 굳이 옥수수를 에탄올 연료로 바꾸자는 거죠? 그건 불필요해요. 하지만 미국 정부의 호응을 얻어낼 만큼 충분히 어리석은 생각이긴 하죠. 물론 이 와중에도 공짜 에너지를 무한히 생산하는 방법은 있어요. 하지만 이 방법은 지난 세기 동안 계속 탄압을 받아왔죠. 시간의 한 차원에서는 이 기술이 공개됐고, 다른 차원에서는 그러지 못했어요. 사람들이 자신들의 마음을 어떻게 사용하느냐에 따라 무엇을 경험할지가 정해집니다.

개리: 공짜 에너지요? 으메! 그런데 참, 수소 자동차가 인기를 끌 거라는 말씀도 하셨잖아요?

아턴: 네, 하지만 유럽에서 먼저 인기를 끌 거라고 말했죠. 미국은 한참 멀었어요. 그 말이 나온 김에 여러 시나리오 중 한 가지를 말해야겠군요. 만약 충분한 수의 사람들이 영적으로 성장하기만 하면 우리가 앞서 언급한 형태의 에너지들만으로도 미국의 상태를 호전시키기에 충분할 거예요. 그건 당신들에게 달렸어요. 이런 것들을 실현시키기로 마음만 먹는다면 다른 형태의 에너지는 필요 없게 될 겁니다.

하지만 그런 시점에 다다를 때까지는 다양화가 트렌드가 될 거예요. 온갖 다양한 형태의 자동차가 등장할 겁니다. 오늘날 통신산업의 상황과도 비슷하죠. 사람들이 유선망 텔레비전을 버리고 인터넷이나 그밖에 속출하고 있는 온갖 전자기기를 통해 다른 형태의 오락을 즐기게 되는 모습을 보게 될 겁니다. 앞으로는 세상이 결코 예전처럼 단순하지 않을 거예요.

개리: 정말로 핵 테러에 대해서는 구체적으로 말해주지 않을 건가요?

퍼사: 그건 옳지 못해요. 게다가 감지되는 위협이 핵 테러밖에 없는 게 아니라는 사실도 잊지 마세요. 범지구적인 핵 위협도 아직 해결된 게 아니고요. 러시아와 인근 국가들 사이는 물론이고, 심지어는 러시아와 미국 사이도 그렇죠. 또 북한은 남한과 일본을 잠재적인 타겟으로 삼고 있고, 결국은 하와이와 미국 서부까지도 노릴 거예요. 그리고 중국도 있지요. 설상가상으로 인도와 파키스탄은 핵무기 경쟁을 벌이고 있고, 여기에 중국과 이스라엘과 이란도 함께 하고 있어요. 난폭한 투사물이지요, 우리 형제.

아턴: 지금으로부터 1년 안에 태양 흑점 활동의 새로운 주기가 시작되고, 이 주기는 5년간 지속되다가 2013년에 정점을 찍을 겁니다. 이것은 날씨뿐만 아니라 모든 인간사에 이르기까지, 모든 것에 영향을 미칠 겁니다. 대기권만이 당신들에게 영향력을 미치는 게 아니에요. 이 쇼가 진행되는데 분명이 기여하고 있지만 당신이 볼 수 없는 것들도 많이 있습니다. 그리고 물론 그것들은 전부가 더 깊은 곳에 있는 어떤 것의 상징물이지요. 그 어떤 것이란 마음의 차원에 존재하는 무의식적 죄책감으로서, 이 죄책감은 신에게서 분리된 태초의 분리와, 그로 인해 야기된 막대한 죄책감과 두려움으로까지 소급될 수 있습니다.

퍼사: 인류는 달에 물이 있었던 흔적은 물론이고, 화성에서 얼음도 발견할 거예요. 즉 물이 있다는 건데, 훨씬 많이 있다는 것이죠. 결국 전에 우리가 말했듯이, 화성에 지적인 문명이 존재했다는 확고한 증거도 발견되겠지

만, 그들이 바로 당신들의 선조였다는 것을 처음엔 모를 거예요. 하지만 결국 과학자들은 당신들의 DNA가 오직 지구에서만 기원할 수는 없었다는 사실을 깨닫게 될 거예요. 당신들은 화성을 식민지로 삼기 시작할 겁니다. 공중전은 갈수록 무인정찰기를 통해 벌어지고, 지상에서는 로봇들이 사람들과 맞서서 전쟁을 수행할 겁니다. 기술적으로 뛰어난 쪽이 크게 유리해지는 거죠. 군인들은 가상 신병훈련소에서 훈련을 받을 겁니다.

오늘날 당신들은 기름을 걱정하고 있는데, 정말로 염려해야 할 것은 바로 물입니다. 마실 수 있는 신선한 물은 물론이고, 농작물에 공급할 물의 부족 현상도 미래에는 심각한 문제가 될 것이니 지금부터 이 문제에 대처하기 위해 계획을 짜야 합니다.

아턴: 병존우주와 다차원적인 시간의 개념은 몇몇 과학 이론에 존재합니다. 형이상학자들이나 영성에 관심 있는 사람들만이 이런 것들이 존재한다고 생각하는 건 아니에요. 그리고 이 환영 속에는 물론 병존우주와 다차원의 시간이 존재해요. 하지만 차원의 본질은 과학자들에게 밝혀지지 않습니다. 깨우쳐야 할 교훈들을 다 깨우치고 이러한 차원들이 불필요해지면 성령에 의해 지워져서 다시는 볼 수 없게 되기 때문이지요. 많은 사람들이 우주가 무한하다고 믿고 있지만 사실 우주는 무한하지 않습니다. 수업이 가르치듯이 성령을 통해서, **당신이 그릇 창조하는 능력에는 한계가 정해져 있기 때문입니다.**(T21/T-2.Ⅲ.3:3) 그리고 결국에는 모두가 진실을 받아들일 겁니다. 또 제이가 가르치듯이, **모든 사람이 속죄**(Atonement)**를 받아들이는 것은 시간문제일 뿐이에요. 최종결정이 불가피하기 때문에 이것은 자유의지와 모순되는 것처럼 보이지만, 그렇지 않습니다.**(T21/T-2.Ⅲ.3:1-2)

개리: 그러니까 우리가 이 환영의 감옥의 죄수로서 실제로 갖고 있는 유일한 자유의지란 우리를 감금하는 에고 대신 우리를 해방시키는 성령을 선

택할 수 있다는 것뿐이로군요. 만약 이곳에 머무르기를 택한다면 그 결과란 언제나 죽음입니다. 하지만 집에 가기를 택한다면 그 결과는 영원한 생명이지요.

> 만약 이곳에 머무르기를 택한다면 그 결과란 언제나 죽음입니다.

퍼사: 훌륭해요. 또 미래의 과학자들은 개인의 몸에 거부반응 없이 잘 어울리는 신체 장기들도 만들어내고 오래 멈춰 죽은 줄로 알았던 심장도 다시 뛰게 할 겁니다. 한편 과학자들은 물론이고 보통 사람들도 지구뿐만 아니라 우주 전체를 살아 있는 하나의 유기체로 바라보기 시작할 거예요. 그들은 별의 배아에서 별이 탄생하는 것을 보게 될 것이고, 또 다양한 존재들이 인류처럼 늘 산소를 숨 쉬지 않더라도 그것이 인류처럼 '살아 있지' 않다는 뜻은 아니라는 사실도 이해하게 될 겁니다.

이 정보로도 부족하다면, 21세기는 외계인들과의 접촉을 공식적으로 인정하는 세기가 되리라는 것도 말해두죠. 사실 이건 이미 일어난 일이지만, 아직 당신네 과학자들이 공식적으로 인정하진 않았죠.

아턴: 그건 그렇고, 두 번째 책에서 당신이 실수한 게 있어요. 당신이 동일시했던 수천 개의 육신을 보여주었을 때, 내가 이번 생에 어떤 모습인지를 궁금해했던 거 기억나죠?

퍼사: 그때 우리는 그 사람을 당신에게 보여주지 않았지요. 그러자 당신은 전생으로 돌아가서 도마와 다대오의 모습을 보고 싶어했고, 그 책에서 당신은 그것을 위해 "한 생애만 뒤로 돌아가 주실래요?"라고 말했지요.●

● 《그대는 불멸의 존재다》 2장 〈진정한 힘〉 84쪽 참고

물론 우리는 당신의 마음을 읽을 수 있기 때문에 당신이 정말로 원하는 게 뭔지를 알았고, 그래서 도마와 다대오를 보여주었어요. 하지만 우리가 정말로 한 생애만 거슬러 갔다면 당신은 그들을 보지 못했을 거예요. 왜냐하면 그 사이에 스무 번의 생이 있었거든요. 그중에는 위대한 태양과 보냈던 아메리칸 인디언의 삶도, 알라모Alamo에서 죽었을 때의 삶도, 그리고 로저 셔먼Roger Sherman으로 살았던 때의 삶도 포함되어 있죠.

주: 나는 유명한 영매들, 그리고 나 자신의 환시와 기억과 꿈을 통해, 내가 전생에 알라모 전투에서 사망한 오하이오 출신의 윌리엄 해리슨 William Harrison이었다는 것과, 미국 독립선언에 서명한 대표들 중 한 명인 로저 셔먼Roger Sherman이었다는 것, 그리고 코네티컷Connecticut 출신으로 미국 정부를 세우는 데 공을 세운 매우 존경받는 하원의원이 었다는 것을 알게 되었다. 셜리 맥클레인Shirley Maclaine의 책이자 영화인 〈아웃 온 어 림Out on a Limb〉을 통해 유명해진 영매 케빈 라이어슨 Kevin Ryerson도 자신의 영적 인도자인 승천한 스승 아흐툰 레Ahtun Re를 통해서 내가 다른 생에서 로저 셔먼과 성 도마 사도였다는 것을 확인해주었다.

개리: 네, 모 정치가의 말을 빌리자면, 나는 내 생각을 부정확하게 말했어요.

아턴: 이제 당신에게 쉽지 않은 이야기를 꺼내볼까 해요. 다른 사람들도 추측해온 내용이라서 완전히 새로운 이야기는 아니지만 대부분 사람들은 아직도 모르고 있고, 설령 들어본 적이 있더라도 그게 참인지 아닌지 모르거든요. 그래서 당신에게 진실을 들려주려구요.

개리: 좋아요. 사뭇 심각하게 들리는데요.

아턴: 2001년 9월 11일에 3천여 명의 미국시민과 다른 나라 사람들을 죽음으로 몰고 간 세계무역센터와 미 국방성 건물 폭파사건, 그리고 납치된 네 대의 항공기에는 미국 정부기관들이 깊숙이 개입되어 있어요.

개리: 전에는 그렇게 말씀하시지 않았던 것 같은데요.

아턴: 당신 말이 맞아요. 미안해요. 하지만 이에 대한 충분한 증거가 없어서 그랬던 건 아니에요. 쌍둥이 빌딩은 비행기가 그 건물들에 부딪쳐 화재가 나서 붕괴된 게 아니에요. 그 어떤 고층건물도 화재 때문에 그렇게 붕괴된 적은 없었어요. 두 빌딩은 라스베가스의 오래된 호텔을 붕괴시켰을 때처럼 내부에서 폭파된 거예요. 비행기 납치범들은 CIA에 속았던 겁니다. 본인들은 테러단체의 지령에 따랐다고 생각했지만, 실제로는 CIA에 이용당한 거예요. 그들은 CIA가 원하는 대로 정확히 움직여줬고, 자신들 지도자의 지시를 따른다고 생각하면서 제 몫을 다 했죠. 통신보안의 제약을 받는 그들을 이런 식으로 속이는 것은 어려운 일이 아니었어요. 게다가 실제로 비행기를 납치한 사람들과 미국 정부에서 발표한 비행기 납치범들은 다른 사람들이었죠. 세계무역센터에 부딪힌 비행기들이 납치된 비행기들도 아니었고요. 그 비행기들은 원격으로 조종되는 무인 비행기였어요.

이 공격을 조직한 것은 알 카에다Al-Qaeda도 오사마 빈 라덴Osama Bin Laden도 아니었습니다. 물론 오사마 빈 라덴은 자신이 이 공로를 가로채게 된 것을 아주 좋아했지만요. 그는 미국 정부가 희생양으로 삼기에 완벽한 살인자였죠.

조사를 좀 해보세요. 수천 명의 물리학자들과 엔지니어들이 세계무역센터와 세계무역센터 7번 건물, 그리고 미 국방성에서 일어났던 일에 대해 말하는 내용에 귀를 기울여보세요. 정부기관의 말을 듣지 마세요. 사실을 말하자면, 미국 정부의 구성원들, 그중에서도 특히 부대통령이 자국민을 통제할 수 있는 권한을 얻어서 전 세계에 자신들의 힘을 행사하기 위해 '진주만 사건'을 일으키길 원했던 거예요. 그리고 부대통령이 그날 아침에 그저 어쩌다 우연히 워싱턴 D.C. 주변의 방공 책임을 맡게 된 것이 아니라는 점도 주목하세요. 이 사건 이후로 당신은 그들이 미국 시민들을 더욱더 감시하고 파시즘을 구축해갈 주요한 단계를 밟기 위한 명분으로 삼는 등 이 사건의 결과들 일부를 보아왔을 거예요.

당시 부시 대통령은 이 일에 대해 모르고 있었어요. 이 일을 꾸민 자들은 부시 대통령이 할 역할도 마련해놓았죠. 인류를 상대로 이 같은 중범죄를 저지른 사람들은 자신들이 똑똑하다고 믿고 있었고, 이라크를 쉽게 이길 수 있을 거라고 착각했죠. 하지만 그들은 틀렸어요. 또 그들은 이러한 증거들이 결국 사람들 앞에 진실을 밝혀내지는 못하리라고 생각하지만, 이 역시 오판이에요. 거기까지 가려면 아직도 갈 길이 멀기는 하지만요.

네, 물론 사실을 이미 알고 있는 사람들도 있어요. 하지만 대부분의 미국 국민은 기업 소유의 뉴스 매체가 말해주는 것을 곧이곧대로 믿는 순한 양과도 같습니다. 이런 기업들과 정부는 지구상에서 가장 강력한 가문들이 소유하고 있는 연방준비제도 이사회(Federal Reserve board)와 중앙은행들(Central banks)의 통제하에 있지요. 그들은 지구를 지배하고자 하는 개인들이고요.

9.11 사건의 진짜 아킬레스건은 7번 빌딩이에요. 그 빌딩은 사고 당일 뒤늦게 내부에서 폭파되었어요. 그 빌딩에는 비행기도 부딪치지 않았고, 세계무역센터에서도 미식축구 경기장 거리만큼이나 떨어져 있었지만 결정적으로 뉴욕 시 CIA의 본부가 그 건물에 있었죠. 이것은 단순한 우연이 아닙니다. CIA가 이 일에 연루되었다는 증거를 없애야 했던 거죠. 하지만 건

물들을 내부에서 폭파시키는 데 사용되었던 슈퍼 써마이트super thermites라는 물질이 완전히 전소된 것은 아니었어요. 여러 흔적이 현장에서 발견되었죠. 그리고 이 슈퍼 써마이트에 의해 발생한 열기와 에너지가 그 범죄 이후에 측정되었고요. 정부가 제시하고 의회조사팀이 무조건 승인한 시나리오보다 훨씬 강력한 에너지가 현장에 있었습니다.

개리: 그런데 전에는 왜 이 이야기를 해주지 않았죠?

아턴: 개리, 생각해봐요. 당시에 당신은 준비되어 있지 않았어요. 첫 번째 방문 기간 중 마지막 방문은 9.11테러 직후였지요. 그때 당신은 세상에 첫 번째 책을 내기 위해서만도 1년 반 동안 해야 할 일이 많았어요. 또 다른 미국 시민들과 마찬가지로 충격에 빠져 있기도 했고요. 만약 우리가 당시에 미국 정부가 9.11을 계획하고 관여했음을 고발하는 책을 당신에게 내게 했다면, 그건 전혀 친절한 일이 못 됐을 거예요. 만약 그랬다면 당신은 온갖 질타를 한몸에 받았을 테고, 모든 사람의 주의를 그 책의 메시지로부터 흩어놓았을 겁니다.

개리: 그런데 어떻게 그 짐승 같은 놈들이 모든 사람을 속이고 그런 일을 해낼 수 있었죠?

아턴: 보수작업 요원처럼 행세한 네 명의 CIA 요원들이 폭탄을 설치하는 데는 몇 주밖에 걸리지 않았고, 무선 신호로 폭파시켰지요. 그때 사용된 종류의 슈퍼 써마이트는 부피도 그렇게 크지 않았어요. 다른 종류의 써마이트에 비해 부피도 작고 성능도 뛰어나고 훨씬 강력했어요.

개리, 일단 이 사건을 마음에 품고 차분히 앉아서, 결국에는 이 일마저 용서하도록 해보세요. 언제나 그랬던 것처럼 이 또한 똑같은 투사물이니까요. 이 일을 넘겨보고 영의 실재를 보도록 노력하세요.

개리: 알았어요. 하지만 이번 것은 정말 만만치 않네요. 몇 해 전은 고사

하고 지금도 내가 그럴 준비가 되어 있는 건지 모르겠어요.

퍼사: 명심하세요. 그것을 실재화하지 마세요. 그냥 알아차리고, 그런 다음 용서하세요. 가상현실 비디오 게임을 보는 것과 비슷해요. 방 안에 다른 사람은 없어요. 당신뿐이죠. 사실 성령 말고는 그 누구도 당신과 같이 있지 않아요. 스크린에도 아무도 없고요. 당신이 지금 보고 있는 것들은 진짜가 아니에요.

이 정도 하고 우린 잠시 사라져야겠네요. 개리, 우린 당신을 사랑해요. 기운을 내서 계속 용서하세요. 당신은 우리를 영예롭게 만들어주고 있어요. 부디 용서의 기적을 선택하세요. 제이는 당신에게 이렇게 가르치고 있으니까요.

실재는 오직 영에 속하고, 기적은 오직 진실만을 인정한다.(T11/T-1.IV.2:4)

4
깨달은 마음을 위한 몸의 치유

하나님은 육신을 만들지 않았다. 육신은 파괴될 수 있고, 따라서 왕국(King-dom)에 속하지 않기 때문이다. 육신은 네가 자신으로 여기는 너를 상징한다. 육신은 명백히 분리의 도구이며, 따라서 존재하지 않는다. 늘 그렇듯이, 성령은 네가 만든 것을 학습도구로 바꿔놓는다. 또한 늘 그렇듯 성령은 에고가 분리의 실재를 주장하는 데 이용하는 도구를 분리가 없음을 입증하는 도구로 재해석한다. 마음은 육신을 치유할 수 있어도 육신은 마음을 치유할 수 없다면, 마음이 육신보다 강한 것이 틀림없다. 모든 기적이 이것을 보여준다.

(T105/T-6.V.A.2:1-7)

나는 아턴과 퍼사와 치유를 주제로 좀더 이야기를 나누고 싶었다. 용서를 실천할 때, 실은 치유를 하고 있는 것임을 이해하고 있었지만 누군가의 특정한 문제를 치유하겠다는 구체적인 의도를 항상 품어야 할지, 아니면 일반적으로 접근하는 것이 나을지는 잘 몰랐다. 몇 년 전에 나는 허리 통증을 치유하는 데 성공한 적이 있는데 그 후로 허리 통증을 더는 느낄 수 없었고 앞으로도 다시는 그런 일이 없었으면 한다. 당시 허리 통증을 다루기 위해 특수한 사고과정을 만들어냈고, 몇 달 전에는 오른손과 그쪽의 요골신경 문제를 해결하기 위해서도 그것을 적용해봤는데 그 방법이 잘 통했다. 그래서 나는 내 스승들과 이에 대해 이야기를 나눠보고 싶었다.

나는 수업에서 '마술(magic)'이라 부르곤 하는 것을 사용하는 것이 전혀 잘못된 일이 아니라는 것을 알고 있었다. 어떤 환영을 다른 환영들로 치유하려 할 때, 그것을 수업은 마술이라고 부른다. 예를 들면 약이나 수술로 통증을 치료하려는 것이 여기에 해당한다. 그런 방법들은 사람들을 치료하는 데에 종종 필요하다. 만약 이러한 마술 없이 즉시 낫는다면 그들의 에고는 두려운 나머지 자신을 해칠 더 나쁜 방법을 찾을지도 모른다. 때때로 에고에게 뼈다귀를 던져주는 게 문제될 것은 하나도 없다. 특히 자신이 그렇게 하고 있다는 것을 자각하고 있다면 말이다. 게다가 이 환영 속에 있는 것은 모두가 다 마술이다. 물도 마술이고, 산소도 마술이다. 당신이 여기에 있는 듯이 보이는 동안 그런 것들을 사용하지 말라는 것이 아니다.

2007년 봄의 첫날이 돌아오자 때가 됐다는 느낌이 들었다. 아턴과 퍼사는 매달 내 앞에 나타났고, 그때만 되면 난 항상 그들의 방문을 고대했다. 그렇다고 앞으로도 그들이 항상 매달 나타날 것이라는 뜻은 아니지만, 어쨌든 이번에는 그들이 곧 올 것 같은 느낌이 들었다.

샌프란시스코에서 열린 〈기적수업〉 강연회를 마치고 생일 전날 집에 돌아왔을 때, 카렌과의 사이는 걷잡을 수 없이 심각해졌다. 아마도 그건 내 생애 최악의 생일이었을 것이다. 주변 사람들의 생일을 늘 꼼꼼히 챙기던 카렌이 더는 내 생일에 관심이 없다는 건 사실상 우리의 결혼생활이 정말로 끝장났음을 감지하게 하는 대목이었다. 하지만 당시 난 너무나 바빴고 이 일을 다룰 수 있는 시간을 언제 낼 수 있을지도 알 수 없었다. 아턴과 퍼사가 다시 나타났을 때, 나는 몸과 치유에 관해 이야기하고 나면 주로 이 문제에 집중해야겠다고 마음먹었다. 그들은 기꺼이 나를 따라주었다.

퍼사: 당신이 만들어낸 사고과정에 대해 생각하고 있었군요. 당신은 그 사고과정을 성령의 안내와 함께 등 쪽에 적용하기도 했고 또 최근에는 손

에다 적용해보기도 했지요. 그럼 먼저 당신이 등에다 어떤 사고과정을 적용했는지를 들려주실래요? 그러면 당신 독자들 중에도 그것을 자신에게 적용해볼 사람들이 있을 거예요. 그런 다음 당신의 손에 대해서도 이야기하고, 이런 식의 사고를 거의 모든 상황을 치료하는 데 적용할 수 있다는 점도 살펴볼게요.

개리: 당신들이 이렇게 곧장 본론으로 들어가는 방식이 맘에 들어요. 이 사고과정은 수업과, 《우사》에서 당신들이 〈치유에 관하여〉라는 장에서 말해준 내용 두어 가지를 바탕으로 한 거예요. 당신들을 아픈 사람으로 간주하고 말해볼게요. 그러면 이 사고과정을 적용해보고 싶어하는 사람들이 쉽게 따라 해볼 수 있을 테니까요. 이 사고과정은 어떤 종류의 만성 통증에도 도움을 줄 수 있을 것 같아요. 물론 형상의 차원에서 모든 사람은 저마다 개성이 다르고, 자신에게 가장 맞는 바른 마음의 생각도 저마다 다르긴 하지만요.

이 사고과정은 밤에 자기 전에 하도록 만들었습니다. 그러면 마음은 치유 모드로 들어가서 잠자는 동안에 몸을 치유하는 작업을 하게 되죠. 여기서 가장 중요한 역할은 성령이 맡고 있답니다. 그러므로 이 사고과정을 밟기 전에 성령에 대해 생각하고 성령과 하나가 되면 도움이 될 겁니다. 잠에 빠지기 전에 성령을 떠올리세요. 너무 심각해질 필요는 없고 그냥 나와 함께하자고 성령을 초대하는 겁니다.

먼저, 자리에 누웠을 때 아픈 부분에 대해 생각하고, 통증이나 당신의 몸이나 모두가 일종의 정신적 현상이라는 점을 스스로에게 상기시키세요. 통증은 육체적 현상이 아닙니다. 당신은 자신의 꿈속에서 이 통증에 대해 생각하고 있는 자입니다. 그 통증은 진짜가 아닙니다. 그것은 통증의 꿈이며, 당신은 바로 그 꿈을 꾸는 자입니다. 꿈 전체가 그렇듯이 이 통증도 당신의 마음속에 있습니다. 그리고 마음속에 있는 것이라면 당신은 그것을 대하는 자신의 마음을 바꿀 수 있습니다. 통증이 정신적 현상이라는 사실을 명확히 인식했으면, 수업에서 **"죄책감 없는 마음은 고통받을 수 없다"** (T84 / T-5.V.5:1)라고 한 이 말을 자신에게 똑같이 말해주세요. 2분 정도 반복하다가 이 또한 명확하게 인식되면 자신에게 이렇게 말하세요. "나는 죄 없이 순수하며 신은 나를 조건 없이 사랑하신다. 신께서 원하시는 것은 오로지 나를 영원토록 돌봐주는 것뿐이니, 신은 내가 자신과 똑같이 죄 없이 순수함을 아시기 때문이다." 그리고 신과 하나가 되어 무한 속으로 확장되어가는 자신의 모습을 떠올리세요. 당신은 무한하고 몸으로부터 자유로우며 신은 당신을 전적으로 돌봐주고 있습니다.

이제 성령의 티 없이 깨끗하고 아름다운 하얀 빛이 다가와 당신을 감싸는 모습을 그려보세요. 1∼2분 동안 이 치유의 빛은 당신을 에워싸고 있을 뿐만 아니라 당신을 온통 관통하여 흐릅니다. 성령의 사랑은 당신이 모르고 있을 수도 있는 모든 무의식적 죄책감을 당신에게서 사해주고 있으므로 당신은 자신이 치유될 것을 확신해도 좋습니다. 당신이 죄 없이 순수하다는 것은 당신 혼자만의 생각이 아니에요. 성령도 그렇게 알고 있어요. 그런 다음 준비가 되면 영의 사랑과 치유 속에서 잠드세요.

이렇게 밤마다 30일간 하세요. 그리고 **"모든 질병과 고통은 마음에 속한 것일 뿐, 몸과는 아무런 상관이 없다"**는 가능성에 마음을 여세요.(M18/M-5.II.3:2)

아턴: 아주 좋은데요. 처음 당신이 그 사고과정을 밟을 때는 그냥 막연히 등에 대해 생각만 했는데도 효과가 있었죠. 그리고 몇 달 전 당신의 손에다 적용했을 땐 좀더 구체적으로 목에서부터 어깨와 팔과 손에 걸쳐 있는 신경에 대해 생각했는데 물론 그때도 효과를 보았고요.

개리: 맞아요. 나 상당히 잘하지 않았어요?

아턴: 그렇게 하는 수업 학생들 중 한 명 치고는 뭐 나쁘지 않았어요. 최근 누구한테 이 치유방법을 시도해본 적은 없나요?

개리: 음, 두 명 정도 있었는데 한 명은 뉴욕에 사는 사람이었고 또 한 명은 피닉스에 사는 사람이었어요. 제가 알기로는 둘 다 치유되었는데, 한 명은 그렇다고 솔직하게 인정한 반면 다른 한 명은 인정하려 들지 않더군요. 물론 그들을 치유한 것은 내가 아니라 건강해지기로 결정한 그들의 마음이지만요. 그리고 이 결정은 대개 무의식적 차원에서 이뤄지는 것이고요.

언젠가 한번은 내 워크숍에 젊은 여자 한 명이 왔었는데, 가만히 앉아 있지를 못하더군요. 쉬는 시간엔 주변을 정신없이 돌아다니고 과다행동 장애가 있는 게 아닐까 싶을 정도로 무슨 일이든 급하게 하더라고요. 어쨌든 나는 마음의 차원에서 그녀와 하나가 되어 그녀가 얼마나 죄 없이 순수한지를 말해주고 그녀와 함께 용서를 연습했죠.

퍼사: 효과가 있었나요?

개리: 잘 모르겠어요. 그녀는 워크숍이 끝날 때까지도 여전히 부산스럽게 움직이더군요. 그렇더라도 그것이 워크숍이 끝난 후에도 효과가 없었다는 뜻은 아니죠, 그렇지 않나요?

퍼사: 맞아요. 그리고 일단 치유와 용서를 실천했으면 이제 그 일은 성령의 손에 맡기고 떠나보내야 해요. 그 결과에 대해선 아무런 집착도 가져서는 안 되죠. 이 세상의 다른 모든 것들과 마찬가지로 말이에요.

개리: 내 생각으로는, 만약 수업을 완벽하게 하고 싶다면 그저 세상을 포기하기만 하면 될 것 같아요. 최소한 여기에 있는 그 무엇에도 심리적으로 집착하지만 않으면 되는 거 아닌가요?

퍼사: 맞아요. 그럴 준비가 됐나요?

개리: 그렇다고 믿고 싶어요.

퍼사: 걱정 말고 그냥 꾸준히 해나가세요. 당신은 잘 해나가고 있고, 제가 보기에 당신은 워크샵에 왔던 그 여자에게 도움이 됐다고 생각해요.

> **몸속에 있는 듯이 보이는 동안에는 몸이 하는 것처럼 보이는 일들을 해야만 합니다.**

개리: 그러길 바라요. 강박행동에다 주의력결핍 장애까지 겹쳤다고 생각해봐요. 당사자는 정말 힘들 거예요.

퍼사: 이제 당신이 자신의 건강을 위해 에고를 도울 수 있는 몇 가지 일들을 제안해볼까 해요.

개리: 마술을 쓰라고 권하시는 건가요?

아턴: 지금 우리가 말할 내용들은 그냥 개인적인 취향(preferences)의 문제로 받아들여주세요. 몸속에 있는 듯이 보이는 동안에는 몸이 하는 것처럼 보이는 일들을 해야만 합니다. 수업 학생이라고 해서 운동을 안 한다든지 양치질을 안 할 수는 없어요. 그래서 건강이 좋아지도록 당신의 에고를 도와줄 몇 가지 제안을 하려는 거예요. 거기에 마음을 너무 빼앗기지만 않는다면 이건 아주 재미있는 일이 될 수도 있어요.

퍼사: 이건 특히 짝이랑 함께 하면 재밌어요. 아턴과 나는 건강상의 이유도 있고 재미도 있고 해서 이 방법을 사용했죠. 이걸 하면 몸이 많이 이완되거든요.

개리: 좋을 것 같은데요.

퍼사: 신경 말단(nerve endings)이 많이 모여 있지만 흔히 무시되는 신체부위가 다섯 군데 있어요. 이 부위들을 자극해주면 몸 구석구석이 훨씬 더 편안해지죠. 이 부위들을 문지르거나 마사지해줘야 해요. 해줄 사람이 없다면 혼자서 해야겠지요.

개리: 변태 같은데요. 어느 부위부터 시작할까요? 물론 당신이 해주면 더 좋겠지만요.

퍼사: 제일 먼저 할 곳은 두피입니다. 두피에는 상당히 많은 신경이 몰려 있고, 특히 다른 사람이 마사지를 해주되 제대로만 한다면 종종 그에 상응하는 신체의 다른 부위에서 감각을 느끼기도 할 거예요. 아주 좋아요. 꼭 두피 전체를 다 자극하세요. 몸의 건강을 지키는 좋은 방법입니다. 머리를 감을 때 하는 자극만으로는 충분하지 않으니 손가락과 손바닥을 이용해서 마사지를 따로 해주세요.

두 번째로 할 곳은 귀입니다. 두피와 마찬가지로 이 부위도 치유가들과 마사지 치료사들에 의해 대개 무시되곤 하지만, 거기에도 신경말단이 무리 지어 있어요. 특히 귀 안쪽을 마사지하면 기분이 아주 좋답니다.

세 번째는 바로 심장입니다.

개리: 심장이라. 흥미로운데요. 재미있기도 하고요. 심장이 멈춘 다음에 의사가 심장을 마사지한다는 말을 들어본 적은 있지만, 지금 당신은 심장이 멈추기 전에 마사지하는 것이 좋다는 거죠?

퍼사: 네, 매우 중요해요. 다시 말하지만, 심장은 거의 완전히 무시되고 있어요. 하지만 심장을 마사지하고 자극을 주면 심장이 스스로를 치유하는 데 도움이 될 겁니다. 혈액 순환이 원활해지게 해서 동맥도 깨끗이 유지되게 해주고요. 형상의 차원에서 심장병은 사망원인 1위이기 때문에 우리가 시키는 대로 하면 많이 달라질 겁니다.

개리: 납득이 가네요. 다음은 어디죠?

퍼사: 네 번째 부위는 당신이 특히 좋아할 텐데, 배꼽이에요. 배꼽도 흉부에서부터 음부에 이르기까지 몸통의 곳곳을 연결해주는 신경 말단들이 무수히 몰려 있는 곳인데 마찬가지로 사람들은 배꼽의 중요성을 완전히 간

과해버리지요.

개리: 내 말이 바로 그 말이에요.

퍼사: 이런 식의 치유법을 즐겼을 뿐인데 치유가 일어나더라도 죄책감을 느끼진 마세요. 자, 그럼 마지막 부위를 말씀드릴게요. 우리가 마사지하고 자극을 줘야 할 중요한 마지막 부위는 바로 발입니다.

개리: 더 크로싱즈The Crossings에 있는 온천에서 반사요법(reflexology)●을 한 번 받아봤는데, 끝내주더라고요! 몇 군데 아프기는 했지만 대부분은 너무 시원했어요.

퍼사: 이 다섯 부위에 자극을 주다 보면 좀 아픈 곳이 있을 수 있어요. 방금 말한 것은 기본적으로 몸 전체에 대한 반사요법이지 발만 건드리는 건 아니에요. 물론 당신 말처럼 발도 포함되지만요. 반사요법이란 게 그렇듯이, 꾸준하게 자극을 해주면 통증은 결국 사라질 거예요. 그 신경에 상응하는 신체 부위에 뭔가 문제가 있기 때문에 그 부위가 아픈 거예요. 하지만 침술과 마찬가지로, 그곳의 신경에 계속 자극을 주면 결국은 그 신체 부위가 낫게 됩니다. 꾸준히 자극을 줘서 얼마 뒤에 하나도 아프지 않게 되면 그 신경에 상응하는 신체 부위가 이제 나았다는 거고요. 〈심리치료〉 소책자에서 가르치는 것과 마찬가지로, 이 일을 하는 동시에 용서를 실천하세요. 매 순간은 못 하더라도 최소한 수시로라도 그렇게 하세요.

개리: 멋지네요. 그런데 통증이 느껴지는 데가 없다면요?

퍼사: 그럼 그냥 즐기세요. 가래로 막아야 할 것을 호미로 미리 막는 셈 치고요.

● 인체의 특정 부위를 자극하면 다른 부위에 반사반응이 일어나 자극을 준 부위뿐만 아니라 전신의 건강도 증진되는 원리를 근거로 한 치료법이다. 출처: 두산백과

개리: 고마워요! 꼭 해볼게요. 다른 해주실 말은 없나요?

아턴: 있지요. 이걸 하는 근본취지를 잊지 마세요. '내 생각이 모든 것을 다스린다면 이런 건강요법을 하고 말고가 왜 중요한 거지?'라고 생각할 수도 있어요. 대답은 간단해요. 지금 당신은 당신의 에고를 교육하고 있는 거예요. 당신의 에고는 당신이 자신을 몸으로 생각하길 원하지만, 당신은 당신의 에고를 지워서 집으로, 진정한 자기 자신으로 돌아가길 원해요. 에고를 안심시켜서 스스로가 지워지는 것을 허락하게 만들기 위해서는, 당신이 여기에 있는 것처럼 보이는 동안 몸에도 신경을 좀 써줘야 해요. 그리고 알아요? 이건 어쨌든 간에 해야만 하는 일이에요! 남은 생 동안 공원 벤치에 앉아서 명상을 한다고 하더라도 여전히 뭘 먹긴 먹어야 하잖아요. 제이조차도 음식을 먹고, 사람들과 일상적인 관계를 맺고, 소통을 나눴답니다.

요컨대, 당신이 여기에 있는 듯이 보이는 동안에는 상식적인 이치에 맞는 행동을 하라는 겁니다. 영적 행로를 가다 보면 결국에는 당신도 뭘 하든지 전혀 문제가 되지 않는 상태에 이르게 될 겁니다. 당신은 바른 마음의 생각으로 사고함으로써 자신을 영으로 경험하는 상태에 항상 오롯이 머물게 될 것이기 때문이죠. 하지만 이건 하나의 과정입니다. 자신에게 이 과정을 허락하세요.

개리: 말하자면 이 길을 갈 때, 용서를 하여 에고를 지워가더라도 동시에 나 자신을 돌봐야 한다는 거군요. 그럼 건강한 몸을 갖게 될까요?

아턴: 어쩌면요.

개리: 어쩌면이라뇨?

아턴: 기억하세요. 이건 당신이 여기에 있는 듯이 보이는 동안 좋은 삶을 누리도록 돕고, 동시에 당신의 에고를 지우는 것도 돕기 위한 거예요. 하지만 결과에 집착해선 안 됩니다. 그건 이 모든 것을 실재화하는 짓이죠. 사

람들은 육신을 포함해서 모든 것에다 가치를 부여하고 싶어하지만, 정작 그것이 죄다 주관적일 수밖에 없다는 사실은 모르죠. 영적인 길을 가는 사람들이 흔히 아픈 몸보다는 건강한 몸을 갖는 것이 더 영적이라고 생각하지만, 정말로 그런가요? 세상에는 가장 건장한 신체를 지닌 운동선수들도 있지만 그렇다고 그들이 반드시 영적으로 성숙한 건 아니죠. 반면에 몸은 아프지만 매우 영적인 사람들도 있고요. 사실을 말하자면, 당신이 언제 병에 걸릴지는 — 다른 모든 것들과 마찬가지로 — 당신이 지상에 온 듯이 보였던 그 이전에 이미 결정되어 있습니다.

> 진정 영적인 태도란,
> 몸이 건강하든지
> 아프든지 거기에
> 아무런 차이를 두지
> 않는 거예요.

개리: 그럼 무엇이 영적인 것인지는 판단할 수가 없겠군요.

아턴: 맞아요.

퍼사: 당신이 원하기만 한다면 걸어나갈 수 있는 좁은 문을 알려줄게요. 즉 진정 영적인 태도란, 몸이 건강하든지 아프든지 거기에 아무런 차이를 두지 않는 거예요.

왜냐구요? 둘 다 참이 아니기 때문이죠.

개리: 그럼 왜 굳이 건강한 몸을 갖겠노라고 애써야 하는 거죠?

아턴: 그러지 말아야 할 이유가 없으니까요. 이건 따라야 할 규칙이 아니라 개인적인 취향이라고 말했던 것을 기억하세요. 규칙이나 종교라면 거기에 집착하게 되겠지만, 개인적인 취향이라면 그 결과에 집착할 필요는 없어요. 이건 그냥 취향에 따른 선택일 뿐, 열광해야 할 무엇이 아니에요. 당신은 무슨 일이 일어나는 듯이 보이든 간에 용서할 태세를 갖추고, 가벼운 태도로 삶을 즐길 수 있습니다.

개리: 하긴 사람들이 온갖 종류의 판단을 하고 있긴 하죠. 예컨대 아픈

것보다는 건강한 것이, 사람들 눈에 그다지 아름답게 보이지 않는 몸보다는 아름답게 보이는 몸을 갖는 게 낫다든가 하는 것처럼요. 하지만 아름다움의 기준은 대체 무엇이죠? 결국 다 지어낸 거죠. 또 인간이 짐승을 먹는다는 이유만으로 당연히 인간의 몸이 짐승의 몸보다 더 가치 있다고 여기는 논리도 똑같이 지어낸 것이고요. 물론 대부분의 사람들이 육식을 한다는 말이지 전부가 그렇다는 건 아니에요. 채식을 하는 사람들도 있으니까요. 하지만 식물도 역시 살아 있고 우리의 생각과 말에 반응할 수 있는 걸요. 그런데 최근에 나는 동물들이 사람들이 생각해왔던 것보다 훨씬 더 발달된 사고능력을 지니고 있음을 보여주는 증거들을 비디오로 많이 봤어요. 그러니 동물이 사랑의 눈으로 자신의 삶을 겪어간다고 생각해봐요. 나는 우리집 개의 눈에서 사랑과 감정과 지성을 엿볼 수 있었어요. 만약 상대를 바라보는 대로 자신을 바라보게 된다는 제이의 말이 맞다면 우리집 개 역시 영적인 성장을 하고 있었다는 뜻도 되지 않을까요?

퍼사: 맞아요. 당신의 개도 다른 모든 이들과 마찬가지로 당신과 함께 천국에 있게 될 거예요. 어떤 몸으로가 아니라 본래의 모습으로 말입니다. 당신과 똑같은 영으로요. 그리고 당신은 그 일체성 속에서 그 개의 존재를 느낄 것이니 개가 없다고 생각하고 보고 싶어하진 않을 거예요. 모든 사람과 모든 것들이 거기에 있다는 것을 경험할 테니까요. 거기엔 물론 당신이 이제껏 사랑해온 모든 이들과 동물들도 포함되어 있지요.

사람들이 품고 있는 가치들은 세상에 뿌리를 박고 있으나, 모든 이가 품고 있는 참된 가치는 이 세상에 속해 있지 않아요. 성령은 동물과도 작업해 갑니다. 동물들에게는 종에 따라 고유한 사고방식이 있지요. 동물들도 사람들처럼 생과 생을 거치면서 영적인 성장을 하기도 하고, 그렇지 못할 때도 있습니다. 그리고 사람들처럼 동물들도 모두 다 당신과 같은 곳으로 가고 있지요. 기독교인들은 동물에게 영혼이 없다고 믿지만, 사실을 말하자면 마음은 그저 마음이기 때문에 마음을 담은 그릇이 어떤 모양인지는 중요하지 않아요.

개리: 네. 얼마나 건강한지 혹은 아픈지가 사실 중요하지 않다는 당신들의 말이 맘에 와 닿았어요. 둘 다 참이 아니니까요. 이 원리가 돈에도 똑같이 적용될 수 있다고 봐요. 돈이 없다는 것에 몹시 죄책감을 느끼셨던 부모님을 기억하는데, 나는 내 책들이 나온 이후로 돈을 너무 많이 갖고 있어서 죄책감을 많이 느끼고 있는 사람들도 많이 만나봤거든요. 어느 쪽이나 마찬가지예요. 돈이 없기 때문에도 죄책감을 느끼고, 돈이 너무 많기 때문에도 죄책감을 느끼니까요. 어떤 이유로든 간에 사람들은 죄책감을 느끼고 맙니다! 그러니까 우린 자신에게 너그러워질 필요가 있어요. 자신이 부유하든 가난하든 어차피 둘 다 참이 아니기 때문에 그것은 중요하지 않다는 것을 깨달을 필요가 있는 거죠. 둘 다 참이 아니라면 그 중 어느 것이 더 영적이라고 할 수가 없으니까요.

퍼사: 브라보. 오늘날에는 부유한 것을 매우 영적인 것으로 생각하는 경향이 있어요. 그래서 당신이 10억 달러를 벌었다면 그것도 자신이 마음을 사용하여 돈을 끌어당겼기 때문이라고 생각하는데, 사실을 말하자면 그냥 당신 차례가 된 것뿐이에요. 각본에 그렇게 써져 있기 때문에 그 일은 어떻게든 일어났을 겁니다. 그리고 당시 당신의 사고방식이나 그때 일어나는 듯이 보였던 모든 일도 각본의 일부예요. 당신도 알다시피 100년 전에는 가난한 것이 아주 영적인 것으로 통했지요. 청빈서약을 하는 사람들도 있었으니까요! 그래서 이런 것들이 다 주관적이라는 거예요. 유행이란 왔다 갔다 해도 진정한 영성은 언제나 그대로 남아 있죠. 그러니 자신의 길에 어떤 일이 일어나든 행복하고 평화로울 수 있는 종류의 영성을 따르는 것이

올바른 일이에요. 그게 바로 자유이고, 그게 진짜 영성입니다.

아턴: 다시 공부로 돌아가서, 당신이 여기에 있는 듯이 보이는 동안에 용서를 실천하면서 병행할 수 있는 몇 가지 선택사항에 대한 이야기인데, 당신이 바른 마음의 생각 속으로 슬쩍 미끄러져 들어가는 동안에 에고의 마음을 붙들어놓을 일거리를 몇 가지 알려드릴게요.

1. **걸으세요.** 하루에 30분 정도 걷는 걸로 시작하세요. 거리로 따지면 2.4킬로미터 정도가 될 거예요. 사람은 평균적으로 한 시간에 4.8킬로미터를 걷는데 시간을 차츰 늘려서 결국에는 한 시간 정도는 걸어야 합니다. 그러면 하루에 4.8킬로미터를 걷는 거죠. 쉬고 싶으면 일주일에 이틀은 쉬어도 좋습니다. 그렇다고 꼭 쉴 필요는 없지만 그래도 일주일에 5일이면 충분합니다.

개리: 네. 영화배우 존 트라볼타도 하루에 한 시간씩 걷기 시작했는데 3년 뒤에 몸무게가 18킬로그램 정도가 빠졌다는 기사를 본 기억이 나요. 다른 식이요법과는 달리 꾸준히 걷기만 한다면 요요현상 없이 체중감량이 가능하단 이야기죠.

아턴: 맞아요. 개리, 예전에 개를 데리고 산책을 꽤 많이 했죠?

개리: 개가 개리를 산책시켰죠. 하여튼 개가 죽고 나서 7킬로그램 정도 쪘으니까요.

아턴: 걷는 것도 기적과 마찬가지로 습관이에요. 하다가 안 하면 허전하게 느낄 정도가 되어야 습관이라 할 수 있죠. 걷는 것 말고도 또 있어요.

2. **심호흡을 하세요.** 이것은 생명 유지에 필수적이랍니다. 생각이 날 때마다 숨을 깊이 들이마시세요. 물론 내쉬는 것도 깊게 하고요. 폐에서 사용한 공기는 내보내고 새로운 공기를 들이마셔야 합니다. 피곤할 때 잠시 동안 심호흡을 하면 기운이 더 나는 것을 알게 될 거예요.

3. **스트레칭을 하세요.** 팔다리와 허리를 스트레칭해서 유연한 상태를 유지하세요.

개리: 말랑말랑한 게 딱딱한 것보단 낫죠.

아턴: 4. **물을 많이 드세요.** 물을 많이 마시는 사람이 적게 마시는 사람보다 암에 덜 걸립니다. 이는 남녀 모두에게 중요한데, 여자의 경우 이렇게 하는 것이 때때로 유방암을 예방하는 데 도움이 되기도 한답니다. 물론 아플지 건강할지는 마음이 결정하긴 하지만, 그래도 육체는 대부분 물로 구성되어 있기 때문에, 물을 많이 마시면 몸이 뻑뻑해지는 것을 방지하는 데 도움이 되고 두통 예방에도 좋아요.

5. **한 달에 한 번씩 단식하세요.** 하루를 정해서 하루 동안 단식을 하는 겁니다. 주스는 마셔도 되지만 음식이나 술이나 약은 안 됩니다.

개리: 약도 먹지 말라구요? 그럼 나 안 할래요.

아턴: 진담이에요. 어떤 이유로든 한 달에 하루씩 단식하는 사람들은 심장마비에 걸릴 확률이 현저하게 낮아진다는 통계자료가 있어요. 일부 몰몬교도들은 종교의식의 일부로서 단식을 합니다. 물론 건강을 위해서 하는 건 아니지만, 여하튼 그것이 건강에 여러모로 좋다는 연구결과가 있습니다.

6. **꿀을 드세요.** 매일 먹을 필요는 없어요. 하지만 꿀은 형상의 차원에서 그 가치를 인정받지 못하는 경이로운 것들 중 하나예요. 고고학자들은 고대 이집트의 유물 속에서 수천 년 된 꿀을 발견했는데, 여전히 신선했습니다! 형상의 차원에서 유기물이면서도 사실상 변하지 않는 물질을 찾는다면 꿀이 거기에 가장 가까워요. 만약 수면장애가 있다면 수면제 대신 자기 전에 꿀을 두 숟갈 정도 드셔 보세요. 그 효과에 놀랄지도 몰라요. 잠을 푹 자보겠다는 절망적인 이유로 처방된 약들을 섞어 먹다가 죽은 사람들의 이야기를 들어본 적이 있을 거예요. 꿀의 치유 효능을 알았더라면 그런 일은

없었을 텐데요.

속쓰림 증상이 있다면 저녁식사 30분 전에 꿀을 드세요. 그리고 자기 전에 한 번 더 먹고요. 꾸준히 복용하면 그만큼 효과를 볼 확률도 높아집니다. 하지만 기억해야 할 게 두 가지 있어요. 그 중 하나는 모두에게 효과가 있는 것은 아무것도 없다는 겁니다. 무의식의 차원에서 에고는 매우 복잡할 수 있거든요. 그래도 지금 말씀드리는 것들은 대부분의 사람들에게 효험 있을 가능성이 높습니다. 그리고 또 하나는 3세 이하의 아이에게는 꿀을 절대 주지 말라는 겁니다. 아직 꿀을 받아들일 만큼 신체가 발달하지 않았거든요.

덧붙여서, 알레르기가 있다면 자신이 살고 있는 지역에서 나는 꿀을 먹으세요.

7. **노니 주스**noni juice**를 마시세요.** 맛이 그리 좋은 편은 아니지만, 냉장보관하면 그렇게까지 역하지는 않을 거예요. 개봉한 다음에는 꼭 냉장보관하고요. 주로 타히티Tahiti 섬에 있는 노니 나무noni plant에서 짜내는데, 효능이 다양합니다. 하와이에서 카후나kahuna로 지냈던 기억 나죠?•

개리: 네! 특히 그런 꿈을 많이 꿨어요. 그때 저는 하와이 종교인 후나Huna를 가르치고 행하여 사람들을 치유하기도 했는데, 노니 나무를 다양한 용도로 사용했죠. 외상에도 쓰고, 내장에 문제가 있을 때도 노니 주스를 사용했어요. 하와이 제도에서 좋은 삶을 여러 번 누렸지요. 카후나로 지낸 것도 그중 하나고요. 재미 삼아서라도 나중에 이 일들 중 몇 가지를 다시 해봐야겠어요.

아턴: 8. **주스를 마시세요.** 오렌지 주스, 토마토 주스, 포도 주스, 그레

• 카후나는 하와이 말로 '사제, 마법사, 성직자, 어느 한 분야의 전문가'를 가리킨다. 출처. 위키피디아

이프프룻 주스, 당근 주스, 과일즙 등등 뭐든 상관없습니다. 다 좋습니다. 노니 주스의 가격이나 맛이 부담스럽다면 대신 다른 주스를 마시면 됩니다. 매일 과일 주스를 한두 잔씩 빼놓지 않고 마시면 신체 차원에서 큰 변화가 일어날 겁니다. 물론 이에 상응하는 식단도 이롭지요. 채소를 피하지 마세요. 채소를 아예 안 먹는 것보다는 자신이 좋아하는 채소를 몇 가지라도 먹는 게 좋습니다. 식당에 가면 빵 대신 샐러드를 시키고요. 작은 습관이 쌓이고 쌓이면 건강해지죠.

9. **하루에 20분씩 밖에 나가 햇볕을 쐬고 비타민D₃를 복용하세요.** 이 두 가지를 같이 하면 우울증을 포함해서 많은 문제를 예방하는 데 도움이 될 겁니다. 물론 우리는 이런 문제들을 일으키는 것이 실은 생각이라는 것을 알고 있지만 말이에요. 하지만 이 권고를 따르면 기분이 좋아지고, 기분이 좋아지면 바른 생각을 실천하려는 생각이 더 잘 기억나겠죠. 더 좋은 생각을 할수록 기분도 더 나아지게 되고요. 그리고 기분이 나아지면 생각을 더 잘할 수 있게 됩니다. 특히 수업과 같이 당신을 인도해주는 수련체계가 있다면 말이죠.

10. **웃으세요.** 코미디쇼를 보거나 텔레비전에서 나오는 코미디의 명장면들을 보세요. 재미있는 영화나 연극을 보러 가는 것도 좋고요. 웃음은 다른 어떤 형태의 약보다 좋습니다.

11. **젊음을 유지하고 싶다면, 노화 방지에 대해 알아보세요.** 그것이 앞으로의 사조예요. 즉 당신의 몸이 스스로를 치유하고 젊음을 유지할 수 있도록 자극해주는 자연성분의 제품을 찾는 것이죠. 결국엔 맥스원Maxone이라 불릴 노화방지 제품이 개발돼서 상용화됩니다. 그거 하나만 복용하면 되죠. 우리는 당신이 수업과 직접 관련되지 않은 물건을 선전하는 건 원치 않지만, 이건 예외로 할게요. 이건 내가 말하고 있는 미래 사조의 일부이고,

사용하기에도 아주 간편해요.

비타민제, 특히 비타민C는 당신에게 효과가 좋았어요. 꾸준히 계속 복용하세요, 개리. 염증을 예방해주는 보충제들도 있지요. 이건 매우 중요해요. 대부분의 미국인들은 지방과 당분 과다로 인한 동맥경화가 좀 있거든요. 염증이 없으면 대개는 괜찮지만 염증이 있다면 염증 때문에 동맥이 수축해서 더 막히게 되죠. 당신도 30년 넘게 비타민에 대해 공부를 해왔으니 그것을 예방해줄 보충제를 찾는 일은 당신에게 맡길게요.

한 가지 더 이야기하면, 세계 일부 지역들에서는 비타민C를 정맥에 주사해서 대부분의 암을 치료해내고 있기도 합니다. 하지만 북미에서는 이렇게 치료하는 곳을 발견하기가 쉽지 않아요. 효과 있는 대부분의 치료법들을 의료계가 허용하지 않고 있기 때문이죠. 사람들을 치료해서 돈을 버는 것이 아니라 아픈 사람들을 관리해서 돈을 벌려는 겁니다. 결국 자신의 건강에 대해 공부하고 돌볼 책임은 각 개인에게 있어요.

12. **몸에 산소를 공급해주세요.** 이 마지막 방법은 어느 정도 숙달이 되어야 하기 때문에 좀 까다롭습니다. 그래서 대부분의 사람들은 하지 않을 거예요. 이걸 하려면 지침을 따라서 제대로 해야 하거든요. 그러나 산소 결핍은 신체 건강에서 가장 간과되고 있는 문제라는 사실을 명심할 필요가 있습니다. 산소가 충분하면 암세포는 생존할 수가 없어요. 몸의 모든 세포에 산소를 원활하게 공급해주기만 하면 대부분의 질병을 예방할 수 있고, 이미 병이 났더라도 치유될 수 있습니다.

몸에 산소를 공급해주는 가장 좋은 방법은 식품등급을 받은 35퍼센트 과산화수소를 복용하는 겁니다. 치과나 병원에서 사용하는 3퍼센트짜리 과산화수소와는 절대로 혼동하지 마세요. 그걸 복용하면 위험합니다. 35퍼센트짜리 식용 과산화수소로 몸에 산소를 적절하게 공급해주는 요법이 있습니다. 이에 관한 최고의 정보는 매디슨 카바나Madison Cavanaugh가 쓴《원 미닛 큐어The One Minute Cure》라는 작은 책자에 담겨 있습니다. 말했듯이 복용 지침을 잘 따라야 하는데, 대부분의 사람들은 훈련이 되어 있지 않기 때문에 이 방법을 해보려 들지 않을 겁니다. 하지만 이 방법을 쓰기만 하면 그것은 형상의 차원에서 몸을 위해 할 수 있는 가장 강력한 일 중 하나가 될 겁니다. 그렇다고 너무 많이 복용하진 마세요. 물에다 몇 방울 떨어뜨리는 방식으로 복용해야 합니다. 지침을 따라서 하세요.

이게 끝입니다, 친구. 힘든 건 하나도 없어요. 사실 지금까지 말한 방법들은 대부분 재미있고 쉬운 방법들입니다. 하지만 수업과 마찬가지로, 실천하지 않으면 효과를 볼 수가 없지요.

개리: 나에게 요가를 권하는 사람들이 꽤 있는데, 요가를 하면 맥주를 마실 수가 없어서 주저하고 있어요.

퍼사: 요가를 좋아해서 꾸준히 한다면 그것도 좋겠지만, 당신은 그런 육체적인 수행을 열심히 할 종류의 사람이 아니에요. 그러니 아마 당신한테는 걷는 게 최선일 거예요. 수업의 훈련은 당신이 소위 '삶'을 살아가는 동안에 더불어서 할 수 있는 일이에요. 당신에겐 이상적이죠. 그러니 요가나 다른 일들에 관해서는 성령과 함께 결정하도록 당신에게 맡길게요. 요가나 다른 많은 접근법들이 몸을 실재화하기는 하지만 많은 사람들의 삶에 매우 강력한 힘이 된다는 건 분명해요.

아턴: 이렇게 몇 가지 선택사항을 권했지만, 퍼사와 나는 깨달음을 얻었던 마지막 생에 이것들을 함께 했었어요. 물론 우린 이런 것들로 인해서 깨달은 것이 아니라 성령의 사고체계를 훈련한 결과로 깨달았지만요. 하지만 이 방법들은 실제로 재미도 있고 도움도 되니 당신도 즐겨보세요!

개리: 고마워요, 아턴. 당신은 키가 크고 까무잡잡하고 그리스 신처럼

잘생긴 사람치고는 그렇게 나쁜 사람은 아니군요.

아턴: 그래서 날 안 좋아한다는 건 알고 있었지만 이젠 그것까지 용서하는 걸 보니 반갑네요.

개리: 다른 사항은 없나요?

퍼사: 당신의 경우에, 충분히 쉬는 건 잘못된 게 아니에요. 거절하는 것도 괜찮다는 점을 기억해두세요. 당신은 그동안 우리의 메시지를 너무 열심히 전하느라 정작 자신을 위해서는 시간을 충분히 할애해주지 못하고 있어요. 에드가 케이시의 사례에서 배울 필요가 있는데, 그는 과로로 죽었답니다! 찾아오는 사람들을 모두 도와줘야만 한다는 책임감을 느꼈던 거죠.

당신은 가끔씩 멈춰 서서 꽃향기를 맡을 필요가 있어요. 사람들의 요구를 거절할 수 없다면 당신은 아직 에고 중심적인 사고를 넘어서지 못한 겁니다. "여기 진짜 문제를 갖고 있는 진짜 육체가 있으니 내가 도와줘야 해"라고 말하면서 그것을 실재화하고 있

그들은 신과
마찬가지로 영이고,
그것은 결코
변할 수 없어요.

는 거죠. 그건 요점을 완전히 놓치는 거예요. 그들은 몸이 아니고, 그들에게 정말로 문제가 있는 것도 아니며, 그들은 거기에 있지도 않아요. 그들은 신과 마찬가지로 영이고, 그것은 결코 변할 수 없어요. 수업이 가르치듯이, 몸은 살아 있지도 않아요.

모든 것은 생명을 통해 성취되며, 생명은 마음에 속하고 마음에 있다. 육신은 생명인 너를 담을 수 없으니, 살지도 죽지도 않는다.(T104/T-6.V.A.1:3-4)

수업은 이렇게도 말하죠.

아들의 창조주(the Son's Creator)를 닮은 것은 육신이 아니다. 생명이 없는 것은 생명의 아들(the Son of Life)이 될 수 없다.(T497/T-23.IV.2:5-6)

개리: 그 말을 들으니까 캘리포니아에 갔을 때 제일 처음으로 봤던 차량용 범퍼 스티커가 생각나네요. 영구차에 부착된 스티커였어요. ─ "난 죽은 사람들이 보여요."(I see dead people.)•

아턴: 제이가 수업에서 생명에 대해 내린 단호한 정의를 명심하도록 하세요. 그는 이렇게 말하죠. **"천국 바깥에는 생명이 없다. 생명은 신이 생명을 창조하신 곳에 있을 수밖에 없다."**(T493/T-23.II.19:1-2)

이제 수업의 한 구절을 낭송하고 떠날까 하는데, 이 구절에 대해 잠시 생각해보세요. 나중에 그 구절을 찾아보세요. 쉽게 찾을 수 있을 거예요.

개리: 첫 번째 책 기억하세요? 나 혼자서 수업을 처음부터 끝까지 뒤져서 모든 구절을 찾아내야 했다구요. 게다가 그땐 용어색인집(Concordance)도 없었고요! 요즘은 컴퓨터에서 〈기적수업〉 프로그램을 실행해서 특정 구절만 입력하면 원하는 구절을 즉시 찾을 수 있게 됐지만요.

퍼사: 그 방법은 당신에게 수업을 공부시키기에 아주 딱이었어요. 당신이 생각해보길 권하는 구절은 이래요. 혹시 대인관계 때문에 울적해진다면 우리와 제이를 떠올리면서 우리가 했던 것처럼 세상을 용서하세요.

에고는 몸을 동원하여 마음에 반역을 꾀한다. 에고는 자신과 몸이 너의 일부가 아니라는 것을 '적'(마음)이 알아차리기만 하면 둘 다(자신과 몸)를 사라지게 할 수 있다는 것을 알기 때문에, 둘은 힘을 합하여 (마음을) 공격한다. 그

• 영화 〈식스 센스〉에서 초감각적 지각능력을 가진 주인공 소년이 한 말을 장의업체가 패러디한 것임.

것이 실제로 무슨 일을 수반하는지를 숙고해본다면 이것은 아마도 가장 기이한 지각일 것이다. 실재가 아닌 에고가 실재인 마음에게, '마음은 에고의 학습도구이며, 한술 더 떠서 몸은 마음보다도 더 실재하는 것'이라고 설득하려 드는 것이다. 바른 마음이라면 누구도 그것을 믿을 수가 없고, 바른 마음인 누구도 그것을 믿지 않는다.

그러니 에고가 제기하는 모든 의문에 성령이 주는 유일한 답을 들으라. ─ 너는 신의 자녀요, 신께서 당신의 일부로서 창조하신, 값을 따질 수 없는 신의 왕국(Kingdom)의 일부다. 다른 것은 존재하지 않으며 이것만이 실재다. 너는 악몽을 꾸는 잠을 택했지만, 잠은 실재가 아니며 신께서 깨어나라 부르신다. 신의 음성을 들으면 너는 잠에서 깨어나기에 너의 꿈은 흔적도 없이 사라지고 만다. 꿈은 에고의 수많은 상징을 담고 있고, 그것이 너를 혼란에 빠뜨렸다. 하지만 그것은 다만 네가 잠들어 알지 못했기 때문일 뿐이다. 잠에서 깨어나면 너는 주위에서도 내면에서도 진실을 볼 것이니, 꿈은 네게 실재가 아니게 되어 더 이상 꿈을 믿지 않을 것이다. 그러나 왕국과, 거기서 네가 창조한 모든 것은 아름답고 참되니, 네게 실재가 될 것이다.(T101-102/T-6.IV.5:1-6:8)

5

도마와 다대오의 수업

나를 '세상의 죄를 없애는 하나님의 어린 양'으로 일컬은 것은 정확했지만, 어린 양을 피로 물든 모습으로 그리는 사람들은 이 상징의 의미를 이해하지 못한 것이다. 정확히 이해한다면 그것은 나의 죄 없는 순수함을 말해주는 매우 단순한 상징이다. 사자와 어린 양이 나란히 누워 있는 것은 강함과 순수함이 갈등 없이 평화롭게 공존함을 상징한다. '가슴이 순수한 자는 복이 있나니 그들이 하나님을 볼 것이요.'라는 구절도 같은 것을 달리 표현한 것이다. 순수한 마음은 진실을 알며, 그것이 곧 순수한 마음이 지닌 힘이다. 순수한 마음은 죄 없는 순수함을 약한 것이 아니라 강한 것으로 보기에 죄 없는 순수함을 파괴와 혼동하지 않는다.

(T37/T-3.I.5:1-6)

2001년 말 아턴과 퍼사의 첫 번째 방문 기간이 끝난 후, 나는 내 미래의 마지막 생애도 단편적으로 조금 볼 수 있게 되었을 뿐만 아니라 이전 생들에 대한 기억도 점점 더 많이 떠올릴 수 있게 되었다. 나의 이런 신비한 체험들은 다양한 형태로 찾아오곤 했는데 대부분은 시각적인 것이었고 하루 중 아무 때나 일어났다. 명상을 하면서도 마음속에서 어떤 이미지나 광경을 볼 수 있었지만 그런 이미지와 함께 메시지를 받는 것은 내가 '중간 지대'(in-between zone)라 부르는 상태에서 가장 잘 일어났다. '중간 지대'란 밤에 잠자리에 누워 있다가 막 잠에 빠져드는 순간을 가리킨다.

자고 있지도, 그렇다고 깨어 있지도 않은 그런 상태에서 본 이미지들은 다양한 형태를 취하고 있었는데, 가끔씩은 단순한 정지화면 이상의 것으로 보이기도 했다. 그것은 종종 다른 시간과 장소의 완전한 장면으로 펼쳐졌고 때로는 소리도 들렸다. 영화를 보는 것과 매우 흡사한 이런 경험들은 해가 갈수록 더욱 생생하고 선명해졌다. 가끔은 깊은 잠에 빠져 꿈을 꿀 때에도 이 같은 경험을 했지만 기억하기도 쉽고 내용도 정확한 장면들은 역시 무의식의 마음이 표면으로 올라와 이완된 의식의 마음과 만났을 때 일어나는 것 같았다. 무의식의 마음에서 나오는 정보 중에서는 이때의 정보가 가장 신뢰할 만한 것이다. 이렇듯 무의식이 표면에 떠오를 때 그것을 아주 정확하게 볼 수 있는 사람들은 이미 자신의 의식을 비켜서게 하는 법을 터득한 사람들이라 할 수 있다.

말했듯이 나의 경우에는 주로 비몽사몽 상태일 때 이 같은 일이 일어났지만, 에드가 케이시의 경우에는 그저 완전히 잠에 빠지기만 하면 되었고, 그러면 그의 무의식적 마음이 그를 통해 말을 했다고 한다. 그래서 그를 '잠자는 예언자'라 부르는 것이다. 역사상 최고의 채널러나 심령술사나 영매들은 무의식을 방해하는 의식적 마음을 통제하는 방법을 찾아낸 사람들로서, 무의식에서 나오는 정보를 해석할 때 의식적인 마음이 필터 역할을 하여 그 사람의 에고를 개입시키므로 정보를 걸러내는 의식적인 마음이 약할수록 메시지의 질도 높아진다고 한다.

이런 한 예로, 세쓰Seth를 채널링한 제인 로버츠Jane Roberts를 들 수 있는데 그녀는 자신의 의식을 완전히 물러서게 하고 다른 존재가 자신 안으로 완전히 들어오도록 허락하곤 했다. 한편 내가 아는 최고의 영매는 조지 앤더슨George Anderson으로, 그는 의식적 마음을 스케치북에 끄적거리는 일에다 붙들어 매어둔다. 조지의 무의식적 마음에서 나온 정보는 놀라우리만치 정확하다. 조지는 심령술사나 영매들이 던지는 종류의 질문은 하지도 않는다. 그는 그저 내담자에 관한 정보를 줄줄 쏟아내어서 그들을 소스라쳐 놀라게 하곤 한다.

나는 대개 명상을 하거나 가수면 상태에 빠지는 방법으로 내 의식적 마음을 물러서게 한다. 가끔씩 완전히 깨어 있는 상태에서도 환시를 보곤 한다. 물론 아턴과 퍼사를 만날 때에는 항상 깨어 있었다. 그들에게서 나오는 정보는 단지 내 무의식적 마음에서 나오는 것에 그치는 것이 아니라 수업의 음성이 성령의 한 현현이었던 것처럼, 성령의 현현들로부터도 나오는 것이었다.

전생 회상에 대해 말하자면, 나는 이런 생애들이 연속적인 꿈들에 불과하다는 것과, 이 꿈들의 유일한 가치는 그것을 용서를 위해 사용하는 법을 배우는 데에 있음을 깨달았다. 특히나 전생의 것과 똑같은 용서의 과제가 이번 생에서 또다시 제기될 때는

나는 이런 생애들이 연속적인 꿈들에 불과하다는 것을 깨달았다.

말이다. 그것은 형태는 다를지언정 그 의미와 교훈은 똑같다.

이러한 과제들을 배워나갈 때 환생조차도 환영에 지나지 않는다는 점을 기억하는 것이 현명하다. 우리가 정말로 몸을 입고 태어나는 것은 아니기 때문이다. 아인슈타인은 우리의 경험을 두고 '의식의 착시현상'이라고 했다. 물론 우리가 몸 안에 있는 것처럼 보이고 느껴지긴 하지만 그것은 에고의 속임수요 가짜 경험일 뿐, 몸은 실재하지 않는다. 몸은 우주의 다른 모든 것이 그런 것처럼, 동일한 투사물의 한 귀퉁이에 불과하다.

내가 어떻게 나의 꿈의 생애들을 기억해냈는가 하면, 말했듯이 대부분의 기억은 침대에 누워 있을 때 온 것이다. 내 스승들이 이번 방문 기간 중

다섯 번째로 방문했을 때까지는 말이다.

주: 이런 이야기가 낯선 독자들을 위해 설명하자면, 항상 그런 것은 아니지만 심령술사(psychic)는 대개 환생한 듯이 보이는 마음들을 다루고 영매(medium)는 '저승'으로 건너간 마음들만 다루는 한편 채널러들은 다른 존재들이 자신을 통해 말하게 한다. 전달된 정보의 질을 놓고 보자면 아마도 헬렌이 역사상 최고의 채널러였을 것이다. 헬렌은 예수가 그녀를 통해 의사를 분명하게 전달하는 동안에 자신의 의식을 전환할 필요가 없었다는 점에서 정말로 독특했다. 하지만 헬렌의 의식적인 마음은 예수가 자신에게 불러주는 말들을 '보고' 자기만의 속기 방식으로 받아 적는 일에 주의가 뺏겼다. 하지만 이 같은 사실은 알려지지 않았고 헬렌이 다른 채널러들처럼 예수의 음성을 단지 '듣기'만 한 것으로 알려졌기 때문에, 그 이후로 자신들의 의식적 마음이 걸러내고 있는 정보의 양은 짐작도 못한 채 예수를 채널링하고 있다고 주장하는 모방 채널러들이 봇물처럼 쏟아져 나왔다.

헬렌이 예수에게서 받은 정보의 질과 일관성이 다른 메시지들보다 훨씬 나은 이유가 여기에 있다. 다른 채널러들이 종종 자신들도 수업과 '똑같은 것'을 전하고 있다고 생각하고 있지만 그 차이점을 모두 이해하는 경우는 드물고, 또 자신들이 개인적으로 믿고 있는 정보도 포함시킴으로써 메시지에서 얼마나 벗어나고 있는지도 이해하지 못한다. 그런데도 그들 중 많은 이들은 자기 식대로 수업을 만들고는 자신이 〈기적수업〉을 개선했다고, 혹은 그것이 수업의 연장延長이라고 주장했다. 하지만 사실을 말하자면, 그들 자신을 위해서라도 또 다른 수업을 만드는 것보다 본래의 수업을 배우는 것이 훨씬 나았을 것이다.

그들은 왜 자신들이 채널링하는 정보가 자신들의 에고에 의해 걸러지고 있다는 걸 모르고 진품을 마다하는 걸까?

다시 정리하자면, 지난 몇 년 동안 나는 고대 이집트 파라오 가문의 한 구성원으로 살았던 생애뿐만 아니라 성 도마로 불리던 유다 디디모스 도마의 생애도 생생하게 떠올릴 수 있었다. 또 전에도 말했듯이, 나는 '위대한 태양'이라는 특출한 교사를 알고 지냈던 카호키아 출신 아메리카 원주민의 생애와, 미국 독립선언서에 서명한 로저 셔먼Roger Sherman의 생애, 그리고 알라모 전투에서 사망한 오하이오 출신의 윌리엄 해리슨William Harrison이라는 남자의 생애와, 내 스승들 중 하나로 살게 될 미래의 생애도 경험했다. 물론 이것 말고 다른 생애들의 기억도 많이 떠올랐다. 몇몇 경우를 제외하고는 아직도 당시에 내가 누구였는지, 혹은 내가 알았던 사람들이 누구인지를 확인하지는 못했지만 말이다.

어느 화요일 이른 오후에 나는 내 승천한 친구들을 다시 만났다. 가끔은 그들이 올 것 같다는 직감이 들기도 하지만 대개는 그들이 언제 방문할지를 전혀 예측할 수 없었다. 때로 그들은 자신들이 말한 내용을 내가 일상 속에서 통합시키고 적용할 시간을 주기 위해 몇 달씩 나타나지 않는 경우도 있었다. 퍼사가 먼저 이야기를 시작했다.

퍼사: 안녕, 개리. 요즘 어떻게 지내요?

개리: 나쁘진 않아요. 레이크 찰스Lake Charles에서 좋은 시간을 보냈죠. 내가 거기에 방문한 걸 사람들이 정말로 고마워하더군요! 강연자들이 거기까지는 잘 안 가고 다들 휴스턴Houston이나 뉴올리언스New Orleans로만 가니까요. 물론 나도 뉴올리언스의 프렌치 쿼터*를 확인하러 가긴 갔어요. 태풍

카트리나가 쓸고 지나간 뉴올리언스는 슬픈 분위기더군요. 많은 사람들이 거길 떠났고요. 모든 사람들이 신께서 파괴할 거라고 생각했던 구역인 버번Bourbon 가街는 홍수가 근처에 가지도 않았지만요. 예전에 프랑스인들이 영리하게도 그곳을 해수면보다 6미터 정도 높게 건설했기 때문이죠. 어쨌든 시간이 많지는 않았지만 거기에 들러 좋은 식당에도 가볼 기회가 있었답니다.

그리고 캐나다 몬트리올도 정말 좋았어요. 몬트리올 구舊 시가지를 돌아다니면서 다양한 음식을 맛보는 것도 참 좋았지요. 그뿐인가요. 내 책의 프랑스어 판을 출판해준 마크Marc가 워크샵이 끝난 후에 끝내주는 중동 식당에 데려갔는데 무용수들도 훌륭했고, 결국엔 분위기가 달아올라 거기에 있던 대다수 사람들이 일어나 함께 춤까지 췄다니까요. 생판 모르는 언어로 함께 흥얼거리기도 했고요. 여하튼 재미있었어요!

퍼사: 시간이라는 환영의 행렬이 지나가는 동안, 우린 당신의 개인적 관계 속으로 좀더 깊숙이 들어가볼 거예요. 그래서 오늘은 좀 색다른 것을 준비해봤는데, 성 도마와 이야기를 해보면 어떻겠어요?

개리: 뭐라고요?

퍼사: 지금 디디무스 도마, 즉 쌍둥이 도마가 당신 앞에 나타나서 이야기할 준비가 되어 있어요. 제이의 십자가형 사건 당시의 모습 그대로 볼 수 있을 거예요. 도마는 당신이 이해할 수 있도록 아람어 대신 영어로 말할 겁니다. 그는 예수와 비슷하게 보일 거예요. 당신도 알다시피 도마와 제이는

● French Quarter: 미국 루이지애나 주 뉴올리언스에 있는 도시. 18세기 초에 프랑스인들에 의해 건설된 거리로, 유럽풍의 분위기가 감도는 곳이다. 두 차례에 걸친 대화재로 최초의 건물이 대부분 불타 소실되었고, 당시의 지배국이었던 스페인에 의해 재건되었다. 2005년 허리케인 카트리나에 의해서는 다른 지역보다 피해를 비교적 덜 입었다. 출처: 두산백과.

너무 닮아서 사람들은 종종 도마를 제이로 오해하곤 했지요.

개리: 맞아요! 나도 그들이 기억나고 둘에 관한 꿈을 꾸기도 했는데 둘이 정말 닮았더라고요.

아턴: 자, 이제 도마를, 말하자면, 실물로(in the flesh) 보게 될 겁니다. 도마에게 무엇이든 물어보세요. 그리고 기억하세요. 불안해하거나 두려워할 것은 아무것도 없다는 것을. 당신은 자신과 이야기하는 것일 뿐이에요. 한때 당신은 도마였고, 퍼사도 될 겁니다. 둘 다 당신을 사랑하고, 당신이 해야 할 일이란 평소대로 자연스럽게 그들을 사랑하기만 하면 됩니다.

개리: 난 퍼사를 사랑하려고 오래전부터 애써왔다구요. 그래도 괜찮아요. 남자 한 명 들여보내세요.

주: 때때로 내 스승들은 나를 정말 많이 놀래주곤 했지만 이번에는 또 달랐다. 말이 끝나기가 무섭게 아턴은 사라지고 퍼사는 완전히 다른 사람으로 변신했다. 그 즉시 나는 그가 내 환시에 나타났던 남자라는 것을 알 수 있었고, 그 남자는 내가 기억하는 제이의 모습과 완전히 똑같지는 않아도 매우 닮아 있었다. 당시 제이의 이름은 이슈아Y'shua였는데 오늘날 대부분의 사람들은 이슈아를 발음할 때 첫음절에 강세를 주곤 하지만 사실 두 번째 음절에 강세를 줘야 한다. 물론 내 스승들은 이슈아를 그냥 제이라고 불렀지만 말이다. 어쨌든 지금 내가 보고 있는 이 남자는 제이가 아니라 도마였다. 제이로 오해받기 쉬워서 디디무스, 즉 쌍둥이라 불렸던 도마. 난 너무 놀라 말문이 막힌 채 넋을 놓고 앉아 있었는데 이내 도마가 먼저 말을 걸어왔다.

도마: 안녕하세요, 형제. 귀신이라도 보는 듯한 표정이군요.

개리: 믿을 수 없어요. 아뇨, 믿을게요. 나는 더 이상 그 무엇에도 놀라지 않지만, 이건 정말 굉장하네요. 당신은 내가 당신과 제이를 봤던 꿈과 환시 속의 모습 그대로네요.

도마: 그럼 뭘 기대했나요, 사칭남 씨?●

개리: 아뇨. 그런 뜻으로 말한 게 아니었어요. 한 가지만 우선 말씀해주세요. 당신은 어디서 온 거죠? 항상 이 점이 명확하지 않았거든요. 심지어는 아턴과 퍼사가 나타나는 것도 그래요.

도마: 방금 당신은 퍼사가 나로 변신하는 모습을 지켜봤는데, 이런 식으로 생각해봐요. 퍼사가 미래로부터 당신 앞에 나타나는 것이 아니듯이 나역시 과거로부터 당신 앞에 나타난 것이 아니에요. 나는 이 시스템의 완전히 바깥으로부터, 시공간을 완전히 벗어난 곳으로부터 당신 앞에 나타나고 있는 거예요. 지금 나는 성령의 한 현현입니다. 퍼사는 지금으로부터 대략 백 년 뒤에 깨달았어요. 깨닫고 나서 최종적으로 몸을 내려놓고 나면, 당신은 신이나 제이나 성령과 조금도 다르지 않습니다. 영의 수준에서는 다 똑같은 것입니다. 이런저런 구분은 환영 속에서만 의미가 있을 뿐인데, 천국에는 환영이 없지요.

개리: 환영을 인정하지 않는다면 여기엔 어떻게 나타날 수 있는 거죠?

도마: 훌륭한 질문이에요. 엄밀히 따지자면, 나 도마는 여기에 나타나고 있는 게 아니에요.

개리: 에이, 그러지 마세요. 지금 이렇게 내 눈앞에 있잖아요.

도마: 사실 지금 당신이 보고 있는 모습은, 당신이 받아들이고 이해할 수 있는 방식으로 당신의 꿈속에 나타난 성령이에요. 성령은 당신의 환영

● 개리가 도마를 사칭하고 다닌다고 놀리는 말임.

을 인정해요. 그것을 믿지는 않고 말이죠. 그리고 성령은 그때그때 당신에게 가장 잘 먹힐 방식으로 나타납니다. 성령은 신과 마찬가지로 사랑입니다. 완벽한 사랑입니다. 하지만 이 사랑은 당신 앞에 나타날 땐 어떤 형체로 나타납니다. 그것이 당신이 그 사랑에 귀를 기울일 수 있는 유일한 방식이기 때문이죠. 전에 아턴과 퍼사랑 성령의 실재성에 관해 이야기했던 내용을 기억하나요?

개리: 물론이죠. 그들은 수업의 이 구절을 인용했었죠. **"성령의 음성은 신을 대변하는 음성**(the Voice for God)**이며, 그러므로 형태를 지녔다. 이 형태가 성령의 실재는 아니다."**(CL89/C-6.1:4-5)

도마: 네, 성령의 실체는 영이며, 영은 곧 사랑입니다. 모든 것을 품어 안고 있는 진정한 사랑이죠.

개리: 그래서 당신은 어느 쪽인가요? 사랑인가요, 도마인가요?

도마: 사랑입니다. 누구든지 그 생의 삶이 끝나고 나면, 깨달았든 깨닫지 못했든 성령의 한 현현으로서 이 꿈속에 나타날 수 있습니다. 하지만 그렇게 나타나는 것은 당신이 아니라 당신의 이미지입니다. 당신의 몸이 세상을 떠나고 나면 당신은 이곳을 벗어난 것이고, 그 형체로는 결코 돌아오지 않습니다. 그 생을 복습하기 위한 목적이 아니라면 말이죠.

개리: 복습이라고요?

도마: 네. 돌아와서 똑같은 생애를 반복하는 일은 가능해요. 만약 당신이 자신의 과제를 이전보다 더 잘 배우면 시간의 차원을 변화시켜서 다른 결과를 경험하게 될 수도 있습니다. 아턴과 퍼사가 말했듯이, 물론 당신이 각본을 실제로 바꾸는 것은 아닙니다. 전에 봤던 각본의 차원과 다른 차원을 보는 것이 가능해지는 것일 뿐이지요.

개리: 저도 그런 경험엔 익숙해요. 물론 대개는 그런 일이 일어나더라도

자신이 시간의 차원을 바꿨다는 것을 깨닫지 못하지만요. 그냥 다르게 느껴질 뿐이죠. 어떤 상황이 바뀐 것 같기도 하고, 당신이 아는 어떤 사람이 달라진 것 같기도 하고, 어쩌면 상황이 좀더 쉬워진 것처럼 보일 수도 있고요.

2천 년 전에 당신이 제이와 함께한 시간에 대해 이야기하고 싶어요. 하지만 그 전에 따로 물어보고 싶은 게 하나 있는데요, 분할된 마음조각들 (splits)에 대해 이야기를 들은 적이 있어요. 그러니까 어떤 전생의 기억을 가진 사람이 둘 이상일 수 있다는 거 말이에요.

도마: 맞아요. 정의에 따르면, 그럴 수밖에 없어요.

개리: 왜요?

도마: 현미경으로 들여다볼 때 세포가 분열하는 것처럼 마음도 분열하고 있다는 개념 기억나요?

**마음은 상징적인
형태로 나타나지요.**

개리: 물론요. 그저 하염없이 계속 분열하지요. 그래서 아담과 이브의 이야기처럼 처음에는 두 사람으로 시작하지만 5천 년이 지나고 나면 60억 명이 되어있지요. 환생이 가능한 것처럼 보일 수 있는 유일한 방법은, 자신이 여기에 있다고 생각하는 한 존재(one being)가 계속 분열하는 것뿐이에요. 그러면 외관상 분리된 각각의 마음들은 — 많은 이들이 이것을 영혼이라고 부르지요 — 모종의 몸(body)으로 이 세상이나 우주에 나타나는 듯이 보이는 것입니다. 그것이 사람의 몸이 될 수도 있지만 꼭 그래야만 하는 건 아니에요. 몸은 그냥 몸일 뿐입니다. 경계나 한계가 있는 것은 뭐든 다 몸입니다. 심지어는 피아노도 몸이에요. 마음은 분리라는 도구를 통해서, 또 분리의 생각을 투사함으로써 이런저런 상징적인 형태로 나타나지요.

도마: 아주 좋아요. 그런데 잠시 생각해봐요. 만약 마음이 계속 분열한

다면 어느 지점에서는 동일한 마음 조각 — 물론 분리된 개체처럼 '보이기만' 할 뿐인 — 에서 분할되어 나온 사람들이 여럿 있게 됩니다! 즉, 한때 같은 마음 조각에서 분할되어 나온 사람들은 모두가 그 생의 동일한 기억을 갖게 된다는 얘기죠. 물론 이것은 환영인 단선적單線的인 설명입니다. 사실은 모든 일이 동시에 일어났지만, 마치 당신이 지금 뭘 하고 있는 것처럼 보이고 느껴지지요. 어쨌든 시간선 위에서 보면 동일한 전생의 기억을 여러 사람이 가질 수 있습니다.

개리: 그렇다면 자기가 2천 년 전에 바울 사도였고 그 생애를 기억한다고 주장하는 사람이 둘이 있다고 하더라도 둘 다 사실일 가능성도 있는 거군요?

도마: 네, 물론이죠. 이건 당신에게도 적용됩니다. 2천 년 전에 도마 사도였고, 지금 그 기억을 가지고 이 행성에서 살고 있는 사람이 딱 한 명만은 아니란 얘기죠.

개리: 그건 기분이 묘한데요. 한때 나였던 마음이 분열해서 똑같은 기억을 간직한 다른 누군가가 저 바깥에 있다는 거잖아요!

도마: 으스스한 생각이죠. 하지만 당신들은 지금도 똑같은 마음을 갖고 있어요. 분리의 꿈을 꾸고 있기 때문에 그렇게 보이지 않을 뿐이죠. 자, 이 이야기는 여기까지 하고, 제이에 대해서는 뭐가 궁금했나요?

개리: 내 기억이나 꿈이나 환시에서 봤던 것이 정확한지 알고 싶어요. 예를 들면, 환시 상태에서 제이가 마리아 막달레나와 결혼하는 모습을 봤는데, 마리아는 참 아름답더군요.

주: 《다빈치 코드》에서도 제이가 마리아 막달레나와 결혼했다고 말하고 있는데 《우주가 사라지다》가 이 생각에 동의한 것이라고 생각하는

독자들이 좀 있다. 하지만 사실을 말하자면, 《우사》 초판과 《다빈치 코드》는 2003년 봄에 동시에 나왔기 때문에 서로 베꼈을 가능성은 없다.

도마: 마리아는 아름다운 정도가 아니에요. 마리아는 깨달았어요. 마리아는 제이와 똑같았고, 제자들은 여러 가지 이유로 마리아를 시기했죠.

개리: 왜요?

도마: 무엇보다, 제이는 내놓고 마리아와 입을 맞추곤 했는데, 그것이 우리 중 몇몇 사람들의 심기를 불편하게 했죠. 그런 행동은 당시에는 흔한 일이 아니었거든요. 둘째로, 마리아는 제이처럼 깨달았지만 우리는 깨닫지 못했거든요. 게다가, 마리아는 위대한 교사였어요. 당시 나는 제이의 말을 받아 적었기 때문에 대부분의 사람들보다 가르침을 잘 이해하긴 했지만, 사람들 앞에 서서 이야기하는 것은 정말 원치 않았어요. 이번 생의 당신에게도 똑같이 사람들 앞에서 말하기를 꺼리는 성향이 있었지만 당신은 용서를 통해서 그걸 극복했죠. 그 부분이 존경스러워요. 그런데 마리아는 그저 말 잘하는 사람으로 그치지 않았어요. 마리아는 영적 천재였죠.

개리: 그러니까 나는 영적 천재는 아니라는 거죠?

도마: 천재라고까지는 못하겠어요.

개리: 뭐예요, 그럼 내가 바보라는 건가요?

도마: 아니에요. 당신은 한정된 자질을 최대한 잘 활용하고 있다고 할 수 있지요.

개리: 이제 보니 당신에 비하면 아턴은 나쁜 축에도 못 끼는군요.

도마: 그냥 재밌게 놀자구요, 형제! 말했잖아요, 당신을 존경한다고.

개리: 아 참! 최후의 만찬도 기억나나요?

도마: 그럼요.

개리: 분위기가 아주 좋았죠.

도마: 많은 사람들이 최후의 만찬에 대해 모르는 게 있는데, 그날 밤 제자들과 제이와 마리아는 정말 많이 웃었어요. 제이와 마리아는 보통의 평범한 커플처럼 보였죠. 그들은 잘난 척하지도 않았고 가식도 없었어요. 최후의 만찬이라는 유명한 그림이 완벽하지는 않지만 그날 밤 그들의 모습을 잘 보여주고 있긴 해요. 웃음에 대해 말하자면, 다윗의 시편을 보세요. 많은 이들의 장례식 때 그 시편을 낭송하곤 하지만 사실 시편은 죽음과는 아무 상관이 없답니다. 그것은 삶의 한 방식이에요. 두려움 없는 삶의 방식에 관한 것이죠. 당신은 시편에서 죽음을 웃어넘기는 법을 배울 수 있을 거예요. 제이와 마리아는 둘 다 성서의 그 부분을 아주 좋아했지요. **"나 비록 죽음의 그늘이 드리워진 골짜기를 지날지라도 당신께서 함께 하시니 그 어떤 악도 두려워하지 않으리라."**(구약성경 시편23:4) 물론이죠!

십자가형 때 로마 병정이 제이의 손목에 못을 박았는데, 제이는 아무런 고통도 느끼지 않았고 아파하는 기색도 없었어요. 그러자 그 병정은 화가 났죠. 병정은 제이에게, 왜 아무런 고통도 느끼지 않는 것이냐고 소리쳤고, 제이는 그를 고요히 바라보면서, 마음에 아무 죄책감이 없으면 고통에 시달릴 수가 없다고 말했죠. 제이에게 고통을 가할 수가 없다는 사실에 분개한 병정은 급기야 제이의 옆구리를 창으로 찔렀어요. 물론 그 일은 그에게도 좋을 것이 하나도 없었고 제이에게도 아무런 영향을 미치지 못했지만요.

십자가에 못 박혀 피를 흘리던 제이는 어느 순간 마리아를 사랑스럽게 바라봤고 마리아도 제이를 바라봤어요. 눈이 마주치자 둘의 얼굴에선 부드러운 미소가 피어났죠. 제이가 죽음을 넘어섰다는 걸 두 사람은 알고 있었어요. 제이의 마음속에서 그는 육신이 아니었거든요. 제이의 본질은 세상에 의해 죽임을 당할 수도, 심지어는 아무런 해도 입을 수가 없었어요! 제이의 본모습은 신과 조금도 다를 바 없는 영이었고, 영원한 무엇이었습니다. 마리아도 제이와 똑같은 것을 경험했고, 그들 내면의 진실을 바꿔놓을 수 있는 사람은 세상에 아무도 없었습니다.

바로 이것이 십자가형의 메시지입니다. 나중에 제이는 수업에서 이렇게 표현하기도 했습니다. **"사랑만을 가르치라, 사랑이 곧 너이니. 만약 십자가를 다른 의미로 해석한다면 그것은 본래 의도했던 평화의 부름이 아니라 공격의 무기로 이용하는 것이다."**(T94/T-6.I.13:2-14:1)

개리: 제이는 그렇게 죽음을 극복했군요. 저도 당신이 말해준 내용 중 일부는 기억이 나요. 일어났던 그대로요. 십자가 사건 후에 제이가 우리 앞에 나타났지요. 당신 말에 따르자면, 그 몸이 다른 몸들과 똑같이 여실히 보이고 생생히 느껴졌을지라도 그건 성령이 제이의 형상으로 나타난 것이라는 거죠? 그리고 당신과 아턴과 퍼사도 나에게 이런 방식으로 나타난 것이고요?

도마: 맞아요. 그런데 당신이 생각해봐야 할 다른 이야기가 있어요.

개리: 나는 항상 제안을 받아들일 자세를 갖추고 있답니다. 귀담아듣지는 않지만 귀를 늘 열고 있긴 하죠.

도마: 당시의 상황을 떠올려 보세요. 제이는 십자가형을 당했고, 우리는 로마군의 수배를 받고 있었어요. 우리들 대부분은, 특히 베드로는 풀이 죽어 있었죠. 다대오와 나까지도 많이 흔들렸고 마리아나 빌립, 스데반 등 다른 몇 명과 마찬가지로 우리 둘도 제이의 메시지를 이해하고 있었지만 그럼에도 당시의 상황은 우리에게 너무나 힘들었죠. 우리에게 과연 믿음이란 게 있는 것일까, 제이는 정말로 죽음을 극복했을까 하는 의문들이 꼬리에 꼬리를 물고 일어났고, 우리 중 그 누구도 밖에 나가서 제이는 죽음을 극복했노라고 외칠 수 있는 상태가 전혀 아니었어요.

이러한 상황을 바탕으로 한 번 생각해보세요. 그 일이 일어나지 않았다면 나를 비롯한 제이의 제자들 모두가 제이가 가르친 것을 전하려고 세상으로 나설 이유가 하나도 없습니다. 십자가형 이후에 제이가 우리 앞에 정말로 나타난 일 말입니다. 제이는 다른 사람들의 몸과 똑같이 여실한 — 아니, 똑같이 실재가 아닌 — 몸으로 우리 앞에 나타났습니다. 제이가 죽음을 극복했다는 것을 의심하는 사람들은 이 점에 대해 깊이 생각해볼 필요가 있어요. 제이가 정말로 부활하지 않았다면 제자들의 태도 변화를 어떻게 설명할 수 있을까요? 그것 말고는 우리가 갑자기 돌변하여 제이의 가르침을 세상에 전파하는 일에 열성적으로 나선 이유를 설명할 방법이 없어요. 물론 죽기 전에 제이가 전한 가르침과 보여준 본보기도 비범하고 영감에 찬 것이긴 했죠. 하지만 성령은 우리가 부활의 증거를 보고 격려받을 준비가 되어 있다는 것을 알았어요. 성령은 가끔씩 당신이 자신의 길을 부단히 가도록 부추기고 격려해주곤 하지요. 우리도 그때 우리에게 필요한 격려를 받은 것이랍니다.

결국 세상은 제이의 영적인 메시지를 종교적인 메시지로 변질시킬 것이었지만, 당시의 우리에게 그 점은 중요하지 않았어요. 당시에는 기독교 같은 것은 없었죠. 우리는 제이가 신께로 돌아갔다는 것을 이해했고 믿었습니다.

개리: 하지만 당신은 의심하는 도마로 묘사됐어요.

도마: 그건 완전 엉터리 같은 이야기예요. 세상의 다른 차원으로부터 눈앞에 나타난 존재를 만져보고 싶어했다는 이유만으로 그를 믿음이 없다고 할 수는 없어요. 그저 호기심만으로도 충분히 그럴 수 있지요. 당신도 퍼사를 만져보길 원하지 않았나요?

개리: 네. 물론 나는 호기심 말고 다른 이유도 있었지만요.

도마: 교회는 나에 관해서 몇 가지 이야기를 지어냈어요. 물론 교회가 한 짓은 그뿐이 아니죠. 마리아는 역사에서 아예 빼버렸고 스데반의 중대한 역할은 별것 아닌 것으로 치부해버렸으며, 다대오에 대해서는 사실상 아무런 언급도 하지 않았죠. 내 경우엔 당시 내가 너무나 잘 알려져 있었기 때문에, 역사에서 나를 완전히 지워버릴 수는 없었어요. 나는 많은 나라를 돌아다녔고, 마드라스Madras라고도 불리는 인도 첸나이Chennai에서 좀 혼란에 빠진 부족장에게 처형당했다는 사실을 아는 사람도 많았어요. 덧붙이자면, 내가 죽은 그곳에는 지금 성 도마 대성당(the Cathedral of San Thome)이 서 있습니다. 그곳의 명칭으로 말이에요.

개리: 당신의 뼈가 거기에 있다는 게 사실인가요?

도마: 네, 그렇지만 그게 곧 나는 아니니까, 그걸 가지고 호들갑을 떨지는 마세요. 중요한 것은 가르침입니다.

개리: 가르침에 대해 이야기가 나왔으니 말인데, 제이가 오늘날 수업에서 가르치고 있는 내용을 2천 년 전에는 어떤 방식으로 가르쳤는지 예를 좀 들어주실 수 있나요?

도마: 물론이죠. 원로교사들이 제이에게 "십계명 중에서 어느 계명이 가장 중요한가?"라고 질문했을 때 제이가 한 대답을 보세요. 이 이야기는 신약에도 실려 있고 당시에 나도 그 자리에 있었는데 제이의 대답은 믿기지 않을 만큼 놀라웠습니다. 제이는 원로 교사들의 믿음과 그들의 경전에 아랑곳하지 않은 것은 물론 모세의 율법조차 인정하지 않았어요. 대신 제이는 낡은 계명을 대체할 새로운 두 가지 계명을 그들에게 주었지요!

개리: 제이의 거시기는 컸죠.•

도마: 제이에게는 진실이 있었지요. 제이는 "이 두 계명에 모든 율법과 예언이 달려 있다. 온 가슴과 온 영혼과 온 마음을 다해 너의 주 하나님을 사

랑하라"고 말했고 "너 자신을 사랑하듯 네 이웃을 사랑하라"고 덧붙였죠.

개리: 그 말을 들으니 생각나는 게 있어요. 토마스 제퍼슨은 성서를 자신이 직접 편집했는데 지금은 〈제퍼슨 바이블The Jefferson Bible〉이라 불리죠. 아턴과 퍼사가 예전에 이 책에 대해 말해줬는데, 당시에는 구해보기 힘들었지만 지금은 쉽게 구해볼 수 있게 되었어요. 어쨌든 제퍼슨이 편집한 성서를 보면, 제퍼슨은 모세의 율법을 포함해서 구약은 완전히 무시해 버렸고 신약에서 남겨 놓은 부분도 세상과 인생을 바라보는 법에 관한 내용뿐이었어요. 그런데 그게 제이가 원로 교사들에게 대답했던 것과 정확히 똑같네요!

도마: 상당히 흥미롭죠? 제이의 관심사는 생명이었어요. 진정한 생명, 곧 신의 사랑 말이에요. 이 생명은 살아 있고, 그래서 제이는 당시 교사들에게 "신은 죽은 자들의 신이 아니라 살아 있는 자들의 신이다"라고 말한 거예요.

> ❦
> 제이의 관심사는
> 생명이었어요.
> 진정한 생명, 곧 신의
> 사랑 말이에요.

개리, 신의 품속 말고는 진정한 생명이란 없어요. 당신이 깨닫고 나면 천국에서 항구적으로 경험할 그 생명은 영원한 생명이어서, 대립쌍이 없습니다. 심지어는 이곳에서 몸 안에 있는 듯이 보이는 동안에도 진정한 생명을 가끔씩 경험할 수 있죠. 하지만 결국은 당신으로 하여금 에고를 지워 신의 집으로 돌아갈 수 있게 해줄 참된 용서를 통해서만 항구히 생명으로 돌아갈 수 있어요. 그 방법을 가르쳐주지 않는 영성의 길은 길고도 긴 시간이

- "He had big ones." — big ones는 낡은 계명(the old ones)을 대체할 새로운 두 계명(two new Commandments)을 가리키는 동시에 음낭을 암시한다.

소요되지요. 하지만 에고를 지우고 나면, 생명의 외관상의 대립쌍은 죽음이지만 죽음이란 한갓 환영 속에서 펼쳐지는 하나의 신념에 불과하다는 것을 알게 될 겁니다.

그리고 도마복음은 내가 제이의 말을 받아 적은 기록 중의 일부분에 불과하다는 점도 알아야 합니다. 나그함마디^{Nag Hammadi}에서 발견된 도마복음이 원본이 아니라는 것은 당신도 이미 알고 있죠. 거기에는 3백 년이란 시간 동안 온갖 것들이 덧붙여졌어요. 그래서 퍼사가 당신의 두 번째 책에서 정확한 내용의 도마복음을 알려준 거예요. 오류로 물든 44개의 구절은 생략하고 몇 개의 구절은 편집하고, 둘을 하나로 합친 구절도 있었지요. 퍼사의 도마복음은 나그함마디 판보다 의미가 훨씬 더 잘 통합니다. 나그함마디 판에는 종종 명백히 모순되는 구절들이 있는 반면, 퍼사의 도마복음은 내용이 일관되거든요. 일관된 퍼사의 도마복음을 보면 제이의 가르침이 변하지 않았다는 것을 알 수 있습니다. 당신은 수업의 음성이 2천 년 전에 우리 문화권을 가르쳤던 그대로라는 것을 이해하기 시작할 것입니다.

내가 제이의 말을 받아적은 기록의 대부분은 결국 교회에 의해 파괴되었어요. 하지만 다른 복음들에도 제이가 실제로 말한 내용이 실려 있긴 합니다. 일단 수업을 공부하고 나면 복음의 어느 구절이 제이의 말인지 아닌지를 직접 분간해낼 수 있을 거예요. 당신의 마음속에 영^(Spirit)을 더욱 품을수록 어느 것이 영으로부터 온 것이고 어느 것이 에고로부터 온 것인지를 더 잘 식별할 수 있게 되는 거죠.

그 생애에서 내가 배웠던 가장 큰 용서의 과제 두 개를 이야기해주고 싶어요. 대부분의 생에는 힘든 용서의 과제들이 두어 개 정도 있지요. 기적에는 난이도가 없다는 것을 배웠다 하더라도 그런 과제들은 여전히 버겁답니다. 자신의 감정에 면역이 된 것처럼 굴어서는 안 됩니다. 자신의 느낌을 경험하고, 용서를 실천하세요. 그러면 이내 평화의 느낌이 찾아올 겁니다.

나에게 가장 힘들었던 교훈 중 한 가지는 이사아Isaah라는 아름답고 똑똑한 여자와 사랑에 빠졌을 때 벌어진 일이었어요. 형상의 차원에서 우리는 한 가지만 빼면 서로 그야말로 천생연분이었죠. 그 한 가지란 이사아가 아랍인이었다는 거예요. 당시의 그 지역에서는 유대인 남자와 아랍인 여자가 연애하는 것은 문화적인 금기였거든요. 사실 우리가 결혼하는 데는 이사아 쪽보다는 내 쪽의 문제가 더 컸어요. 이사아는 가까운 친척이 아무도 없었거든요. 하지만 난 반대를 무릅쓰고 이사아와 결혼했답니다.

이사아와 함께 있는 것은 즐거웠어요. 이사아는 빼어난 벨리댄서여서, 그녀는 그것으로 나를 유혹하곤 했죠. 당신이 이런 쪽에 지대한 관심을 갖는 이유도 이 생애의 기억 때문이에요. 이사아는 유머감각도 풍부했는데, 그것은 그녀가 영적으로 진보해 있었음을 보여주는 멋진 지표지요. 어쨌든 나는 예수의 고향이자 다대오와 나의 고향이기도 한 나자렛에서는 환영받았어요. 다대오와 나는 서로 절친이었고, 우리 둘은 동시에 제이를 따르기 시작했죠. 제이를 뒤늦게 알게 된 이사아도 제이의 가르침에 푹 빠졌고요. 당시 우린 마리아도 알고 있었고 이사아도 마리아와 친구가 되어서, 우리 다섯은 가끔씩 함께 모여서 웃고 떠들며 놀았답니다.

우리는 이렇게 오랜 시간 제이와 마리아와 어울리면서 그들의 설명을 더 자세히 들을 수 있었기 때문에 그들의 가르침을 다른 사람들보다 깊은 수준에서 이해할 수 있었던 것이기도 해요. 다대오와 이사아와 나, 우리 셋은 서로 함께 있게 된 것을 정말 다행으로 느꼈어요. 우리는 특별한 관계 그 이상이었죠. 서로 상대방이 누구인지를 진정으로 이해했으니까요. 물론 제이와 마리아도 서로 간의 특별한 관계를 누릴 수 있었어요. 그 둘은 보통의 연인들처럼 서로의 몸을 사랑하기도 했고 밖에 나가 좋은 시간을 보내기도 했지만 중요한 건 그게 아니라 그들은 상대가 진정 누구인지를 알았다는 것입니다.

개리: 그러니까 어느 지점에서 그들은 상대의 몸을 넘겨 보고 상대를 어떤 일부분이 아니라 전체로 여겼다는 거군요. 그러니까 서로를 완전히 죄없이 순수하고 신과 완전히 똑같은 것으로 여겼다는 거죠?

도마: 정확해요. 그들은 그럼으로써 자신의 신성에 가닿은 거예요. 서로에게서, 만나는 모든 이 안에서 그 신성을 바라봄으로써 말이죠. 다대오와 이사아와 나는 그 생애에서 이 목표를 향해 엄청난 진보를 이뤘어요. 시종일관 그렇게 하진 못했지만요.

이사아와 나는 유대-아랍 커플이라는 이유로 지역사회에서 배척당해서 결혼식에도 초대받지 못했어요. 나를 초대하면 이사아를 데려올 게 뻔했으니까요. 당시에는 그것이 큰 문제였어요. 결혼은 중요한 문화적 행사였거든요. 사람들은 오랫동안 보지 못한 친척들을 만나기 위해서 수백 킬로미터의 거리도 마다치 않고 달려와 결혼식에 참석했고, 때로는 그 자리에서 처음 만나는 가족도 있었죠. 이렇게 중요한 결혼식에 초대받지 못한다는 건 사실상 유대인 사회와 가족에게서 추방을 당했다는 뜻이었어요. 이 일은 나를 계속 가슴 아프게 했고 제이가 십자가형을 당한 후에야 겨우 용서할 수 있었죠. 나는 제이가 그런 일을 겪으면서도 자신의 가르침을 삶 속에서 실천해내는 것을 봤기 때문에, 제이가 나를 보고 웃으면서 "뭣 때문에 그렇게 속상해해?"라고 말하는 모습이 눈앞에 선했어요.

그나마 제이가 살아 있는 동안에는 우리 다섯, 즉 두 커플과 다대오가 서로 친하게 지내면서 서로를 지지해주어서 사는 게 훨씬 수월했어요. 빌립과 스데반하고도 가깝게 지냈고요. 이 친구들 덕분에 이사아와 나는 외로움을 느끼진 않았죠.

개리: 다대오는 결혼한 적이 있나요?

도마: 나중에 다대오에게 직접 물어보세요. 다대오도 곧 보게 될 거예요.

개리: 하나님 맙소사.

도마: 준비가 되면 당신은 신과 하나가 될 거예요. 물론 사실을 말하자면 당신은 이미 거기에 있지만요. 애초에 떠난 적도 없습니다. 다시 내 얘기로 돌아와서, 나의 또 다른 용서의 과제는 베드로Peter와, 제이의 형제였던 야고보James가 답답하리만치 이해를 못했다는 거예요. 그들이 언젠가는 이해할 거라고 항상 생각했지만 결국 그러지 못했죠. 그리고 나는 사울Saul, 즉 바울Paul 사도는 아예 만나본 적도 없어요. 바울은 야고보와 베드로가 그 지역에서 작은 교회를 시작하고, 다른 지역에서도 몇몇 교회를 시작하고 나서 뒤늦게 등장했거든요. 야고보와 베드로도 처음에는 바울을 믿지 않았어요. 바울이 제이를 만나본 적 없다는 게 주된 이유였죠. 하지만 바울이 그들 교회에 보낸 아름답고 영감적인 편지 두 통을 읽고 나서는 바울에 대한 마음이 바뀌었어요. 바울은 대중의 비위를 맞추는 법을 정확히 알고 있었고, 교회들은 고통과 희생이라는 관점을 아주 좋아했죠. 게다가 야고보와 베드로도 바울의 신학을 좋아했고, 결국 기독교는 제이의 가르침이 아니라 바울의 신학 위에 세워지게 됐습니다.•

이렇게 해서 달변가였던 바울은 지도자가 되었고, 초대 기독교인들과 후대 기독교인들의 존경을 받게 되었지요. 하지만 아직 이때는 공식적으로 기독교가 세워지기 3백 년 전이고, 무엇을 정경에 넣고 뺄 것인지를 정한 것은 콘스탄티누스와 그의 아내와 그의 자문단이었습니다. 그리고 정경에서 빠진 기록들은 파괴되었지요. 그래서 대부분의 사람들은 내가 기록을

• 성서의 인물명은 개역개정 성경의 표기방식을 따름.

별로 많이 안 남긴 것으로 아는 겁니다.

하지만 잊지 마세요. 역사(history)란 그냥 이야기(story)일 뿐이라는 것을요. 다른 사람들에게 자신이 어떻게 비칠지 걱정하지 마세요. 자신이 어떻게 보일지를 염려한다면 당신은 그것을 실재화하고 있는 것입니다. 왜 항상 남들의 시선에 신경을 쓰는 거죠? 남에게 어떻게 보이는지는 중요하지 않다면 어떻게 하겠어요? 다른 누구의 경험이 아닌 자기 자신의 경험을 경험하세요.

그리고 당신을 부당하게 대하는 것처럼 보이는 사람들을 가리지 말고 용서하세요. 나는 이것을 이사아 때문에 나를 멸시하는 친척들에게서 그것을 배워야 했지요. 그래서 나의 후생인 당신도 당신을 망치려 드는 사람들에게서 그것을, 아주 제대로, 배워야 합니다. 형상의 차원에서 보자면 당신 말이 맞아요. 당신이 제대로 당한 거죠. 래리 목사가 한 말은 옳아요.

주: 어떤 〈기적수업〉 관련 저자(나를 망치려는 몇몇 시도를 선동했던 사람)가 2007년 샌프란시스코에서 열릴 〈기적수업〉 강연회에서 내게 발언권이 주어지면 불참하겠다고 위협했을 때, 강연회의 후원자 중 하나였던 래리 베디니 목사Rev. Larry Bedini는 나에게 "그들이 하려는 일은 옳지 못한 일이에요, 개리"라고 말했다.

도마: 하지만 그 상황은 당신이 제이처럼 되기를 배워야 하는 장입니다. 제이가 자신의 최신의 가르침에서 말한 내용을 기억하세요. 이 최신의 가르침은 2천 년 전의 가르침과 형태까지 모두 똑같지는 않을지언정 내용만큼은 변함없습니다. 그는 수업에서 이렇게 말합니다. **"부당한 대우를 받았다고 여기고(perceive) 싶은 유혹을 경계하라. 이런 관점에서는 너는 성부와 성**

자의 결백이 아니라 자신의 결백만을 구하여, 다른 누군가에게 죄의 책임을 들씌워 그 대가로 지불하려 한다. 너의 죄책을 다른 사람에게 떠넘김으로 결백을 살 수가 있단 말인가?"(T563/T-26.X.4:1-3)

여기서 '그들의 것(Theirs)' •이라는 단어의 첫 글자는 대문자 T로 표시되었는데, 그들의 본모습은 베일 너머에 있는 죄 없이 순수한 영(Spirit)이기 때문이죠. 하지만 자신이 부당한 처우를 받고 있다고 인식한다면 당신은 그 모든 것을 실재화하고 있는 것이고, 그것은 당신 마음속에서 죄책감에 물든

> 자신이 부당한 대우를 받고 있다고 여긴다면 당신은 그 모든 것을 실재화하고 있는 것입니다.

에고의 일대 사고체계를 만들어내지요. 자신의 죄 없는 순수성을 찾아낼 수 있는 유일한 방법은 그 일이 실재가 아니라는 점을 이해하고 다른 이들이 실제로는 하지 않은 바에 대해 그들을 용서하는 것밖에 없습니다. 그 일은 결코 일어난 적이 없기 때문에 당신은 그들을 순수하고 죄 없는 것으로 여길 수 있습니다. 이렇게 해야만 나도 죄 없이 순수해질 수 있다는 걸 결코 잊지 마세요. 이것이 유일한 탈출구입니다.

내가 이것을 내 친족과 이웃들로부터 배웠듯이, 당신도 당신에게 자신의 무의식적 죄책감을 투사하고 있는 사람들로부터 배울 수 있어요. 물론 나에게는 그것 말고도 배워야 할 다른 과제들이 있었고 당신도 마찬가지입니다. 하지만 나는 그때 상당히 많이 발전했고, 당신도 상당히 많이 발전하고 있어요. 게다가 이제 당신은 한 번만 더 하면 돼요!

개리: 혹시 이번 생에 용서를 정말로 열심히 해서, 마지막인 퍼사의 생

• 전체 글의 문맥상 원문의 Theirs를 '성부와 성자의 결백'으로 옮겼음.

을 복습하러 돌아올 필요가 없어지는 것도 가능할까요?

도마: 좋은 질문이에요. 집에 가고 싶어하는 당신의 마음이 엿보이네요. 엄밀히 말하자면 그것도 가능합니다. 당신에게 남아 있는 한 가지 힘이 있는데 그 힘이란, 당신이 원한다면 언제든지 에고가 갈망하는 죄책감을 투사하는 대신 성령의 참된 용서를 선택할 수 있는 자유의지입니다. 하지만 에고의 각본을 지우는 성령의 각본은 당신이 한 번 더 여기에 올 것을 요구합니다. 거기에 있게 된 듯이 보일 사람이 당신 하나만이 아닐 거라는 점을 기억하세요. 당신은 다른 사람들에게 긍정적인 영향을 미칠 것이고, 그것은 그들이 용서를 실천하여 집으로 돌아가는 여행이 가속되도록 도울 것입니다. 모든 것이 다 연결되어 있어요.

개리: 그래도 상관없어요. 최소한 난 섹시한 아가씨가 될 테니까요. 그건 재미있겠어요.

도마: 당신이 어떤 모습인 것처럼 보이더라도 그 모습을 실재화하지는 마세요. 실재화하기를 거부하기만 하면 당신은 옆길로 새는 일 없이 제 길을 갈 겁니다. 수업을 놓고 타협하지 마세요. 이제껏 잘해 왔듯이 앞으로도 계속 그렇게 하세요.

기독교는 제이를 왜곡해왔어요. 신약을 보면 제이의 최후의 말 중 하나가 "아버지, 아버지, 어찌 저를 버리시나이까?"였다고 되어 있는데, 제이는 결코 그렇게 말하지 않았어요. 구약의 시편을 보면 22장 시작 부분에서 "나의 하나님, 나의 하나님, 어찌 저를 버리시나이까?"라는 구절을 찾아볼 수 있는데, 이것은 신약의 기록자가 제이를 신의 독생자인 것처럼 보이게 하려고 했을 뿐만 아니라 낡은 가르침을 제이에게 덮어씌우려고까지 했다는 것을 보여주는 좋은 예입니다. 유대교와 이제 갓 움트는 신흥종교를 엮어보려고 했던 것이죠. 거기에 넘어가지 마세요.

십자가 사건 후, 나는 다대오, 이사아와 함께 여행을 많이 다녔어요. 이집트와 시리아, 그리스와 페르시아에도 갔고 결국 인도까지 가게 됐죠. 그리고 인도를 돌아다니다가 만난 한 부족장에게 처형을 당했어요. 그 사람 기준에서 보자면 서쪽에서 온 우리가 말도 안 되는 생각을 퍼뜨리는 것을 두고 볼 수가 없었던 거죠.

참수형을 집행할 때, 일을 제대로 할 줄 아는 사형집행인은 칼날을 날카롭게 잘 벼려서 단칼에 목을 자르죠. 내 경우가 그랬어요. 그렇게 몸에서 떨어져 나간 머리는 1~2분 동안은 살아 있어요. 그러면 당신은 실제로 볼 수도 있고 생각할 수도 있는데, 그때 내가 무슨 생각을 했을 것 같아요?

개리: 글쎄요. 어떻게 해야 이 상황에서 벗어날 수 있을까?

도마: 아뇨. 나는 제이를 생각했어요. 제이는 십자가형이 있기 2년 전에 나에게, 내가 여기를 떠날 때가 되면 나와 함께 있겠노라고 약속했었는데, 제이는 과연 약속을 지켰죠. 제이는 내게로 걸어왔어요. 그다음에 나는 몸을 떠났지요. 나는 제이가 이끄는 대로 생과 생 사이에 있는, 내가 가야 할 다음 장소로 즐겁게 따라갔답니다.

비단 나뿐만 아니라 제이는 누구를 위해서라도 기꺼이 와줄 거예요. 그저 청하기만 하면 돼요. 명심하세요. 제이와 성령은 하나여서 동일하고, 수업은 **"성령은 네 미미한 초대에도 전적으로 응하리라"**(T90/T-5.Ⅶ.6:6)고 말합니다.

그래도 참수형을 당하는 것은 나의 가장 큰 용서 과제였어요. 나는 당시 그 자리에 함께 있었던 이사아가 이 일을 겪을 준비가 되지 않았다는 것을 일이 일어나기 몇 분 전에 알았어요. 그때 이사아는 완전히 제정신이 아닌 상태에서 그 광경을 고스란히 지켜봐야만 했죠. 다행히 내가 참수당하는 순간 다대오가 이사아의 머리를 돌려줘서 이사아가 그 광경을 보지는 못했어요.

개리: 순간적으로 잘 대처했네요. 그 얘길 듣다 보니 내 어머니의 첫 남편이 사고로 돌아가셨을 때 현장에 있던 사람이 해준 끔찍한 이야기가 떠오르네요. 그날 어머니의 첫 남편은 자기 사업의 건설현장에 있었는데, 레킹 볼*이 제대로 작동되지 않았대요. 하필 그가 애지중지하던 픽업트럭이 그 밑에 있었고요. 트럭이 다칠까봐 거기서 빼내려고 그가 운전석에 올라탄 순간, 그만 레킹 볼이 풀려서 트럭의 윗부분과 그의 머리를 날려버렸다는 거예요.

충격이 가시기도 전에 장례식이 거행되었고, 어머니에게 위세를 부리던 시부모님이 관 뚜껑을 열고 장례식을 하자고 고집을 부렸대요. 그래서 결국 그렇게 했는데, 어머니가 그에게 마지막 작별 키스를 하는 순간 머리가 떨어져 버렸다지 뭐예요. 말할 것도 없이 어머니는 큰 트라우마를 입었어요.

도마: 물론이겠죠. 그건 에고의 특별 이벤트예요. 몸이 실재하는 것인 양 보이게 만들고, 당신이든 당신 어머니든 누구든 몸에 일어나는 일에 반응하게 만드는 것 모두가요.

상당히 충격적인 사건이었다는 점을 고려한다면, 난 내 죽음을 그 자리에서 상당히 잘 용서했어요. 그렇게 처형되는 것이 내 카르마라는 것을 이해했거든요. 인도에서는 카르마를 바라보는 좋은 방식이 있는데 어떤 일이 자신에게 일어난다면, 그것이 자기 카르마라는 거죠.

게다가, 뒤늦게나마 나는 다른 생에서 내가 그 부족장을 처형한 적이 있다는 것을 깨달았어요. 이처럼 사람들은 그저 계속 역할을 교대하고 있는 것일 뿐이에요. 그래서 당신을 공격하고 해친 사람들을 진정으로 용서하는

• wrecking ball: 크레인에 매달고 휘둘러서 철거할 건물을 부수는 데 쓰이는 쇳덩이.

것이 당신에게 최선인 겁니다. 그것이 에고의 악순환을 깨고 자유로워지는 길이거든요.

그 생애에서 나는 내 친척들이 이사아와 나를 모욕하고 멸시했던 것을 완전히 용서하지는 못했어요. 처형을 당했을 때 내 나이가 서른여섯밖에 되지 않았던 것도 그 이유 중 하나지만요. 그래서 내 후생인 당신에게도 생의 이런 측면에서 작업해야 할 것들이 아직 남아 있는 겁니다. 물론 형태는 바뀌었지요. 현재 당신을 해하려고 드는 사람은 가족이 아닌 몇몇 수업 저자들인데, 그래서 더더욱 터무니없긴 하지만, 의미만큼은 그대로 남아 있죠. 형제여, 굴하지 말고 홈런을 날리세요.

난 이제 갑니다. 이번 만남에서 나는 용서하는 일을 전반적으로 강조해주고 싶었어요. 이 주제는 아무리 많이, 아무리 자주 강조해도 지나치지 않습니다. 대부분의 사람들이 이 생에서 용서를 하려 들진 않을 테지만, 그렇다고 당신까지 그럴 필요는 없어요. 잘 지내요, 친구. 천국에서 다시 만날게요. 그땐 우리가 결코 서로 떨어진 적이 없다는 것을 알게 될 거예요.

주: 아턴과 퍼사가 나타났다가 사라지는 방식과 똑같이 도마도 순식간에 사라졌다. 도마가 사라지는 순간 내 스승들이 도마가 있던 자리에 다시 나타났다.

개리: 와우! 내 머리를 어지럽히는 일에 세계신기록이라도 세우려는 건가요? 아, 내 머리가 아니라 내 마음요.

아턴: 지난 꿈의 자신의 환생을 만나는 맛을 제대로 봤군요. 이번엔 당시에 나였던 사람과 이야기를 할 수 있게 해줄까 하는데요.

개리: 도마가 말해주긴 했지만 그게 오늘이 될 줄은 몰랐네요. 쉴 틈을

좀 달라고요!

주: 순간 아턴은 완전히 다른 사람으로 변했고 퍼사는 사라졌다. 나는 아턴 대신 서 있는 그가 내가 환시에서 본 사람임을 즉시 알아볼 수 있었다. 그 사람은 육중한 체구에 검은색 장발과 턱수염이 눈에 띄었다. 그는 또 튜닉*을 입고 있었는데 당시 사람들의 옷차림으로 내가 기억하고 있는 대로의 모습이었다. 아까 도마도 똑같은 옷차림이었지만 그때는 얼굴에 정신이 팔려서 거의 알아차리지 못했었다. 이 새 방문자는 생기발랄하게 웃고 있는 것이 도마보다 덜 심각해 보였다.

다대오: 친구여, 나 기억하나요?

개리: 물론이죠. 오랜만이에요. 도마처럼 나의 이 여정을 도와주려고 온 거 맞죠?

다대오: 하필이면 쉬는 날에 일거리를 주네요. 도마는 당신에게 제이의 시대에 자신이 겪었던 가장 큰 시련, 그러니까 그의 두 가지 과제에 대해 이야기해주었는데, 나도 그럴 참입니다. 그러면 당신이 전체적인 시각에서 상황을 바라보는 데 도움이 될 테니까요. 새로운 경전(new scripture)에서 제이가 당신에게 가르치듯이요. **"시련이란 깨우치지 못한 교훈들이 다시 한 번 주어지는 것일 뿐, 이제 너는 이전에 그릇된 선택을 내렸던 그 자리에서 더 나은 선택을 할 수 있다. 또 그리하여 이전에 택했던 것이 초래한 모든 고통에서**

• tunic: 튜닉이란 라틴어의 '속옷'을 의미하는 튜니카(tunica)에서 파생된 말이라고 한다. 원래는 그리스, 로마 시대에 착용된 소매 달린, 혹은 소매가 없는 통자이며 길이는 무릎 정도로 장식이 거의 없는 느슨한 의복을 말하는 것으로써, 속옷 또는 겉옷, 평상복으로 이용되었다. (패션전문자료사전, 1997.8.25, 한국사전연구사)

벗어날 수 있다."(T666/T-31.VIII.3:1) 이것은 당신의 현생은 물론이고 다른 모든 생에도 적용되는 말입니다.

개리: 그렇군요. 아직 내가 배우지 못한 것을 찾아내는 일은 언제나 즐겁답니다.

다대오: 결국에는 내가 다 배운 것처럼 당신도 당신의 과제들을 다 배울 겁니다. 당신은 이미 거의 다 배웠지만 영적으로 진보한 다른 많은 학생들과 마찬가지로 당신도 이전보다 나은 선택을 내려야 할 큰일이 한두 가지 남아 있답니다.

개리: 그러면 제이의 제자로 지내는 동안, 혹은 십자가형 이후에 당신에게 주어진 가장 큰 과제는 무엇이었나요?

다대오: 우선, 아까 도마에게 내가 결혼했었냐고 물었죠. 사실 난 게이 gay였습니다. 하지만 그것 때문에 죄책감을 느끼지는 않았어요. 나는 소풍 도시락처럼 명랑한(gay) 사람이었고, 그 점이 자랑스러웠으니까요. 그런데 딱 두 가지 문제가 있었어요. 한 가지는, 내가 랍비였다는 겁니다. 사실 나는 선창자(cantor)였어요. 노래를 잘 불러서 회당에서도 부르곤 했죠. 사람들은 나를 좋아했고, 나와 결혼하고 싶어하는 여자들도 줄을 섰답니다. 물론 내가 그런 일에 관심을 보여서 그랬던 건 아니지만요.

그러니까 나는 노래하는 랍비였던 겁니다. 당신이 어릴 적에 보았던 유명한 노래하는 수녀처럼 말이에요. 사람들은 내가 좋은 랍비가 되어서 결혼을 하고 자손을 번성시키기를 기대했어요. 그게 제이를 포함해서 랍비들에게 요구되는 일이었거든요. 물론 제이는 자손을 번성시키진 않았지만요. 그런데 문제는 그것만이 아니었어요. 나는 랍비로서 성서와 신의 율법을 가르쳤었는데, 율법 중 하나가 뭔지 아세요? 레위기에 있는 보석 같은 구절 있잖아요.

개리: 마법사와 간통을 범한 자와 영매와 동성애자는 죽여야 한다는 부분을 말하는 거죠?

다대오: 죽이죠? 나는 내가 게이라는 사실에는 관계하지 않았지만 죽음에는 괜찮지 않았어요. 그건 나에겐 공포였죠. 큰 과제였습니다. 발각이라도 되는 날에는 내 인생이 갈갈이 찢기는 것을 넘어서 아예 끝장날 수도 있다는 걸 알면서도 내 할 일을 잘 해나가야 하는 상황을 용서하기가 쉽지 않았어요.

개리: 정말로 힘든 과제였겠네요. 아까 도마가, 당신들 다섯이 친구가 되어서 서로 힘이 되어주었다고 하던데, 그것이 당신이 어려운 시기를 헤쳐나가는 데도 큰 힘이 됐겠네요.

> ❦
> 용서하는 대상을
> 실재화한다면
> 그것은 자신을
> 해방시키는 것이
> 아닙니다.

다대오: 물론이죠. 그리고 제이가 내게 가르쳐준 것 중 하나는, 설령 친구들이 옆에 없더라도 나는 결코 혼자가 아니라는 사실이었어요. 성령이 항상 나와 함께 있다고요. 대부분의 사람들은 방 안에 혼자 있으면 외롭다고 여기죠. 하지만 제이는 나를 그렇게 되지 않게 잘 가르쳐주었어요.

그리고 제이는 내게 용서하는 법도 가르쳐주었죠. 결과가 아니라 원인의 자리로부터 나오는 용서를요. 이것 또한 아무리 강조해도 지나치지 않아요. 사람들이 저지른 일에 대해 그 사람들을 용서할 수는 없습니다. 이것을 수업에서는 '**파괴를 위한 용서**'(S11/S-2.I.2)라고 하죠. 그런 식의 용서는 시간 낭비일 뿐입니다. 모든 수업 교사들이 사람들에게 용서하라고 가르치지만 정작 효과가 있는 용서의 방식을 가르치지는 않는 교사가 백에 아흔 아홉이에요. 그런 식으로는 에고를 지울 수 없습니다. 용서받는 대상을 도리어 실재화할 뿐이죠. 그들에게는 세상이 실재하지 않는다고 사람들에게 말해줄 배짱이 없어요. 하지만 수업이 그들에게 가르치려고 애쓰듯이, 용서하는 대상을 실재화한다면 — 마음이 작동하는 방식으로 인해서 — 그것은 자신을 해방시키는 것이 아닙니다. 당신은 자신의 무의식적 마음에게 당신이 유죄라고 말하고 있는 거니까요! 수업을 한다고는 하지만 정작 수업을 이해하지 못하고 가르침대로 살지 않는다면, 그는 시간을 엄청나게 낭비하는 것이고, 그렇게 가르치고 있는 자들 또한 마찬가지입니다.

내가 겪고 용서해야 했던 또 다른 큰 과제는, 내 친구가 처형당하는 모습을 지켜보는 것이었어요. 당신도 알다시피 그것은 그저 합법적인 살인이었죠. 그 일을 벌인 부족장은 나에게 고향땅으로 돌아가서, 자기네 나라에 와서 감히 사악한 믿음을 가르치는 자들에게 어떤 일이 벌어졌는지를 전하라고 했어요. 차라리 내가 처형을 당하는 게 나을 것 같았어요. 하지만 이사아가 있었기 때문에 최선을 다해서 이사아를 위로해주었죠. 도마는 처형당한 지 이틀 후 이사아의 꿈속에 찾아와서 말을 건넸어요. 이사아는 그것이 깨어 있을 때의 경험만큼이나 생생했다고 했어요. 이사아는 도마를 만질 수도 느낄 수도 있었다고 합니다. 도마는 이사아에게, 자기는 괜찮으니 그녀도 괜찮아질 거라고 말해주었다는군요. 그 후로 이사아는 달라졌어요. 그것이 내가 이사아에게 해줄 수 있었던 것보다 훨씬 더 큰 위로가 됐어요.

개리: 어이구, 모험의 연속이었군요. 소설로 엮을 수도 있겠어요. 그 소설의 형이상학적인 측면이 어떤 사람들에게는 좀 낯설겠지만요.

다대오: 진실은 허구보다 낯선 법이에요.

개리: 네, 나도 눈치챘어요.

다대오: 십자가 사건이 있기 전에, 우리는 제이와 함께 여행을 다녔어요. 마리아도 이사아도 대부분 우리와 함께했죠. 가끔씩 마리아가 단독으

로 가르치기 위해 우리와 떨어질 때를 제외하면요. 이처럼 마리아를 따르는 무리가 있었는데, 대부분은 여자들이었고 마리아는 자기 방식대로 제이만큼 잘 했어요. 제이가 떠난 후에 마리아는 나자렛에 2년 동안 머물다가 프랑스 남쪽으로 건너가 그곳에서 여생을 보냈어요. 몇몇 사람들이 믿는 것과는 달리 마리아에게는 자식이 없었어요. 마리아는 사람들을 가르쳤고 깨달음의, 혹은 수업이 말하듯이, 구원의 살아 있는 본보기가 되었습니다.

수업에서 제이가 비유로써 말하듯이, 당시의 제이와 마리아도 비유를 가르침의 방편으로 이용했어요. 간혹 사람들 중에는, 제이가 2천 년 전에 말했던 내용은 물론이고 수업에서 말하는 내용까지도 몽땅 문자 그대로 받아들여야 한다고 주장하는 사람들이 있는데 완전히 터무니없는 소리죠. 제이가 말하는 내용 중에서 비이원적인 진실만은 문자 그대로 받아들여야 하지만, 그것 말고 다른 모든 것은 은유적인 표현입니다. 이 점을 이해하고 있다면, 제이의 말은 2천 년 전에도 오늘날에도 이치에 맞을 거예요. 제이의 수업은 시종일관 이치에 맞고, 제이가 2천 년 전에 실제로 말했던 내용 중 오늘날까지 전해진 것들도 이치에 맞습니다. 이 점을 이해하고 있지 않다면, 수업은 자가당착에 빠진 듯이 보일 겁니다. 정작 수업에는 모순이 없지만 수업에 모순이 있다고 여겨서 수업을 포기한 사람들이 있습니다. 바로 이것이, 교사들이 지금 자신이 무슨 말을 하고 있는지를 꼭 알아야 할 많은 이유들 중 하나입니다.

개리: 그렇군요. 이건 좀 다른 질문인데 당시에 제이의 말을 들으러 온 사람들이 당신들을 챙겨준 거 같은데, 맞나요? 그러니까 사람들이 당신들에게 먹을 것과 쉴 곳을 계속 제공해주었나요?

다대오: 대부분은 그랬어요. 제이의 명성이 제이를 앞질러 갔죠. 물론 배를 곯을 때도 있었지만요.

개리: 제이는 돈도 받았나요?

다대오: 네. 제이는 팁을 위해 일을 했죠.

개리: 헐. 대박(Seriously).

다대오: 이 말을 조금도 심각하게(seriously) 받아들이진 마세요. 당신에게는 유머감각이 있고, 그건 계속 살려갈 가치가 있으니까요. 그나저나 내가 갖고 있던 불안에 대해서는 말하지 않았네요. 그에 대해서는 나중에 더 듣게 될 거예요.

이제 비공간적 여행을 다시 해야겠네요. 그저 당신을 격려해주고 싶어서 잠시 나타났던 겁니다. 앞으로도 열심히 하세요. 다시 보게 될 거예요.

주: 다대오는 아무런 인사도 없이 사라졌고, 나의 평생 친구 두 명이 돌아와 다대오의 자리에는 아턴이, 그 옆에는 퍼사가 앉아 있었다.

아턴: 저 사람이 2천 년 전의 나였어요.

개리: 대단한 여행이었어요. 요샌 여행을 많이 시켜주는군요.

퍼사: 네. 당신 친구 다대오와 당신이었던 도마가 과거로부터 당신을 방문했으니, 그 당시와 관련된 작은 비밀을 하나 알려줄게요.

개리: 말하고 나면 그 비밀이 오래 유지되진 않을 텐데요.

퍼사: 그래도 괜찮아요. 첫 번째 방문 기간 중 마지막으로 방문했을 때 기억나세요? 그때 우리는 아턴과 퍼사가 실명이 아니라고 했었죠. 미래에 사람들이 우리를 찾아낼 것을 방지하기 위해서 가명을 썼다고 했는데, 기억나죠?

개리: 물론 기억나죠.

퍼사: 2천 년 전에 우리가 페르시아로 여행을 갈 때마다 만나곤 했던 친

구들의 이름이 아턴과 퍼사였어요. 그들은 우리가 지나는 길에 들르곤 했던 한 오아시스의 터줏대감들이었지요. 그 둘은 제이하고도 친구였어요. 그들은 내가 제이를 만나기 전부터 제이를 알았었죠.

개리: 멋진데요. 가명을 아무렇게나 지은 게 아니었군요. 그 둘은 진짜 사람, 아니 다른 사람들만큼이나 진짜 같았고, 게다가 당신들의 친구였군요. 당신들은 그들의 이름을 사용해서 그들에게 경의를 표한 거고요.

퍼사: 맞아요. 그들은 좋은 사람들이었어요. 물론 당시에도 이원성이 있었죠. 강도를 만나 빈털터리가 되거나 죽을 수도 있지만, 낯선 사람들의 집으로 초대받아 친구가 될 수도 있었던 것처럼요. 이것이 이원적인 세상의 방식이죠.

개리: 시간이 갈수록 정말이지 이원성에 질리고 있어요. 정말 지겹네요.

아턴: 그래서 술을 마시는 건가요?

개리: 그런 것 같아요. 내가 여기에 속해 있지 않은 것 같다니까요.

아턴: 맞아요. 당신은 여기에 속해 있지 않아요. 하지만 당신은 또 여기서 벗어날 수 있는 더 나은 방법들이 있다는 걸 알고 있어요. — 약간의 해볼 만한 생각거리지요. 우리는 당신에게 설교를 늘어놓지도 않을 것이고 물론 당신을 심판하지도 않을 겁니다. 하지만 시간의 환영 속에서는 당신이 나이를 거꾸로 먹진 않을 거예요. 우리가 건강에 대해 말해줬던 이유 중의 하나도 그 때문이지요.

개리: 알겠어요. 벤자민 프랭클린도 "건강은 최고의 부다"라고 말했죠. 내 부모님이 겪었던 일을 옆에서 보고 나니, 그 말에 진심으로 동의가 되네요. 건강에 더 신경 쓸게요. 약속해요.

아턴: 아주 좋아요. 그 결정은 우리가 아니라 당신이 내리는 겁니다. 그리고 당신의 행동은 당신의 결정에서 나오고요.

퍼사: 당신에게 도움이 될 만한 이야기를 하나 더 하자면, 아까 도마도 말했듯이 다른 사람들이 어떻게 생각할지에 대해서는 신경을 그만 쓰라는 거예요. 제이는 "아버지, 저들을 용서하소서. 저들은 자기가 무엇을 하는지 모르고 있습니다"라고 말했는데, 그들이 스스로 뭘 하고 있는지를 몰랐던 것은 그들이 자신의 무의식적 죄책감을 제이에게 투사하고 있었기 때문이 었어요. 하지만 정작 본인들은 그걸 몰랐고, 그저 자신들이 옳다고만 생각 했죠. 물론 자기들이 제정신이 아닌 것도 모른 채로요.

개리: 하지만 그들이 정말로 거기에 있었던 것도 아니잖아요.

퍼사: 봐요. 잘 이해하고 있네요. 당신이 그들의 이미지들을 지어냈을 뿐, 그들이 거기에 정말로 있지는 않았죠. 수업이 가르치듯이, 그들은 당신 이 실재를 대체하기 위해 지어낸 세상의 일부예요.

신을 두려움이라 믿는 너는 다만 한 가지를 바꿔놓은 것이다. 그것은 진실 을 환영으로, 전체를 파편으로 바꿔놓은 것이어서, 무수한 형체를 취했다. 파 편은 너무나 거듭거듭 분열되고 세분화되어, 이제는 그것이 원래 하나였고 지금도 그때처럼 하나임을 인식하기가 거의 불가능해졌다. 진실을 환영으로, 영원을 시간으로, 생명을 죽음으로 데려다놓은 단 하나의 잘못, 그것이 네가 저지른 잘못의 전부다. 너의 세상 전체가 거기에 뿌리를 두고 있다. 네가 보는 모든 것이 그것을 반영하고, 네가 맺은 모든 특별한 관계들이 그것의 잔재 다.(T372-373/T-18.I.4:1-6)

개리, 이제 당신은 빠져나오는 길을 알아요, 개리. 마음을 사용해서 몸 아니면 영, 둘 중 하나를 선택하는 겁니다. 그리고 당신이 습관적으로 선택 하는 것이 당신에게 실재가 될 거예요. 제이가 말하듯이, **마음은 영을 활성**

화하는 매체랍니다.(CL79/C-1.1:1)

아턴: 친구, 당신은 여기에 있지 않아요. 앞으로는 이것을 훨씬 더 많이 경험하게 될 겁니다. 당신은 그럴 자격이 있으니까요. 당신의 용서는 당신을 잘 대접해왔고, 앞으로도 그럴 거예요. 그럼 다음에 다시 만날 때까지 수업의 다음 구절을 기억하시고, 당신의 구원은 보장되어 있음을 확신하세요.

용서는 행복에 이르는 열쇠다. 나는 내가 죽을 운명이며, 실수투성이의 죄 많은 존재라는 꿈에서 깨어나, 신의 완전한 아들임을 깨달으리라.(W216/W-pI.121.13:6-7)

6

개리의 수업

너는 자신만을 정죄하므로 자신만을 용서한다.

(W73/W-pl.46.1:5)

2007년 6월에 카렌과 나는 결단을 내렸다. 노력을 안 한 건 아니었지만 이제 각자의 길을 갈 때라는 것을 알았기에 각각 변호사를 선임하고 이혼 절차를 밟기 시작했다. 그 시간은 26년을 함께 지냈고, 25년간 결혼 생활을 같이 한 우리 둘 모두에게 힘겨운 시간이었다.

그때로부터 20년 전, 그러니까 1987년 8월 태양계의 행성들이 정렬하는 하모닉 컨버전스Harmonic Convergence 때에 나는 어떤 결정을 내렸고 지구상의 수백만 명의 사람들도 진리의 제단 앞에서 자신이 믿고 있는 바와 뜻하는 바를 밝혔다. 그 이후로 많은 이들이 삶의 방향을 틀기 시작했다. 그럴 수밖에 없지만, 모든 것은 연결되어 있었다. 내가 내렸던 결정은 보스턴을 주무대로 — 가끔은 뉴잉글랜드 지역에서도 공연했지만 — 8년 동안 활동했던 '허쉬Hush'라는 밴드의 맴버 생활을 청산하는 것이었다.

매사추세츠 주의 비벌리Beverly와 메인 주의 폴랜드스프링Poland Spring은 차로 불과 약 두 시간 반밖에 걸리지 않았지만 완전히 다른 세상 같았다. 보스턴 근교에 있는 비벌리와 세일럼Salem 쪽은 인구 밀도가 높았고, 아슬아슬한 삶을 찾는다면 이곳이 제격이었다. 게다가 40분 만에 보스턴 시내로 갈 수 있었고 덕분에 나는 펜웨이파크*에 백 번은 갔을 것이다. 야구 경기가 일찍 끝나면 켄모어 스퀘어Kenmore Square에 있는 나이트클럽에서 유흥을 즐겼고, 영성 생활을 위해 뉴베리Newbury 가街에 있는 에스트est 센터에도 몇 년간 꾸준히 다녔다.

폴랜드스프링은 포틀랜드 북쪽으로 45분 거리에, 또 메인 주의 주도州都인 어거스타Augusta의 남쪽으로도 45분 거리에 위치한 작은 마을로, 몇 마일의 시골길을 따라 집들이 퍼져 있는 매우 고요하고 느긋한 곳이다. 여기에는 인도도 가로등도 없고 겨울 기온은 보스턴보다 평균 5도 정도 낮고, 뉴욕보다는 10도 정도나 낮다. 보스턴에 비가 내리고 있다면 메인에는 아마 눈이 내릴 것이다. 최소한 포틀랜드 북쪽부터는 말이다. 도시에서 자란 내게 이곳은 문화적 충격을 느끼게 할 만큼 낯선 시골이었고, 처음엔 이런 생소함이 선사하는 상황들이 재미있었지만 시간이 좀 지나자 그것도 재미가 없어졌다.

'에스트est'는 1974년에 베르너 에르하르트Werner Erhard가 만든 자기변혁 프로그램으로, 나는 1978년 12월에 보스턴 로건국제공항 근처에 있는 라마다 인Ramada Inn에서 소위 에스트 훈련(the est training)이라는 과정을 밟았다. 7년간의 가벼운 우울증과 그 후 심각한 우울증을 7년 더 앓은 내게, 에스트는 정말 꼭 필요한 프로그램이었다. 무엇보다 에스트는 내게 새로운 사고체계를 처음으로 제공해주었는데, 덕분에 나는 내가 보는 모든 것을 새롭고 일관된 방식으로 생각하고 해석할 수 있게 되었고, 그 훈련을 시작한 지 2년 만에 우울증에서 벗어날 수 있었다. 에스트가 〈기적수업〉은 아니었지만, 매우 짧은 기간 동안 마음을 훈련시키는 아주 좋은 프로그램이었

---

* Fenway Park: 미국 프로야구팀 보스턴 레드삭스의 홈구장.

고 수업을 위한 훌륭한 기초훈련의 장이기도 했다. 거의 14년 동안 백만 명 정도나 되는 사람들이 에스트 열성분자들이 일컫는 소위 '훈련(the training)'을 받았고, 그중에서 적어도 십만 명은 〈기적수업〉으로 넘어가지 않았을까 조심스레 추측해본다.

1987년 하모닉 컨버전스가 일어난 시기에, 도리스 로라Doris Lora라는 한 여성도 어떤 결단을 내렸다. 그녀는 자기 딸 신디Cindy를 데리고 오하이오Ohio로부터 햇살이 내리쬐는 캘리포니아 남부로 이사를 간 것이다. 당시 맏딸 재키Jackie는 대학에 가 있었고, 나중에 캘리포니아로 합류했다. 음악과 심리학 분야에서 각각 박사학위를 딸 만큼 총명했던 도리스는 당시 나처럼 셜리 맥클레인Shirley Maclaine에게서 감화를 받고, 자유로운 사고를 하는 '캘남'• 사람들 사이에서 새로운 삶을 시작해야겠다는 충동을 느꼈던 것이다.

딸을 데리고 직접 운전하여 미국의 절반을 횡단해야 했던 도리스는 텍사스를 지날 때 이미 기진맥진한 상태였고 차의 기름도 거의 다 떨어져서 얼마나 더 갈 수 있을지 몰랐다. 그녀는 "제가 지금 잘 하고 있는 건가요? 제발 말해주세요" 하고 소리높이 외쳤다. 그리고 응답을 받았다.

갑자기 어떤 힘이 차를 앞으로 밀기 시작한 것이다. 잠깐이었지만 도리스는 운전할 필요조차 없는 듯이 보였다. 차도, 그 안에 타고 있던 두 사람도 도움을 받고 있었던 것이다. 이렇듯 마음에 힘을 불어넣어 도리스와 딸을 그들이 있어야 할 곳으로 데려가고 있었던 것은 바로 성령이었다. 그로부터 한참 뒤에 나는, 미국 절반의 거리만큼이나 서로 떨어져 있던 사람들이 결국에는 한자리에 모이게 될 결정을 동시에 내린다는 것이 참 근사하

• 캘리포니아 남부. Southern California를 줄여서 SoCal로 부름.

다고 생각하게 된다. 도리스와 신디가 그렇게 이동하는 동안, 나도 삶의 방향을 바꿔 메인으로 향하던 중이었으며, 이 결정은 어느 날 결국 나를 그 두 사람이 있는 곳으로 인도할 것이었다. 수업은 이렇게 말한다. **"구원에는 우연이 없다. 만나기로 되어 있는 사람들은 만날 것이다. 그들은 함께 거룩한 관계를 맺을 잠재력을 지니고 있기 때문이다. 그들은 서로를 만날 준비가 되어 있다."**(M7/M-3,1:6-8)

우리는 언젠가
다른 때와 장소에서
다시 마주칠
운명인 듯하다.

마치 우리 중의 어떤 사람들은 서로의 궤도 안에 있어서, 서로 떨어지는 듯이 보이더라도 결국은 어떤 때와 장소에서 다시 만나 관계를 맺어 각자의 좋은 것은 나누어 향유하고 서로의 부정적인 세부사항들은 용서하고 서로를 본래의 모습으로 바라볼 기회를 얻도록 운명지어져 있는 듯하다.

1987년에 그 결정을 내린 후 밴드에서 탈퇴하기까지는 2년이 걸렸는데, 그동안 계약서에 사인해놓은 것도 많았고 향후 1년 반 동안 공연 예약을 잡아놓았기 때문이었다. 그리고 1990년 1월 1일에 메인으로 이사를 했고, 거기서 결국 17년 반을 살았다.

그때만 하더라도 캘리포니아는 안중에도 없었고 나는 여전히 하와이의 삶을 꿈꾸고 있었다. 심지어 《우주가 사라지다》가 출판되고 1년 후인 2004년에 잠시 방문한 것을 제외하곤 캘리포니아에는 가본 적도 없었다. 나중에야 그곳을 제대로 구경할 기회가 있었는데, 캘리포니아에서 모임을 주최한 탐Tom이 나를 차에 태우고 산타 모니카의 해변 도로를 달렸을 때가 기억난다. 나는 그때 봤던 풍경이 맘에 들어 '정말 끝내주는군!' 하고 생각했었다. 두 번째 책에도 실려 있는 내용인데, 그렇게 캘리포니아를 방문한 후 퍼사는 나에게 "캘리포니아 여행은 어땠어요?"라고 물었고, 너무 맘에 든다고 대답했더니 퍼사는 "앞으로도 갈 일이 많이 있을 거예요. 편하게 즐기세요"라고 말했었다. 퍼사는 내가 모르는 것을 알고 있었던 것이다.

그 여행 중에 나는 선셋 스트립Sunset Strip에 있는 하얏트 호텔에 묵었는데, 참고로 지금은 그곳이 다른 호텔로 바뀌어 있다. 할리우드에서 처음으로 산책을 하러 나간 나는 내가 어디에 있는지, 또 어디로 가는지도 몰랐지만 이 유명한 선셋 스트립에 있다는 사실만으로도 황홀했다. 평생에 걸쳐 영화광이었던 내가 영화의 모든 것이 일어난 곳에 있었던 것이다.

거리 산책을 한 후 쇼핑센터에 들른 나는 수많은 매장 중 유독 눈에 띈 버진 레코드 가게Virgin Records store 안으로 무작정 들어갔다. 그곳이 유명하거나 해서 할리우드의 역사를 대표하는 곳도 아닌데 말이다. 어쨌든 그렇게 들어간 레코드 가게에서 여러 가지 음반을 기웃거리며 사람 구경도 하고 있는데 문득 한쪽 통로에 서 있는 여자가 눈에 들어왔다. 예전부터 이미 알고 있었다는 느낌이 강하게 드는 그런 여자였다.

키는 작고 말랐지만 적갈색 머리에 아름다운 얼굴을 가진 그녀도 잠깐 나를 쳐다보긴 했지만, 그것이 대화로 이어지진 않았다. 약 1분 정도 그녀를 바라본 것 같다. 나중에 생각해보니, 그녀가 CD에 정신이 팔려 있어서 내가 마음 놓고 그녀를 계속 바라볼 수 있었던 게 다행이란 생각이 들었다. 이미 말했지만 예전부터 그녀를 알고 있다는 느낌이 강하게 들었고, 그녀를 본 것이 이번이 처음은 아니라는 느낌이 들었다. 그것이 이번 생에서는 아니라는 것도 알았지만 말이다.

내가 강연하는 모습을 보고 들은 사람들은 믿기 어려울 수도 있겠지만, 나는 거의 평생에 걸쳐 부끄럼을 심하게 탔다. 그런 내가 여자에게 성큼성큼 걸어가서 말을 건다는 것은 있을 수 없는 일이었고, 그런 일이 가능할 거라는 생각조차도 한 적이 없다. 당연히 이때도 나는 그녀에게 다가가 말을 걸지 못했고 엄두조차 내지 못했지만 그녀의 얼굴만큼은 결코 잊을 수가 없었다. 그냥 내 마음에 확 들어왔던 것이다. 그 후로 내 머릿속엔 그녀가 종종 떠올랐고, 인사조차 건네지 못한 나 자신이 원망스러웠다. 그렇다고 "다른 생에서 당신을 만난 적이 있는 것 같아요"라고 말할 수도 없는 노릇이었다. 작업 멘트로는 최악이었을 테니. 게다가 난 유부남이었다. 어쨌든 그날의 1분은 그렇게 지나갔고 그녀는 곧 다른 곳으로 가버렸다.

그로부터 2년 후 나는 세상의 영적 수도인 라스베이거스에서 강연을 하고 있었다. 내 책을 출판한 헤이 하우스를 위해 진행한 강연회를 무사히 끝내고 독자들의 책에 서명을 해주고 있었는데, 60대 후반 정도로 보이는 여인이 사인을 해달라며 책을 내밀었다. 쾌활하면서도 친절하고 다정다감한 그 여인도 왜 그런지 콕 집어 말할 수는 없지만 가깝게 느껴졌다. 그 여인은 내 일을 칭찬해주었고 우리는 서로 인사를 주고받았는데, 그 여자의 이름이 도리스 로라였다.

도리스가 옆으로 비켜서자 뒤에 서 있던 사람이 다가와 내게 말을 걸었다. 무심코 그 사람을 올려다본 순간 나는 내 눈을 의심하지 않을 수 없었다. 그리고 동시에 모든 것이 명료해짐을 느꼈다. 그녀가 누구였는지를 알아차렸던 것이다. 그녀는 내가 그동안 환시로 봐왔던 2천 년 전의 다대오였고, 지금으로부터 백 년 뒤에는 내 승천한 두 스승 중의 한 명인 아턴이라는 사내가 될 것이라는 것도 알아차렸다. 그리고 또 나는 그녀가 2년 전에 할리우드의 레코드 가게에서 봤던 여자라는 사실도 기억해냈다.

그녀는 자신을 신디 로라Cindy Lora라고 소개하면서 음악가라고 했고 1987년에 어머니와 함께 오하이오에서 캘리포니아로 이주해온 이후로 쭉 캘리포니아에서 살고 있다고 했다. 신디는 《우사》를 읽어서 내가 음악가인 것을 알고 있었고, 나에게 자기 웹사이트가 있다고 말해주었다. 당시 나는 다소 흥분한 상태라 완전히 명료하게 생각할 수는 없었지만 침착해지려고 애썼다. 그녀를 다시 떠나보낼 수는 없었고 아무 소득이 없더라도 최소한 그녀를 좀더 알아야 했다. 그래서 나는 웹사이트를 통해 그녀에게 연락할 수 있느냐고 물어보았고, 그녀는 그렇다고 대답했다. 그렇게 1분이 지났고, 내가 다시 책에 사인을 하는 동안 신디는 그녀의 엄마와 그 자리를 떠났지만 내 마음속에는 여전히 그녀가 남아 있었다.

나는 신디와 이메일로 두 번 연락을 주고받으며 그녀도 스티브란 남성과 결혼했다는 사실을 알게 되었다. 하지만 서로에 대해 알아갈수록 각자의 결혼생활이 끝났다는 것을 명확히 알 수 있었다. 신디와 내가 만난 첫해에는 서로 자주 만나지 않았는데, 카렌과 내가 각각 이혼신청을 하고 신디도 스티브에게 이혼을 신청하게 되자 나는 늘 그러듯이 성령께 인도를 요청했다. 대답은 더할 나위 없이 분명했다. 나는 신디에게 로스앤젤레스에 아파트를 구해달라고 부탁했고, 그곳에서 함께 살자고 했다. 결국 나는 2007년 6월 18일에 캘리포니아로 갔고, 앞으로 그보다 더 동쪽에서는 결코 살지 않겠노라고 결심했다.

미국은 주州마다 이혼 법률이 다르다. 메인 주의 이혼법에 따르면, 쌍방은 합의문을 직접 도출하도록 노력해야 하는데 법정에서 소모할 시간과 비용을 아끼자는 취지다. 이혼 과정의 한 절차로, 두 배우자와 각자가 고용한 변호사는, 심판이라는 말이 더 적합해 보이긴 하지만, '이혼 중재자'(divorce mediator)라 불리는 다른 변호사와 함께 만나야 한다. 그래서 그해 8월에 나는 메인 주 루이스턴Lewiston에 있는 법정의 한 사무실에서 카렌과 변호사들을 만나기 위해 비행기를 탔다.

어쩌다 보니 내가 제일 늦게 도착했는데, 안에는 이미 긴장감이 감돌고 있었다. 카렌은 불안해 보였고 카렌의 담당 변호사는 화가 난 듯했다. 중재 변호사가 회의를 시작하면서 몇 가지 규칙을 알려주고 나자 본격적인 싸움이 시작되었다. 카렌과 나는 별문제가 없었지만, 우리 담당 변호사들은 무엇 하나에도 합의점을 도출하지 못했다. 알고 보니 두 변호사가 이렇게 부딪힌 것이 처음이 아니라 역사가 있었고, 둘 사이에 감도는 분노를 쉬 느낄 수 있었다. 특히 카렌을 대변하는 중년의 여성변호사 쪽이 더 분개하고 있었다. 내 변호사는 나이가 좀더 든 남성으로 원로 정치인처럼 다소 과묵한 편이었지만, 카렌의 변호사는 완전히 달랐다. 카렌의 변호사는 전에 내가 점심값을 300달러나 썼다는 사실을 나무랐다. (예전에 중요한 업무가 있어서 몇 명에게 점심식사를 대접했었다.) 카렌의 변호사에게 카렌의 몫으로 재산을 얼마나 원하는지 물었더니 "모든 재산이요"라고 대답했다.

하지만 내 입장에선 그렇게 하는 것이 상당히 불공평해 보였다. 당시 나는 모든 것을 절반씩 나눌 용의가 있었고 캘리포니아 주처럼 '과실 책임자를 따지지 않는'(no fault) 주에서는 이렇게 하는 것이 표준 관행이었다. 하지만 메인 주의 법률에서는, 10년 이상 결혼 생활을 했을 경우 둘 사이에 자식이 없다 하더라도 둘 중 한 명은 상대방에게 경제적인 지원을 해줘야 했는데, 주로 내가 돈을 벌었기 때문에 내가 선택되었다.

공방이 이어졌지만 여전히 아무런 합의도 이끌어내지 못했고, 변호사들의 말다툼은 무의미해 보였다. 두 시간 후 휴식 시간을 가졌다. 메인에 도착하기 전에 카렌과 나는 저녁을 같이 먹자고 약속을 했었는데 카렌에게 약속을 상기시키니 카렌은 여전히 좋다고 했다. 회의가 곧 속개되었지만 아무런 진척이 없고, 중재 변호사는 판사가 판결을 내리기 전에 양편 모두 계속 노력해서 합의문을 도출해 보라고 권고하면서 회의를 끝냈다. 카렌의 변호사는 카렌이 나와 저녁 먹는 것을 원하지 않았지만 카렌과 나는 그날 저녁 메인 주 오번Auburn에서 가장 좋은 식당인 애플비즈Applebee's에서 만나기로 했다.

카렌은 1990년대에 수업 공부를 2년 정도 했고, 우리 둘은 메인주 리Lee에 있는 수업 모임에 함께 나갔다. 사실 리Lee는 폴랜드 스프링보다도 훨씬 규모가 작다. 카렌은 모임의 사람들을 좋아했고 그들에게 매우 호감을 가지기까지도 했지만 정작 수업에는 별 관심이 없었다. 그냥 내가 수업을 공부하니까 같이 하는 것 같았다. 결국 시간이 좀 지나서 다른 관심사가 생기자 카렌은 수업 공부도 그만두고 성탄절 같은 특별행사를 제외하곤 모임에 나가는 것도 그만두었다.

그런데 내가 그녀를 떠난 후, 상황이 바뀌었다. 카렌이 수업 공부를 재개한 것이다. 마치 카렌이 수업을 다시 공부하기 위해 내가 떠나야 했던 것처럼 말이다. 물론 이것은 카렌이 혼자 내린 결정이다. 두 달 만에 다시 만난 카렌이 수업에 얼마나 깊이 빠졌는지를 보고는 놀랐다. 카렌은 다시 〈실습서〉를 시작했고 동시에 켄 왑닉의 《실습서 해설》(Journey Through the Workbook)도 같이 공부했다. 이 걸작을 〈실습서〉와 병행하면 마치 켄과 함께 실습서를 공부하는 느낌이 든다. 이 해설서에서 켄은 〈실습서〉의 각 과를 설명해줄 뿐만 아니라 〈교재〉에서 각 과에 상응하는 구절들을 찾아내서 연결해준다. 이 작업을 학생 개인이 혼자서 한다면 수십 년 아니면 최소한 10년은 걸릴 것이다. 누구보다도 수업을 정확히 이해하고 있는 켄이 학생들을 위해 이 작업을 해놓은 것이다.

용서는 매우 실용적일 수 있다. 그날 저녁 카렌과 내가 식사를 하기 위해 만났을 때는 오후와 분위기가 완전히 달랐다. 대화를 시작하자마자, 예전에 우리가 외식을 하러 나갔을 때 아무것도 하지 않더라도 그저 거기 있는 것만으로 좋았던 때가 떠올랐다. 우리 개 누피에 대한 추억에 젖기도 했는데 누피는 우리 '패'의 일원으로 15년을 함께했고, 당시는 죽은 지 8년이 지났다.

누피는 패거리 속에서 자신의 위치를 정확히 알고 있었다. 내가 대장이었고, 누피에게 보호가 필요하거나 나에게 보호가 필요할 때 우리는 서로를 지켜주었다. 천둥을 무서워한 누피는 천둥이 치면 욕조로 뛰어들곤 했고, 그럴 때마다 나는 천둥이 그칠 때까지 누피를 다독거려주었다. 카렌은 패거리의 부두목이었고, 누피는 카렌을 보호하는 것이 자신의 할 일이라고 생각했다. 평소 누피는 나를 우러러보곤 했지만, 카렌과 내가 논쟁이라도 벌이면 누피는 카렌에게 보호가 필요한 상황이 아니라도 그녀를 보호하려는 듯이 갑자기 우리 사이에 끼어들었다. 우리 둘 사이에서는 카렌을 보호하는 것이 자신의 우선적인 임무라는 것을 감지했던 것이다. 누피의 그런 행동을 지켜보는 것은 즐거운 일이었고, 그날 밤도 우리는 그 이야기를 나누며 즐거워했다.

우리는 그동안 용서를 상당히 많이 실천해왔다. 그래서 그날 저녁 식탁에서도 서로 적대감이 하나도 없을 수 있었던 것이다. 얼마쯤 시간이 지나자 어떤 생각이 영감처럼 퍼뜩 떠올랐고, 나는 냅킨을 집어 짤막한 이혼 합의문을 작성했다. 그런 다음 냅킨을 카렌에게 건네며 이건 어떻게 생각하느냐고 물었다. 냅킨에 적힌 내용을 본 카렌은 아직 잘 모르겠다며 내일 자기 집에 와서 다시 이야기해보자고 했다.

오랜만에 그 집에 들어가려니 기분이 이상했다. 그 집을 나온 지 두 달밖에 안 됐지만 2년은 된 것 같았다. 비단 이뿐만 아니라 갈수록 내 삶에서 시간은 점점 더 무의미해지는 듯했다. 한 달 전에 일어난 일들이 1년 전에 일어난 일처럼 느껴졌고 1년이 3년처럼 느껴지기도 했다. 그런 느낌 때문이었는지, 나는 뉴잉글랜드* 지역에서 마지막으로 지냈던 곳에 다시 돌아왔건만 마치 내가 아닌 다른 사람이 여기에 살았던 것처럼 느껴졌다.

현관문을 활짝 열고 다정하게 나를 맞아준 카렌은 곧바로 나에게 종이 한 장을 건네주었는데, 또 다른 이혼 합의문이었다. 종이를 받아든 나는 1분 가량 내용을 살펴본 후 마음에 들지 않는 세부사항 두 군데를 고쳐 다시 카렌에게 건넸고, 잠시 생각에 잠기던 카렌은 이내 좋다며 동의했다.

용서의 실제적 측면은 여러 형태로 드러날 수도 있지만, 결과가 전혀 관찰되지 않을 수도 있다.(T5/T-1.I.35:1) 결과의 자리가 아니라 원인의 자리로부터 비롯되는 종류의 용서인 기적은 **"우리가 미처 알아차리지도**

나는 자신도 모르는 채
시간의 차원을
바꾸고 있는 것이다.

못하는 상황에서 꿈에도 생각지 못했던 변화를 일궈낼 수 있다"(T6/T-1.I.45:2)고 수업은 말한다. 예를 들어 LA 고속도로에서 길이 막히는데 갑자기 어떤 차가 끼어들어서 내가 발끈 화를 냈다고 가정해보자. 게다가 하필 그날따라 내가 상태가 몹시 안 좋아서 내 본모습을 잊어버리고 끼어든 사람에게 가운데 손가락을 치켜세웠다고 해보자. 만약 그 사람에게 총이 있다면 난 죽을 수도 있는 상황이다. 하지만 용서한다면 살 것이다. 이것은 매우 실질적이고 또 매우 다른 결과이다. 이때 나는 각본을 바꾸는 것이 아니다. 자신도 모르는 채 시간의 차원을 바꾸고 있는 것이다. 시간의 한 차원에서는 나는 여전히 살아 있고, 또 한 차원에서는 나는 도로 운전자의 난폭 행위로 인한 사망 통계에 잡혀 있다.

메인에서 변호사들 없는 자리에서 몇 분간 대화했을 뿐인데, 우리는 두

● New England: 미국 북동부에 있는 메인, 뉴햄프셔, 버몬트, 매사추세츠, 코네티컷, 로드아일랜드의 여섯 개 주에 걸친 지역을 가리킨다.

변호사가 2년 동안 싸우느라 엄청난 돈이 들어갈 수도 있을 뻔했던 문제를 간단히 해결해버렸다. 나중에 내 변호사는 그 합의문이 괜찮다고 했고 카렌의 변호사는 반대 의사를 보였지만, 카렌은 자신의 입장을 고수했다. 다음 날 나는 메인 주를 떠났고, 두 달 후에 다시 돌아와 나머지 일을 처리했다.

메인 주에서는 이혼 합의문이 도출됐더라도 판사가 이를 승인해줘야 하고, 법원 서기가 이혼증명서를 법원청사에 제출해야만 했다. 법원에 가면 거기서 무슨 일이 벌어질지를 결코 예측할 수가 없었는데, 설령 합의문이 있더라도 판사가 자신의 소견을 개입시킬 수도 있기 때문이다. 그리고 법정에서 판사의 소견은, 나중에 판결이 뒤집히기 전까지는 법과 같았다.

나는 10월에 메인 주로 돌아와서 안드로스코긴Androscoggin 강가에 있는 호텔에 묵었다. 뉴잉글랜드의 이 지역에 있는 마을이나 산이나 강은 아메리카 원주민 부족의 이름이나 영국의 마을 이름을 따라 지은 경우가 대부분이다. 어느 아메리카 인디언 부족의 이름을 따서 지은 안드로스코긴 강은 오번과 루이스턴을 가르고 있는데, 전에는 아메리카 인디언 부족이 루이스턴 지역에 살았고 그 후로는 퀘벡Quebec에서 밀고 내려온 프랑스인들이 그곳에 자리를 잡았다. 사실 한때 메인 지역은 캐나다에 속해 있기도 했는데 그러다 매사추세츠 주의 일부가 되었고, 결국 1820년에 메인 주로 독립했다.

그날 저녁 나는 그 강을 따라 산책하면서 10월의 메인치고는 따뜻하고 신선한 공기를 만끽하고 있었다. 그때 예상치 못한 일이 일어났다. 갑자기 뒤에서 거위 한 마리가 꽥꽥거리기 시작한 것이다. 거위 소리에 놀라 돌아본 내 눈엔 두 마리의 거위가 보였는데 나머지 한 마리 역시 꽥꽥거리기 시작했다. 샤머니즘에서 '예지 동물'(power animals)은 널리 통용되는 믿음으로, 어떤 동물이 주위에 나타나면 그 동물이 어떤 동물인지에 따라서, 또 그 동물이 어떤 태도를 취했는지 — 우호적이었는지 적대적이었는지 — 에 따라서 가까운 미래를 예측할 수 있다. 그 동물은 당시에 당신이 자신의 공간으로 끌어당기고 있는 에너지를 상징적으로 보여주고 있기 때문이다. 나는 평소에 이 같은 상징을 믿어왔고, 이런 일이 벌어질 때 그 신호를 무시하지 않는다.

여하튼 전에도 거위들이 폴랜드스프링의 화이트 오크 힐White Oak Hill에 있는 집 근처를 날아갈 때 우는 소리를 듣기는 했지만 실제로 거위를 본 적은 없었다. 그런데 지금 거위 두 마리가 바로 내 위에 떠 있는 것이었다. 15미터도 안 되는 거리에 있는 거위 두 마리는 행복해 보였는데 거위들이 행복할 때 어떻게 우는지는 모르지만, 그날의 울음소리는 둘이 좋은 시간을 보내고 있는 것처럼 들렸다. 그런데 그 순간 거위들이 보여준 행동에 나는 또 한 번 깜짝 놀라고 말았는데, 두 거위가 함께 날아가다가 갑자기 서로 방향을 정반대로 틀어서 날아가는 것이었다. 한 마리는 내 오른쪽으로, 다른 한 마리는 왼쪽으로 말이다. 믿을 수 없는 광경이었고, 그것이 전하는 메시지는 너무나 분명했다.

나는 다음 날 판사가 우리의 이혼 합의문을 승인해줄 뿐만 아니라 결국에는 이것이 좋은 일로 드러날 것임을 직감할 수 있었다. 카렌과 나는 이제 서로 다른 방향으로 길을 가겠지만, 우린 둘 다 행복해질 것이었다.

다음날 오전의 일은 순조롭게 진행되었다. 판사는 좋은 사람이었고, 그냥 전형적인 질문만 몇 가지 던졌다. "이것이 정말로 당신들이 원하는 건가요? 둘 다 여기에 동의하셨나요? 혹시 약에 취한 상태는 아니시죠?" 그런 다음 우리는 법원 서기를 따라갔고, 서기는 이혼 서류를 아무런 법적 문제가 없도록 깔끔하게 정리해주었다. 하지만 카렌은 슬퍼 보였고, 내가 원하던 대로 됐다고 하는 카렌의 말에 죄책감이 올라왔다. 카렌이 여전히 아파하고 있다는 것을 알 수 있었다. 오랜 시간을 함께 보낸 사람과 헤어질 때, 때로는 사랑하는 사람을 사별할 때 겪는 것과 같은 슬픔의 단계들이 수반되기도 한다는 사실을 당시에는 미처 몰랐다. 처음에는 분노가, 그다음에는 부정이 뒤따르고 그런 후 여러 단계를 거쳐 비로소 수용의 단계로 접어든다. 설령 참된 용서의 단계를 밟아나가는 중이라 하더라도, 완전히 치유되기 전까지는 이런 단계들 중 어느 단계든 예기치 않게 다시 촉발될 수 있었고, 카렌은 그저 실망한 자신의 상태를 표현하고 있었기 때문에 나 역시 이를 묵묵히 받아들였다.

그날 저녁, 이혼 절차가 마무리된 데에 안도하긴 했지만 카렌의 말이 계속 생각났고, 밖에 나가서 술이라도 마시고 싶었는데 그때 고맙게도 내 스승들이 나타나주었다. 가장 절실히 필요했던 순간에 말이다. 이때의 방문이 그간의 모든 방문을 통틀어 가장 짧았다. 아턴과 퍼사는 나의 개인적 미래사에 관해서는 좀처럼 말해주지 않았지만, 이번만큼은 예외로 해도 괜찮다고 생각했던 것 같다. 그날 저녁 그들이 나타나지 않았다면 무슨 일이 벌어졌을지 모르겠다. 여하튼 간에 마침 안성맞춤인 소파도 있는 호텔 방에 그들이 갑자기 나타나 앉아 있으니 나는 너무나 행복했다.

아턴: 이제 다 끝났네요. 기분이 어때요?

개리: 기분이 묘하네요. 법원에서 나올 때 카렌이 했던 말, 물론 아시죠?

퍼사: 개리, 걱정 마세요. 내일 카렌이 전화를 해서 내일 저녁에 다시 만나게 될 거예요. 파티 분위기도 좀 날 거고, 이제 둘은 친구가 될 거예요. 다 잘 될 테니까 즐기세요.

개리: 정말이요?

아턴: 그게 다예요, 형제. 그럼 우린 떠납니다. 잘 해요.

그들은 나타날 때도 놀라게 하더니 떠날 때도 나를 놀라게 했다. 하지만 기분은 한결 나아졌다. 그날 밤 TV를 보면서도 머릿속에는 '스승들이 말해준 대로 내일 카렌이 전화를 해준다면 얼마나 좋을까' 하는 생각뿐이었다. 그 말이 사실일까? 그래, 틀림없이 사실일 거야. 그들은 나의 신뢰를 얻어내고 있었다. 〈교사를 위한 지침서〉는 신뢰의 발달단계에 대해 가르치고 있는데, 여기서 말하는 신뢰는 맹목적이거나 종교적인 믿음과는 다르다. 나는 사람들에게, 성령이 그들의 신뢰를 얻어내게 될 거라고 말하곤 한다. 성령은 항상 그들과 함께 있고, 그들의 참된 이익, 최선의 이익만을 찾는다는 것을 그들은 경험으로 알게 될 것이다. 때로는 영의 어떤 상징물이 이 세상에 나타나기도 하는데, 그 상징물이 진정 영에게서 비롯된 것이라면 그 상징의 배후에 있는 실재는 항상 신뢰할 수 있고, 그 상징을 통해 전해진 메시지도 신뢰할 수 있다.

　다음날 과연 카렌이 전화를 걸어와서 내가 언제까지 머무는지, 또 오늘 저녁에 바쁘지 않은지를 물어보았다. 우리는 저녁 약속을 잡아 함께 저녁 식사를 했고, 내 호텔방에서 술도 같이 마셨다. 나는 여러 해 카렌을 보아왔지만 그날 저녁이 가장 편안해 보였다. 카렌의 어깨에서 개리라는 육중한 짐이 벗겨진 듯했다. 그날 저녁 우리는 즐거운 시간을 보냈고, 우리의 관계에 새로운 국면이 시작되었음을 감지했다. 우리 둘의 관계는 끝난 것이 아니라 달라진 것뿐이었다.

　두 달 뒤 카렌은 성탄절을 맞아 안부 전화를 하면서 새로운 소식을 들려주었는데, 하와이로 이사를 간다는 것이었다! 나보다 먼저 하와이 제도에서 사는 꿈을 이룬 것에 살짝 샘이 나기도 했지만, 난 이내 카렌이 그렇게 된 것에 대해 행복감을 느꼈다. 우리 둘이 하와이에 처음 갔던 1986년 이후로 카렌도 나만큼이나 하와이를 좋아한다는 것을 알고 있었다. 카렌은 와

이키키Waikiki에 있는 콘도를 살 거라고 했다. 나는 축하해주었고, 하와이 오아후 섬으로 이사를 가는 것도 놀랍지만 어머니를 두고 가는 것이 더 놀랍다고 논평했다. 카렌의 어머니는 카렌의 가장 좋은 친구이기도 했는데, 이제 카렌은 8천 킬로미터 이상 떨어진 곳으로 이사를 가는 것이니, 어지간한 용기가 없이는 내릴 수 없는 결정이란 생각에 깊은 인상을 받았다.

나로 말하자면, 나는 내가 있어야 할 바로 그곳에 있었고, 내가 만나야 할 바로 그 사람들을 만났다는 것을 알고 있었다. 캘리포니아 주에서, 어쩌면 내가 그토록 좋아라 하는 할리우드에도 내가 할 일이 있을지 누가 알랴! 나는 각본이 어떻게 끝을 맺을지 모르지만 어쨌든 내 역할을 해야 했고, 전에도 늘 그랬던 것처럼 앞으로도 도전거리가 닥치리라는 것을 알았다. 하지만 삶의 모든 단계에서 그러하듯이, 예기치 못한 도전들도 좀 있을 것이다.

이듬해 2월 달에 나는 내 대리인 잰이 하와이 오아후 섬 다이아몬드 헤드 유니티 처치Diamond Head Unity Church에 계획을 잡아놓은 워크샵을 하게 되었고, 우리 일행은 2월 13일 카렌의 생일을 맞아 카렌을 저녁 식사에 초대했다. 카렌은 평화롭고 만족스러워 보였다. 우리는 미리 서로 짜고, 식사 중에 누군가가 건배 제의를 하면서 "잔(glasses)을 드시고!"라고 신호를 줄 때 일제히 콧수염이 달린 코주부 안경(glasses)을 쓰기로 했다. 우리는 계획대로 했고 고급 식당에 있던 다른 사람들은 그런 우리를 그냥 쳐다볼 뿐이었는데, 이렇게 다른 사람들의 시선을 아랑곳하지 않고 실없는 짓을 벌이는 것도 재미가 있었다.

하와이를 떠나 강연 스케줄을 따라 이동하는 동안, 집필활동과 여행을 동시에 할 수 없다는 사실을 인정할 수밖에 없었다. 그만큼 여행 중에는 신경 쓸 것이 많았다. 여행 하나만 하더라도 신경을 계속 써야 하는 것은 물론 사람들을 만나고, 워크샵 진행자들이나 독자들과 점심이나 저녁도 먹어야 하고, 종일 세미나를 준비하는 동시에 진행해야 하고, 잘 진행하기 위해서는 충분한 휴식도 취해야 하고, 사람들과 대화를 나눌 때도 놓치지 않도록 귀 기울여 들어야 하는 등등… 정신없이 바쁜 속에 도전거리들이 넘쳤다. 그것은 또한 용서의 기회이기도 했다. 한편, 나는 수업의 메시지와 내 책의 메시지를 사람들과 나누기를 원한 반면에 사람들은 그보다는 나의 새로운 책을 원했는데, 나에게는 앞으로 2년 동안의 강연 일정이 이미 잡혀 있었다.

나는 이 문제에 대해서, 그리고 당시 내가 마주친 다른 몇 가지 중요한 용서 과제들에 대해 내 스승들과 이야기를 나누고 싶었다. 예컨대, 전에 나는 내 부모님과의 관계를 용서했다고 생각했지만, 부모님이 바라는 아들이 되지 못했던 기억들이 가끔씩 불쑥 튀어올라와서는 회한에 잠기게 하기도 했다. 그리고 메인에 살았을 때의 불쾌한 기억도 여전히 남아 있었고, 기타 연주자로 활동할 때 같이 일했던 사람들에 대한 기억도 남아 있었다. 또한 캘리포니아로 대이동을 하면서 바뀐 생활양식이나 문화의 충격도 겪는 중이었고, 새로운 관계들도 형성해가야 했다.

2009년 10월쯤, 2년 4개월에 걸쳐 새로운 환경에 적응한 내게 미 국세청(Internal Revenue Service)에서 편지가 왔다. 이 정도면 용서를 충분히 했다 싶을 때면 으레 국세청이 등장하곤 한다.

카렌과 내가 물리적으로 갈라서기 시작했을 때 카렌은 우리의 공동계좌에서 돈을 빼내기 시작했고, 나도 똑같이 그래야 하는 것으로 생각했다. 당시 우리에게는 은행 계좌가 세 개 있었는데 결제용, 저축용, 그리고 역설적으로 세금용으로도 하나 있었다. 그래서 나는 그냥 내 이름으로 계좌를 세 개 더 개설했고, 7개월 후 캘리포니아로 이사를 했을 때 또 세 개의 계좌를 신설해서 총 아홉 개의 계좌가 있었다. 외관상 이것은 미국세청의 주의를 끌기에 충분했고, 그들은 내 회계를 감사하기로 결정했다. 2007년도 회계뿐만 아니라 2008년도 회계에 대해서도 말이다. 미국세청은 내가 캘리포니아로 옮긴 돈이 수입에 해당한다고 주장했지만 그 돈은 수입이 아니라 내가 전에 벌어서 이미 세금을 납부한 돈이었다. 하지만 국세청 직원들은 내 주장에는 신경도 안 쓰는 것처럼 보였고, 이로 인해서 내가 그들에게 한 푼도 덜 낸 돈이 없음을 증명하는 절차가 2012년까지 이어졌다. 이 때문에 나는 2년 반 동안 매우 힘들었을 뿐만 아니라 주의가 흐트러져서 일하는 데 큰 장애를 느꼈다.

미국세청의 세무조사를 받을 때 부딪히는 문제 중 하나는, 내가 모든 것을 직접 증명해야 한다는 것이다. 무죄라는 것을 입증하기 전까지 나는 유죄인 것이다! 이러한 방식이 전혀 미국적이지 않다는 사실은 이 문제와 아무런 상관이 없는 것만 같았다.

이 모든 일을 보고 있지만 믿지는 않는 — 그것이 성령의 참된 지각知覺이 기능하는 방식이지만 — 내 승천한 친구들은 내가 오랜만에 한가해진 어느 날 오후를 틈타 나를 찾아왔다.

아턴: 오, 잘 나가는 양반. 정신없이 계속 바쁘군요. 사람들이 당신이 평소에 무슨 일을 해야 하는지를 몰라준다는 게 얼마나 답답한 일인지 잘 알아요. 사람들은 대체 그놈의 책이 어떻게 됐는지만을 알고 싶어하죠.

개리: 내 말이 그 말이에요. 그들 중에는 아주 단정적인 사람들도 제법 많은 걸 보고 좀 놀랐어요.

퍼사: 죄의 책임을 투사해낼 수 있는 틈이 조금이라도 보이면 사람들은 바로 낚아채죠! 물론 그들은 자신이 투사하고 있다는 사실도 모르고 있지만요. 앞서 우리가 말해왔던 다른 사람들처럼 그들도 자신이 그냥 옳다고 여기고 있을 뿐이에요.

아턴: 하지만 이 책을 못 끝낸 것이 실수가 아니라, 사람들에게 이 책에 대해 말한 것이 실수였어요. 만약 사람들이 이 책에 대해 아무것도 몰랐다면 당장 이 책을 구해볼 수 없다는 사실 때문에 언짢아지지도 않았겠죠. 이제부터는 아직 끝나지 않은 책에 대해서는 사람들에게 이야기하지 않는 게 좋겠어요. 그러면 사람들도 안달복달하지 않고 깜짝 선물에 기뻐할 테니까요.

개리: 네. 똑같은 실수를 반복하지는 말아야죠. 여행을 좀 줄이는 것만으로도 집필 시간을 훨씬 더 많이 확보할 수 있을 것 같아요.

퍼사: 진작에 여행을 좀 줄이라고 충고했었죠? 우리 말을 좀더 귀담아들어야 할 것 같아요. 사실은, 자신의 소리에 좀더 귀 기울일 필요가 있어요. 이제 당신도 집에 더 많이 머물겠다는 뜻을 밝혔으니 말로 그치지 말고 제대로 실천해보세요.

개리: 맞아요. 제가 욕심을 부렸어요. 일을 좀더 체계적으로 하고 시간과 여러 가지 일들을 잘 관리해야겠어요.

아턴: 그럼 그렇게 하세요, 친구. 어쨌든 당신이 강연을 하고 여행을 다니고 용서를 실천하는 과정에서 엄청난 발전이 있었어요. 당신의 워크샵이 그토록 많은 사람들에게 평생의 도움을 줄 거라는 사실은 차치하고도 말이죠.

개리: 뭘 두고 말하는 거죠, 잘 생기고 그을린 피부에 키까지 큰 완벽남님?

아턴: 아첨은 퍼사에게 하시고요. 엄청난 발전이란 당신이 부끄럼을 극복했다는 것이에요. 맨 처음 워크샵을 하러 갔을 때 기억나죠?

개리: 그럼요. 너무나 겁에 질려서 도저히 못할 거라고 생각했죠. 앞에 나섰을 때 성령을 상기하지 않았으면 못 해냈을 거예요. 물론 그날 이후로는, 강단에 나서기 전에 성령과 하나가 돼야 한다는 것을 명심하게 됐지만요. 그리고 청중을 상대로 용서를 실천하는 법도 배웠고요. 그들이 정말로

거기에 있다고 생각하면 나는 내가 보고 있는 것들의 영향하에 놓이게 되는데, 그렇게 하는 대신 나는 내가 보고 있는 것들이 내게서 나오고 있는 것을 마음속에서 그려본답니다. 그러면 나는 원인의 자리에 있는 것이고, 그들은 정말로 거기에 있는 것이 아니지요. 내가 보고 있는 것은 사람들이 볼 수 없는, 마음의 큰 부분인 무의식으로부터 나오는 투사물이니까요.

> 시공간의 우주란 없습니다. 시공간 우주라는 투사물만이 있을 뿐이죠!

아메리칸 인디언들은 "저 위대한 신비를 보라"고 말하곤 했지만, 수업은 **"이 엄청난 투사를 보라"**(T473/T-22.II.10:1)고 말하지요. 그게 그것의 전부이기 때문이에요. 그것은 그냥 우리가 믿게 되어버린 엄청나게 거대한 하나의 투사물일 뿐입니다. 그것은 존재하지 않아요. 시공간의 우주란 없습니다. 시공간 우주라는 투사물만이 있을 뿐이죠! 시공간의 우주를 이렇게 생각할 때, 나는 내가 보고 있는 이미지들을 넘겨 볼 수 있고 베일 너머에 있는 영의 실상을 바라볼 수 있습니다. 바로 이것이 영적인 시각이고, 이것은 용서의 세 번째 단계이기도 합니다. 영적인 시각에서 보면 진실만이 존재하고, 따라서 두려워할 것은 아무것도 없습니다. 저는 수업이 기적에 대해, **"기적은 육체와의 동일시를 부정하고 영과의 동일시를 긍정함으로써 치유한다"**(T5/T-1.I.29:3)고 말하는 부분을 좋아해요. 정말로 근사하죠.

퍼사: 포괄적으로 잘 이해하고 있네요. 당신은 갈수록 점점 더 깊이 이해해가고 있어요. 그리고 우리는 이 세 번째 단계를 정말로 강조하고 싶은데, 극소수만이 이 단계를 밟고 있고 또 수업 교사 중에서 이것을 강조하는 이는 정말이지 거의 없기 때문이에요. 하지만 이 단계가 없다면 용서는 완성되지 않은 것입니다. 성령의 방식대로 총체적인(wholeness) 관점에서 생각

하고 바라보기 전까지는 온전한 것이 아닙니다.

　그래서 당신이 처음 사람들 앞에 섰을 때는 새끼고양이처럼 겁이 많았는데, 이제는 강연장을 자기 집 마당처럼 유유히 누비고 있죠. 대중 앞에서 말하는 것이 이제 당신에겐 더 이상 스트레스가 아니에요. 그냥 양치질하는 정도죠. 결국엔 모든 것이 그렇게 돼야 해요. 그 무엇도 양치질 하는 것 이상의 스트레스로 다가와서는 안 됩니다. 이 방면에서 많이 발전한 것을 축하해요.

　아턴: 예전에 아름다운 여자에게 다가가서 말을 걸 수 있었나요?

　개리: 요즘이라면야 잘 하겠지만, 이젠 그럴 필요도 없어졌어요.

　아턴: 그렇죠. 당신의 새로운 관계에 대해서는 나중에 이야기할게요.

　퍼사: 지금은 일단 당신의 오래된 관계들부터 마저 손을 봅시다. 이제 당신은 부모님과의 관계를 거의 다 완전하게 용서했어요. 당신은 부모님이 당신을 필요로 할 때 도울 수 없었기 때문에 자신이 나쁜 아들이라고 생각했었죠. 하지만 그 이후로 당신의 개인적인 신비한 경험을 통해서 그분들이 당신을 용서했다는 것을 알게 됐어요. 자, 그러니 이제 뭐가 문제겠어요? 아마도 당신이 정말로 용서해야 할 사람은 바로 자기 자신이라는 것이 문제일 거예요. 이 주제에 대해서는 나중에 다시 다룰게요.

　당신의 비상한 기억력은 수업을 기억할 때 도움이 되기 때문에 때로는 축복이지만, 때로는 저주가 될 수도 있어요. 나빴던 때도 빠짐없이 잘 기억하니까 말이죠. 그렇게 하면 모든 것이 실재화되니, 에고가 바라는 바이기도 하고요.

　개리: 맞아요. 오래전에 잉그리드 버그만Ingrid Bergman이라는 여배우가 행복의 비밀은 좋은 건강과 나쁜 기억력이라고 하는 것을 들은 적이 있어요. 기억력이 나쁘면 나쁜 기억이라든지 사람들이 자신에게 한 일을 생각

하고 있진 않게 되겠죠.

퍼사: 네, 사실이에요. 하지만 당신 같은 경우엔, 과거의 기억이 올라와서 기분을 언짢게 하거든 그것이 무엇을 위한 것인지에 대해 수업이 하는 말을 기억해내야 해요. 다른 모든 부정적인 일들과 마찬가지로 이 또한 용서를 위한 것이에요. 현재 당신의 마음에 품고 있는 생각이 과거에서 왔든 현재에서 왔든 미래에서 왔든 상관없어요. 그것은 모두가 참이 아니기 때문에 다 똑같은 거예요. 나쁜 기억을 떠올리는 것은 사실 수업이 마음의 배회(mind wandering)라 부르는 것의 한 형태죠. 명심하세요, 수업은 이렇게 말해요. **"너는 마음의 배회에 너무나 관대하고, 마음이 그릇 창조하는 것을 수수방관하고 있다."**(T29/T-2.Ⅵ.4:6) 에고는 마음의 배회를 너무나 좋아하고, 나쁜 기억은 당신을 몸과의 동일시 속에 계속 빠져 있게 하는 아주 좋은 방법이죠. 왜냐하면 나쁜 기억에 따라오는 감정들이 그 모든 것을 사실로 여기게끔 만드니까요. 즉, 일어났다고 기억하고 있는 모든 일이 정말로 일어난 것처럼 되어버리고, 이로써 이 모든 것이 사실로 굳어져버립니다. 하지만 성령은 당신에게 이중 그 무엇도 사실이 아니라고 말하고 있습니다!

개리: 그러면 과거를 어떻게 용서해야 하죠?

퍼사: 지금 당신이 직면하고 있는 일을 용서하는 것과 똑같은 방식으로 하면 됩니다. 기억이라는 것이 당신 마음속에 있는 그림이 아니고 뭐겠어요? 지금 당신이 눈앞에서 보고 있는 것들도 마음속의 그림이 아니고 뭐겠어요? 그러므로 마음의 그릇된 창조물들에 대해 슬그머니 눈감아주는 자신을 발견한다면 그것에 책임을 져야 해요. 에고로써 생각하기를 그만두고 성령으로 갈아타서 실재화하기를 멈추세요.

개리: 맞아요. 1980년대에 마지막으로 속해 있던 밴드의 기억도 이따금씩 떠오르고, 그전의 기억들도 떠오르고, 1965년까지 기억이 거슬러 올라

가기도 해요. 좋은 기억도 많지만 아픈 기억도 많지요. 밴드에 있을 때 두 사람이 나에게 했던 몹시 무례하고 불쾌한 말들이 아직까지도 많이 기억나요. 드러머 한 놈이 정말로 개자식이었죠.

아턴: 당신은 방금 그 일을 실재화했어요.

개리: 미안해요. 그러니까 내 말은, 누군가가 부적절하게 여겨질 수도 있는 말로 내 기분을 종종 상하게 하는 듯 보이기는 했지만, 실제로는 태초에 내가 신에게서 분리된 것에 대해 느끼고 있던 죄책감을 내 무의식적 마음으로부터 투사해내기 위한 희생양이었던 그 꿈속의 인물이 기억이 난다는 뜻이었어요.

아턴: 장황하지만 정확했어요. 그나저나, 미안하다는 말은 절대 하지 마세요. 거기에는 죄책감이 함축되어 있어요.

개리: 어쨌든 나는 그 사람을 잘 대해주려고 노력도 해봤고 잠깐이나마 그를 옹호해주기도 했지만, 끊임없이 말썽만 일으키는 걸 보니 결국은 그를 미워하게 됐죠. 그는 봄이 되면 건초열 알레르기를 심하게 앓곤 했는데 그걸 보고 고소해했던 기억이 나요. 그 사람이 고통스러워하는 모습을 즐겼던 거죠. 일종의 간접 복수처럼요.

아턴: 그리고는요?

개리: 최근까지도 그 사람이 했던 말이 종종 떠올라서 감정이 일어나기도 하더라고요. 나는 그 시절을 대부분 용서했어요. 하지만 난데없이 수시로 튀어나와서 나를 괴롭히는 기억들에 대해서는 항상 망을 봐야 해요. 어떤 기억이냐 하는 건 중요하지 않다고 봐요. 에고는 계속해서 이런저런 것들을 던질 테고, 그런 것들은 대부분 외부에서 오는 것처럼 보일 거예요. 사실은 내부에서 오는 건데 말이죠. 하지만 외부든 내부든 결국에는 다 똑같아요. 그중 어느 것도 사실이 아니니까요.

퍼사: 그래서 끈기가 수업 학생이 지녀야 할 가장 중요한 자질인 거예요. **"오로지 신과 그 나라를 지키기 위해 깨어 있으라"**(T109/T-6.V.C.2:8)는 수업의 말은 결코 만만한 말이 아니에요.

개리: 아주 예전에 내가 삶에서 갈등을 제거하겠다는 뜻을 품었을 때는 그게 이렇게 엄청난 작업인 줄을 미처 몰랐어요.

퍼사: 그래요, 자신이 원하는 게 무엇인지를 조심스럽게 잘 살펴야 해요. 하지만 종국에 가서는 당신의 에고를 지우는 일을 겪어내야만 할 거예요. 그렇다면 나중이 아니라 지금 하는 게 어때요? 뒤로 늦출수록 고통을 연장하는 것밖에 안 되니까요.

개리: 그러니까 결국 어떤 형태로 나타나든 다 똑같은 것 같네요. 전국을 돌아다니든, 훨씬 더 심한 문화충격을 겪든, 새로운 관계 — 대부분은 좋은 관계지만 일부는 좀 이상한 — 를 맺든… 이 모든 것이 다 하나의 크나큰 용서의 기회네요.

아턴: 맞아요. 하지만 일상의 소소한 일들을 용서하고 또 용서할 때 구원의 탑이 쌓여서 완성된다는 것을 잊지 마세요. 이런 일상의 일들에 용서를 실천함으로써 — 예컨대 당신이 원하는 것을 얻지 못함을 용서함으로써 — 당신의 마음에 용서의 습관이 들게 됩니다. 그러면 당신이 용서해야 할 정말로 큰일처럼 보이는 일이 일어날 때, 계속 용서하는 훈련을 받아온 당신의 마음은 그 일을 해낼 가능성이 훨씬 높아집니다. 외관상 큰일처럼 보이는 이러한 일들을 용서하는 것이 쉽다는 뜻은 물론 아니지만, 용서를 계속 연습해왔다면 다소 시간이 걸리더라도 그것을 용서할 수 있는 가능성이 훨씬 높다는 것이죠.

그러면 때때로 숨을 돌려 웃을 수 있는 안도의 순간이나 좋은 시간들도 찾아오고, 당신은 이러한 때들도 기억해야 합니다. 과거를 떠올릴 때, 누군가가 사랑을 표현하던 때를 떠올려보세요. 그러면 사랑스러워하는 마음을 기르는 데에 도움이 됩니다. 그리고 웃었던 모든 순간들도 떠올리세요. 누군가를 희생시키는 형태의 웃음이 아닌 한, 웃음은 당연히 성령의 것입니다. 웃음은 이 세상을 심각하게 받아들일 필요가 없다는 것을 느끼고 경험하도록 도와줍니다. 세상은 너무 심하게 미쳐 있어요! 이런 세상에 합당한 반응은 눈물이 아니라 웃음입니다. 눈물은 세상을 실재화하고 거기에 계속 빠져 있게 합니다.

개리: 하지만 비극적인 일을 겪고 있는 사람들은 어떻게 하란 말인가요? 웃으라고 할 수는 없는 거잖아요.

아턴: 물론 그때는 아니죠. 그때는 "평범해지는 법을 잊지 말라"는 켄 왑닉의 충고를 기억해야 합니다. 비통해하도록 내버려두세요. 사람들이 자신의 경험을 고스란히 겪도록 내버려두세요. 그들도 준비가 되면 결국은 그 비극을 용서할 수 있게 될 겁

> 🔥
> 그들을 희생양으로
> 보는 대신 본모습인
> 완벽한 영으로
> 바라보세요.

니다. 그렇게 될 때까지 그들을 용서하는 것이 당신이 해야 할 일입니다. 즉 그들을 희생양으로 보는 대신 본모습인 완벽한 영으로 바라보세요.

퍼사: 좋았던 순간에 대한 이야기가 나온 김에, 길에서 겪었던 재미난 경험 좀 들려주세요.

개리: 좋지요. 워싱턴 주 시애틀 교외에서 강연이 있었는데, 그때 셸로라Shelora라는 멋진 여자분이 나를 워크샵 장소까지 태워다주기로 했어요. 그래서 차에 탔는데, 궁금한 게 많다 보니 서로 이야기를 계속 나눴죠. 그 여자분은 우리가 타야 할 고속도로를 찾아냈고, 우리는 그 도로를 달리면서 상당히 많은 이야기를 나눴어요. 질문이 끊이지 않았기 때문에 아마 30

분 정도는 계속됐던 것 같아요.

그런데 그때 가슴이 철렁 내려앉을 일이 벌어졌는데, 우리가 어느새 캐나다 국경을 지나고 있었던 거예요. 고속도로를 반대 방향으로 탄 거죠! 도로는 맞았는데 남쪽이 아니라 북쪽으로 가고 있었던 거예요. 우리를 곤경에 빠뜨린 건 그것만이 아니었어요. 첫째는 설령 방향을 돌려서 갈 수 있다 하더라도 최소한 한 시간은 워크샵에 늦게 될 상황이었고, 둘째는 미국에 들어가기 위해 기다리고 있는 반대편 차량 행렬이 보였는데, 족히 세 시간은 걸려야 우리 차가 통과할 수 있을 것 같더라고요. 그러면 워크샵에 네 시간 이상 늦게 될 거고, 그러면 아마도 워크샵을 취소해야 할 수도 있는 상황이었던 거죠. 그리고 세 번째는 아마도 이게 더 심각한 문제였는데, 우리가 캐나다에서 뭘 하고 있었는지 해명을 해야만 했어요. 이때는 캐나다와 미국을 오가려면 여권을 소지해야 했던 2005년 직전이었고요. 당시에 사람들은 출생증명서를 이용하곤 했는데, 이날 물론 우리는 둘 다 출생증명서는 없고 달랑 운전면허증만 있었죠. 그러니 그때 우리가 할 수 있는 일이 뭐가 있었겠어요?

용서를 해야 했죠. 그래서 용서를 실천했어요. 이 모든 상황을 용서하기로요. 이 일을 실재화하지 않았죠. 우리는 용서를 하고 성령께 인도를 청했어요. 그때 셜로라는 양쪽 차선을 연결하는 작은 샛길을 발견하고, 남쪽으로 향하던 차량들 중 한 운전자에게 제발 끼어들 수 있게 해달라고 부탁했어요. 줄은 무진장 길었고, 그 운전자도 분명 오랜 시간을 기다렸을 테니 그 여성 운전자가 거절하더라도 탓할 수는 없는 처지였죠. 셜로라는 두 손을 모아 그 운전자에게 기도하듯 간절한 몸짓을 보냈고 그 차의 운전자는 셜로라가 간청하는 모습을 보고는 끼어들게 해주었어요. 그 결과 우리는 10분 만에 국경에 도착했고요.

경비원은 우리가 국경선을 지나 캐나다로 가다가 차를 돌려나오는 것을 봤던 것 같아요. 캐나다 검문소는 안쪽으로 조금밖에 떨어져 있지 않았고, 우리가 그렇게 멀리까지 간 건 아니었으니까요. 셜로라는 현명하게도, 자신이 반대로 가고 있는 줄도 모르고 실수로 국경선을 넘은 거라고 사실대로 말했어요. 경비원은 셜로라가 진심이라는 것을 알았고, 자기가 본 상황과도 맞아떨어져서였는지 신분증조차 요구하지 않고 우리를 미국으로 돌아가게 해주었죠. 지금도 국경경비원들이 이렇게 관대한지는 모르겠어요. 미국은 해가 바뀔수록 점점 더 삼엄해지고 있어요. 알다시피, 1센티미터를 내주면 1킬로미터를 먹으려고 달려드니까요. 어쨌거나 이날은 다행히도 용서를 실천했고, 성령이 인도하는 대로 한 덕분에 미국으로 다시 돌아올 수 있었답니다!

하지만 그럼에도 불구하고 우리는 한 시간에서 한 시간 반 정도는 늦을 것으로 예상했어요. 게다가 한 시간 정도 달렸을 즈음 용변이 너무 급해서 얼른 휴게소에 차를 대고 화장실로 들어갔죠. 급한 마음에 지퍼를 내렸는데 글쎄 지퍼가 고장이 났지 뭐예요! 전에는 그런 일이 결코 없었는데 말이죠. 결국 지퍼를 연 채로 돌아다녀야 했어요.

우여곡절 끝에 워크샵 장소에 도착한 우리는 부랴부랴 안으로 들어갔죠. 근데 마침 그날 워크샵 기획자가 워크샵 분위기를 띄우기 위해 참가자 중 한 명을 섭외해서 기타를 치며 노래를 부르게 하고 있더라고요. 그 멋진 남자의 공연은 예상보다 길어져서 우리가 도착할 때까지 사람들을 계속 즐겁게 해주고 있었죠. 자연스럽게 강단에 올라간 나는 사람들에게 "늦어서 죄송합니다. 하지만 제 지퍼가 고장난 거랑 저희 둘이 늦은 거는 정말이지 아무런 상관이 없는 일입니다"라고 말했답니다.

퍼사: 재밌는 이야기예요. 다들 크게 웃었죠.

개리: 맞아요. 그런데 때로는 농담도 싫고 웃고 싶지도 않을 때가 있죠. 국세청과 관련된 일 같은 경우 말이에요. 이 일도 용서하려고 무진 애를 쓰고는 있지만, 정말 너무 짜증이 나요. 그렇게 많은 자료를 제출해도 또 달래요. 끝나는 법이 없어요.

퍼사: 당신은 지금 내가 첫 번째 방문기간에 '서서히 달아오르는 분노' (slow burn)라고 말했던 것을 겪고 있는 거예요. 내가 마지막 생에서 내 경력에 상처를 입힌 학생에 대해 느꼈던 서서히 달아오르는 분노처럼요. 서서히 달아오르는 분노는 언제나 가장 큰 용서 과제 중의 하나지요. 이런 과제는 마음을 특히 더 굳게 다잡아야 할 겁니다.

그래도 좋은 일은, 형상의 차원에서 당신이 실질적으로 대처하고 있다는 겁니다. 이 일에 관해 인도를 청했을 때 좋은 공인회계사를 소개해줄 사람을 만나게 됐고, 그래서 그 공인회계사가 지금 당신을 돕고 있지요. 그녀는 당신이 국세청에 겁먹지 않으리라는 것을 알고 있고, 또 국세청이 당신에게 겁을 주려고 시도해올 것이라는 점도 알고 있어요. 미 국세청은 당신이 빚지지도 않은 돈을 내게 하려고 애쓸 거예요. 국세청 직원들은 법을 항상 따르지도 않고, 심지어는 자기네 규정마저도 따르지 않죠. 그들의 목적은 그저 돈을 긁어내는 겁니다. 많은 경우, 사람들은 지레 겁을 먹고는 납부할 필요가 없는 돈을 내고 있죠.

미 국세청은 대부분의 사람들이 소송을 걸지 않으리라는 점을 잘 알고 있어요. 대부분의 사람들은 여력이 있으면 차라리 돈을 내더라도 그냥 일을 끝내고 싶어하죠. 하지만 사람들이 잘 모르는 것이 있는데, 일단 미 국세청이 법원에 출두하면 그들이 80퍼센트 정도의 비율로 패소한다는 것입니다. 왜냐하면 미 국세청은 법을 따르지 않고 있기 때문이죠. 미 국세청이 회계감사를 하는 동안에는 당신의 무고함을 증명하는 책임이 당신한테 있어요. 이것은 잘못된 일이지만 하여튼 지금은 그래요. 하지만 이 일을 법정으로 끌고 가면 그때부턴 그들에게 증명의 책임이 넘어갑니다. 그들은 자신들의 사례를 증명해야 하지만 대부분의 경우에는 그렇게 하지 못합니다. 그들이 바라는 것은 당신이 돈을 지불하면서까지 세무변호사를 고용하지 않는 것이에요. 설령 당신이 이기더라도 국세청에 지불해야 할 금액에 상응하는 돈을 세무변호사에게 지불해야 하는 경우가 종종 있다는 점도 알고 있고요. 분명한 건 현재의 시스템이 그들에게 유리하게끔 조작되어 있다는 겁니다.

연방준비제도(Federal Reserve system)로 바뀐 직후에 미국세청(IRS)이 만들어진 사실이라든지, 연방준비 위원회(the Federal Reserve)가 정부기관이 아니라 사설기관이기 때문에 어느 누구에게도 자신들의 일을 해명하지 않아도 된다는 사실을 여기서 다루지는 않을 겁니다. 그 주제는 오늘 다룰 내용의 범위를 넘어서지요. 하지만 대부분 사람들이 알고 있는 것보다 훨씬 많은 일들이 무대 뒤에서 일어나고 있습니다. 이곳에 민주주의란 없어요. 사람들은 꼭두각시이고, 꼭두각시처럼 행동합니다. 하지만 자유국가(free country)에 살지는 못하더라도 자유로운 마음(free mind)은 누릴 수 있습니다.

개리: 알겠어요. 우리는 지금 용서의 과제에 대해 이야기하고 있는데, 그럼 자기 자신은 어떻게 용서해야 하죠? 물론 당신들이 예전에 용서에 관련된 사고과정을 일러주긴 했지만, 사람들이 계속 이것을 물어와요.

아턴: 그건 사람들이 그 사고과정을 하고 있지 않기 때문에 계속 물어보는 겁니다. 하지만 이것이 모든 이에게 중요한 질문이기는 해요. 아까 당신에게, 미안하다는 말을 하지 말라고 했죠. 자신이 특정한 표현을 쓰는 순간을 잘 포착해야 합니다. 미안하다는 말을 하는 자신을 발견하거든 마음속으로 자신을 바로잡아주세요. 소리 내서 말할 필요는 없어요. 생각이 말보

다 훨씬 강력합니다. 생각은 구체적으로 말하지 않더라도 항상 말에 앞서 오기 때문입니다. 그러니까 마음속에서 다음처럼 생각하세요. 이것은 성령이 당신을 교정하는 방식입니다.

나는 죄 없이 순수하며, 아무 일도 일어나지 않았다.
성령은 내 본모습을 안다.
나는 신 안에서 깨어나고 있다.

이렇게 생각할 때, 당신의 무의식적 마음은 성령에 의해 치유될 수밖에 없습니다.

퍼사: 꿈속에서는 이런저런 사건들이 일어나는 듯이 보이지만 그것은 진짜가 아니라는 점을 사람들이 명심해야 합니다. 잠속에서 생생한 꿈을 꾸는 동안에는 그게 당신에게는 어느 모로 봐도 다 현실이지요. 잠에서 깨고 나서야 그 꿈이 진짜가 아니라는 것을 깨닫지만요.

다른 사람들에 대해 두 가지의 해석, 즉 에고의 해석과 성령의 해석이 있듯이, 자기 자신에 대해서도 두 가지 해석이 존재합니다. 대부분의 사람들은 에고의 해석을 선택하는데, 더 나은 다른 방식이 있다는 것을 모르기 때문이죠. 하지만 일단 더 나은 길이 있다는 것을 알고 나면 그 길을 끝까지 가야 합니다. 제이는 단지 에고를 폭로하거나 뭐가 문제인지를 말하는 것으로 그치지 않았어요. 사실 문제는 누구나 설명할 수 있지만, 탈출구까지 제시하지는 못합니다. 사람들은 그 어떤 해결책도 주지 않습니다. 집에 가는 방법도 보여주지 않죠. 그들은 문제를 분석하는 일에만 매달려 있고, 그럼으로써 그것을 실재화하게 되지요.

개리: 맞아요. 세상은 모든 일을 그런 식으로 해요. 그저 연구하고 분석

할 따름입니다. 그래서 우리는 문제를 가장 잘 분석하고 연구하는 사람이 가장 똑똑한 사람이라고 생각하지요. 과학자와 물리학자들뿐만 아니라 의사나, 엔지니어, 정신분석가들도 분석을 합니다. 하지만 그들이 하는 일이란 환영이 진짜임을 증언하는 것뿐이죠. 그래서 그들이 생각할 수 있는 용서의 방식이란, 그 일을 실재화하는 방식의 용서밖에 없습니다. 〈교재〉에 나오는 제이의 말에 의하면, **스스로 실재라고 믿는 죄를 용서한다는 것은 불가능하지요.**(T568/T-27.II.2:4) 이 때문에 용서하고 있는 대상을 분석하려 들어서는 안 되는 겁니다. 우리는 그 일을 두고 생각에 잠기길 원치 않습니다. 우리는 그저 그것을 알아차리고, 넘겨보고, 그 자리에 진실을 가져다놓을 뿐입니다.

그래서 제이는 분석에 마비되지 않은 채(the paralysis of analysis) 끝까지 갔어요. 제이는 에고의 사고체계를 성령의 사고체계로 완전히 대체했습니다. 그리고 영적인 시각이란 상자 바깥에서, 즉 에고의 사고체계를 완전히 벗어나서 생각하는 것이라고 가르쳤습니다. 우리는 베일 너머 꿈 바깥에 있는 실재를 봄으로써, 즉 우리가 그 속으로 깨어날 수 있는 실재를 봄으로써 우리의 정체를 몸이 아니라 진정 아무런 제약도, 변화도 없는 영원한 것으로 바꿔놓을 수 있습니다.

퍼사: 아주 좋아요. 만약 무엇을 실재화하는 용서를 가르치고 있다면, 당신은 진짜 수업을 가르치고 있는 것이 아니에요. TV에 나오는 유명한 수업 교사들을 포함해서, 용서에 대해 말은 하지만 정작 진정한 용서가 무엇인지는 말하지 못하는 교사들이 세상에 얼마나 많던가요? 그러니까 방송에 나오는 거겠죠. 그들은 끝까지 밀어붙이지 않거든요. 그들은 여전히 환영을 실재화합니다. 그래서 그들의 말은 편안하게 들리죠. 하지만 당신은 이 주제를 끝까지 밀어붙이기 때문에 텔레비전에 나오지 못하는 겁니다. 당신은

환영을 실재화하지 않고, 그래서 당신의 말은 위협적으로 들리니까요. 당신은 진실을 말하고 있지만 그건 대중적인 영성을 좇는 사람들에게는 너무 급진적입니다. 그런 상황을 받아들이세요. 누군가는 해야 할 일이니까요.

다른 교사들로 말하자면, 그들이 인도를 받고 용기를 내어 방송에 나가서 사람들에게 수업이 정말로 가르치고 있는 바를 말해준다면, 즉 세상이란 존재하지 않는다고, 우리가 사람들을 용서하는 것은 그들이 정말로 뭔가를 저질러서가 아니라 애초에 그들은 존재하지 않기에 실제로는 아무것도 하지 않았기 때문이라고, 또 실재와 꿈의 차이점을 알기 전까지는, 그리고 마음속에서 둘 중 하나에만 충성하기 전까지는 무의식적 마음은 결코 치유될 수 없다는 사실을 말한다면, 그들은 수업의 교사라고 자처할 수 있을 거예요.

사랑하는 형제, 당신은 베일 너머에서 생각해야 하고, 다른 이들에게도 그렇게 하도록 가르쳐야 해요. 오류를 설명하는 것만으로는 충분하지 않아요. 오류를 대체할 뭔가가 있어야만 해요. 사람들은 영적인 시각이란 육체의 눈이 아니라 오직 그들의 생각하는 방식을 통해서만 찾을 수 있다는 사실을 듣고 알아야만 해요. 수업은 이렇게 가르칩니다. **"육신의 눈은 오직 형체만을 본다. 육신의 눈은 자신이 보게끔 만들어져 있는 것 너머는 보지 못한다. 또한 육신의 눈은 오류를 볼 뿐, 그 너머를 보도록 만들어지지 않았다."** (T475/T-22.III.5:3-5)

마음은, 눈에 보이지는 않지만 진실로 인식되고 경험될 수 있는 그것을 일관되게 선택하도록 훈련을 받아야 합니다.

개리: 그렇기 때문에 수업에 실린 50만 개나 되는 단어들의 목적은 모든 말 너머에 있는 어떤 경험으로 우리를 데려가기 위한 것이라고 할 수 있겠군요.

아턴: 훌륭해요. 세상이 존재하지 않는다면, 당신이 여기에 오기 전부터 있었던 세상 같은 것도 존재하지 않고, 당신이 이곳을 뜰 때 두고 떠날 수 있는 세상 같은 것도 존재하지 않는다는 것을 잊지 마세요. 세상도, 분리된 개체로서의 당신도 결코 존재한 적이 없습니다. 앞으로도 항상 변함없을 당신의 본모습은 창조주와 완벽하게 하나인 상태에 있는 완벽한 영입니다. 항상 다음을 기억하세요.

> 당신이 여기에
> 오기 전부터 있었던
> 세상 같은 것은
> 존재하지 않고,
> 당신이 두고
> 떠날 수 있는
> 세상 같은 것도
> 존재하지 않습니다.

에고는 진리를 부인하나
성령은 에고를 부인한다.
나의 선택은 거룩함(Holiness)**이다.**

그러므로 수업이란 에고를 끊는 훈련입니다. 에고로써 생각하는 자신을 포착하고는 그것을 그만두는 것입니다. 그런 후에야 당신은 성령과 하나가 될 수 있습니다. 담배를 끊는 것과 비슷하죠. 상쾌한 공기를 호흡하려면 담배부터 끊어야 하는 것처럼요.

개리: 나도 잘 알아요. 예전엔 담배를 하루에 한 갑 반을 피우곤 했죠. 하루에 30개비요. 30개비를 피우려면 하루종일 걸려요! 이제 담배를 끊은 지도 30년이 됐네요. 그때 저는 결심을 해야 했어요. 일단 결단만 내리면 마음은 뭐든지 해낼 수 있죠. 나는 담배를 한 번에 끊었어요. 결코 쉽지 않아요. 결단이 필요하죠. 그래서 에고를 끊으라는 당신의 말도 이해가 가요.

에고를 끊는 것은 훨씬 더 어렵겠죠. 에고는 계속 돌아오니까요. 에고는 과연 끈질길 겁니다. 하지만 성령만큼 끈질기진 않죠. 사실 수업은 냉정하리만큼 결코 타협을 모른다고 할 수 있어요. 그러니 에고가 제아무리 애를 써봤자 성령의 대답이 언제나 이길 거예요.

퍼사: 맞아요. 그리고 성령은 모든 것을 알고 있죠. 강연회에 다니면서 강연을 해보니 어느 부스에 사람들이 가장 많이 몰리던가요?

개리: 제가 본 가장 긴 줄은 영매와 상담하거나 타로카드 점을 보기 위해 기다리는 줄이었어요. 사람들은 자신이 뭘 해야 하는지를 듣고 싶어하죠. 그리고 대부분은 똑같은 종류의 질문을 하곤 해요. "어떻게 해야 내 소울메이트를 만날 수 있죠?" "어떻게 해야 나한테 맞는 직업을 찾을 수 있죠?" 이런 식으로요.

퍼사: 맞아요. 그런데 설령 영매나 타로카드를 읽어주는 사람이 도움이 되는 대답을 해줬다 하더라도 사람들은 곧바로 다른 질문이 생겨서 다시 몇 번이고 찾아갑니다. 그들이 운이 좋다면 절반 정도는 좋은 대답을 들을 수도 있겠죠. 그런데 언제든지 도움을 청할 수 있고, 절반이나 그 이하가 아니라 언제나 바른 답을 주는 근원이 있다면 어떡하겠어요? 만약 좀더 영 안에 머물고 성령의 영감에 닿을 수만 있다면 그들은 자신뿐만 아니라 다른 모든 이들도 최선의 결과로 이끌어줄 대답을 언제든지, 끊임없이 제공받을 겁니다.

개리: 내가 그동안 계속 성령의 인도를 받아왔고 또 지금 내가 있어야 할 곳에 정확히 있다는 것이 나에게는 너무나도 분명해요. 내가 바라듯이 하와이에서 살고 있지는 않지만요.

아턴: 당신에게는 이곳에서 해야 할 일이 있어요. 그렇다고 해서 하와이에서 살 가능성이 없다는 얘긴 아니에요. 1년 중 절반만이라도 말이죠.

개리: 나도 1년의 반은 하와이에서 살고 나머지 반은 이곳 서부 해안에서 사는 사람들을 알고 있어요. 정치적인 사람들은 서부 해안을 왼쪽 해안[•]이라고 부르지만요. 하지만 언젠가는 하와이에서 살 수도 있다니 좋네요. 나는 하와이에서 걷는 것이 정말 좋아요. 물론 이곳에서 걷는 것도 좋지만, 하와이는 바닷물이 따뜻하고, 밤에도 산들바람이 얼굴을 어루만져주죠. 심지어는 겨울에도 말이에요. 북동지방에서 몰려와서 남의 따귀를 사정없이 때리는 바람과는 차원이 다르죠. 캘리포니아는 대체로 따뜻하지만 대부분의 사람들은 캘리포니아의 바닷물이 차갑다는 것을 잘 모르더라고요. 해류가 동부 해안과는 반대로 북쪽에서 내려오기 때문이죠. 뭐 불평하는 건 아니에요. 나는 사람들이 휴가를 보내러 오는 곳에서 아예 눌러앉아 살고 있으니까요. 로스앤젤레스, 할리우드, 비벌리힐스, 말리부, 산타모니카, 베니스비치 등이 다 여기에 있지요. 지리적으로도 상당히 편하고요. 공항까지도 20분이면 갈 수 있고 걸어서 갈 수 있는 거리에 훌륭한 레스토랑들이 즐비한 환상적인 곳이죠. 다만 한 가지 너무도 안타까운 건 인근에 있는 브렌트우드Brentwood가 오제이 심슨O.J. Simpson 때문에 오명을 뒤집어썼다는 거죠.

주: 신디와 나는 오제이 심슨이 저지른 것으로 기소된 범죄의 현장인 거리의 바로 아래쪽에 살고 있다. 니콜 브라운 심슨Nicole Brown Simpson과 로널드 골드만Ronald Goldman이 살해된 소름 끼치는 사건은 브렌트우드 지역에서는 흔한 사건이 아니었다. 브렌트우드는 조용하고 범죄율도 낮으며 밤에도 마음 놓고 활보할 수 있는 곳이다.

● 미국 서부지역은 다른 지역에 비해 진보 성향이 강한 편인데, 이것을 풍자하여 일부러 서부 해안을 왼쪽(좌파) 해안(left coast)이라고 부르기도 한다.

아턴: 기억하세요. 중요한 것은 당신 자신의 경험이지, 사람들이 어떤 장소나 당신에 대해 갖고 있는 이미지가 아닙니다. 당신은 자신의 에고를 지우고 있어요. 그것은 크나큰 성취죠. 당신 한 개인의 마음뿐만 아니라 마음 전체의 치유를 도움으로써 인류에게 진정한 공헌을 하고 있는 겁니다. 결과가 아니라 원인의 자리에서 나오는 방식의 용서를 한 사람은 역사상 그리 많지 않았어요. 이 일을 실제로 하고 있는 사람들이 상당수 등장했다는 것은 역사의 새로운 한 획입니다. 당신 이름은 역사책에 포함되지 않을 수도 있지만, 그럼 어때요? 역사책에 실린 대부분의 사람들은 전쟁을 일으켰지만 당신과 당신의 독자들은 평화를 일으키죠. 이거야말로 대단한 무엇(something)이에요.

개리: 열혈 수업 학생이라면 그건 아무것도 아니라고(nothing) 말할 수도 있겠죠. 제 말이 대단하지(something) 않나요? 하하.

퍼사: 맞아요. 이런 익살꾼 같으니. 당신이 배심원을 하러 갔을 때 신디가 했던 말 기억나죠? 당신이랑 있으면 지루할 틈이 없다고요!

주: 오제이 심슨이 재판을 받았던 로스앤젤레스 법원으로부터 배심원의 의무를 이행하라는 연락을 받은 나는 성서를 챙겨 들고 법원으로 갔다. 검사 측과 피고 측 변호사들은 배심원을 고를 때 각각 자기편에 불리할 듯한 배심원을 일정 수만큼 배제할 수 있다. 검사가 나에게 유죄를 입증하는 증거가 나오면 유죄 쪽에 투표할 수 있겠냐고 물었을 때 나는 진심을 담아서 못하겠노라고 말하면서, "심판받지 않으려거든 심판하지 말라"는 예수의 말을 인용했다. 검사는 내가 배심원이 되는 것을 반대했고, 나는 배심원 의무에서 면제되었다. 나에게는 다행이었고 판사는 불만족스러워 보였지만 그렇다고 판사가 나를 경멸

하는 것 같지도 않았다.

개리: 아, 그 구절이 뭐였죠? "자기 자신에게 진실하라." 하지만 대부분의 사람이 그 뒷부분은 몰라요. "그러면 밤이 낮을 따를 수밖에 없듯이 그대 또한 누구에게도 거짓될 수 없으리라." 윌리엄 셰익스피어가 이 글을 썼다는 것을 알고 있나요?

아턴: 그럼 그 말의 뜻도 알고 있나요?

개리: 물론이죠. 이것은 일관성에 대해서 말하고 있어요. 사실은 수업도 ─ 잠깐만요, 지침서에 있어요. ─ **"정직이란 사실 일관성을 뜻한다. 말이 생각이나 행동과 모순되지 않고, 어떤 생각도 다른 생각과 상반되지 않으며 행동이 말과 어긋나지 않으며 말과 말이 어긋나지 않는다. 이런 사람이 진정 정직한 사람이다. 그들은 어떤 차원에서도 자신과 갈등하지 않는다. 그러니 그들이 누구와, 혹은 무엇과 갈등을 일으킨다는 것은 불가능한 일이다"**(M11-12/M-4.II.1:5-9)라고 말하지요.

저는 제이와 농담을 자주 하는데, 저는 제이한테 "에이, 기준을 좀더 높게 잡아야죠"라고 말하겠어요. 제이의 일관성은 완벽해요. 나한테는 아직 해야 할 연습이 아직 좀 남아 있는 것 같지만. 그래도 괜찮아요. 그것 말고 딱히 할 만한 다른 좋은 일도 없는데요 뭐.

퍼사: 맞아요, 그 일밖에 없어요. 에고를 지우고 수업의 진실을 다른 이들과 나누는 일이야말로 당신이 바랄 수 있는 최고의 일입니다. 그래서 우리가 계속 당신을 만나러 오는 것이고, 당신도 우리를 만나게 되는 겁니다. 이번 방문기간 동안의 목적도 두 번째 방문기간 때와 마찬가지로 당신과 다른 이들 안에 있는 에고를 지우는 일을 계속 가속하기 위해서예요. 당신이 진행하는 워크샵의 목적도 마찬가지죠. 우리가 당신과 이야기할 때 반

복되는 내용이 있을 거예요. 수업을 배우고 수업의 내용이 내면으로 침잠되게 하려면 필요한 일이죠. 하지만 이렇게 반복을 하더라도 당신이 자신의 용서 과제를 하지 않는다면 수업의 내용이 마음에 스며들지 않을 거예요. 그래도 반복은 꼭 필요한 일입니다.

수업 〈교재〉는 여섯 쪽 분량의 내용을 백 가지 다른 방법으로 표현한 것이라고들 하죠.

개리: 수학적으로 정확히 말하자면, 여섯 쪽이 111가지의 방식으로 반복된다고 해야겠죠.•

퍼사: 아턴, 쏘아붙일까요, 그냥 째려볼까요?

아턴: 그냥 째려봅시다.

주: 30초 후에…

퍼사: 시간 속에서는 반복이 존재하는 듯이 보입니다. 그러나 만약 바른 메시지가 반복된다면 그것은 시간을 지워버립니다. 공간과 마찬가지로 시간도 그냥 하나의 분리의 생각일 뿐이에요. 당신에게는 다양한 시간과 장소가 있지만, 사실 그런 것은 존재하지 않아요. 시공간의 우주에 있는 모든 것은 분리에 기반하고 있죠. 모든 것에는 시작과 끝이 있고, 경계나 한계가 있습니다. 우주가 겉보기에는 장엄하지만 그 겉모습에 속지 않는 법을 배워야 해요. 우주를 즐기면 안 된다는 얘기가 아니라, 우주를 실재로 만들 수는 없다는 말입니다.

개리: 알겠어요. 영화를 보러 갈 때 영화가 사실이 아닌 것을 안다고 해

• 〈기적수업〉 영어 원서에서 〈교재〉는 총 669쪽이다.

서 영화를 즐기지 못하는 건은 아니니까요. 이 우주라는 영화도 그렇게 할 수 있어요. 이 우주가 진짜가 아니라고 해서 즐거운 시간을 보낼 수 없는 것은 아니죠. 나는 평생 음악가였는데, 오히려 요즘에 와서 그 어느 때보다도 음악을 즐기고 있답니다. 얼마 전에 신디와 함께 할리우드 보울*에서 열린 이글스the Eagles의 공연을 보러 가서 신나게 즐기고 왔어요.

퍼사: 사실 에고를 지워나가다 보면 결국 자신의 삶을 덜 즐기는 것이 아니라, 더 즐기게 될 거예요. 마음속 죄책감이 줄어들기 때문인데, 죄책감을 덜 느끼면 모든 것을 더 즐기게 돼요. 말 그대로 모든 것을 말이죠. 그러니까 즐거운 시간을 가진다고 해서 수업에 반하는 것은 아니라는 점을 늘 명심하세요. 나랑 제이랑 마리아, 다대오, 이사아, 스데반, 빌립, 심지어는 베드로까지도, 우린 읍내에 나가서 한바탕 웃으며 놀곤 했어요. 우리가 얼마나 크게 웃었는지, 사람들은 우리가 술에 취한 게 틀림없다고 생각할 정도였으니까요. 하지만 우린 취한 게 아니었어요. 때론 몇몇이 조금 취하기는 했어요. 포도주를 마셨거든요. 하지만 마실 만한 깨끗한 물이 없어서 그랬던 거예요. 더러운 물을 마시거나 너무 오래돼서 상한 음식을 먹고 죽는 일이 드물지 않았거든요.

개리: 상당히 암울한 생존이었던 것 같네요.

아턴: 만약 당신의 행복이 외부의 상황에 달려 있었다면 왕족이 아닌 이상 당시엔 그런 식으로 살아가는 것이 보통이었죠. 사실 오늘날 사람들은 옛날의 왕족보다도 더 잘살고 있는데도 그걸 별로 감사해하지 않아요. 이 것만 보더라도 세상의 장난감들이 사람들을 정말로 행복하게 해주지는 못한다는 걸 알 수 있어요. 일시적으로 사람들을 흥분시킬 수는 있지만 그것

---

* Hollywood Bowl: 자연적으로 이루어진 미국 할리우드의 원형극장. (두산백과)

도 늘 희미해지고 말지요. 하지만 마음속의 죄책감을 지우고 나면 기뻐할 수 있습니다. 괴로움도 덜 겪게 되지요. 기억하세요. 이 말은 아무리 강조해도 지나치지 않습니다. 수업은 말하지요. **"죄책감 없는 마음은 고통받을 수 없다."**(T84/T-5.V.5:1)

개리: 나한테 적용할 수 있도록 좀더 구체적으로 말씀해주신다면요?

아턴: 이 말인즉슨, 마음속에 정말로 죄책감이 하나도 남아 있지 않으면 당신은 말 그대로 그 어떤 신체적 고통도 느낄 수 없게 된다는 뜻입니다. 하지만 이것은 당신의 마음이 성령에 의해 완전히 치유될 때 일어날 일이고, 이 치유는 당신이 당신의 용서 과제를 성공적으로 모두 마쳤을 때 이뤄집니다. 제이는 십자가형을 당했을 때 그 어떤 고통도 느낄 수 없었어요. 제이는 고통에 시달릴 수가 없었지요. 바로 이것이 다른 이들의 죄를 대신해서 고통받고 희생했다는 제이라는 존재가 인류 역사의 가장 큰 수수께끼가 된단 한 가지 이유예요. 제이는 고통을 겪을 수 없었고, 제이의 의식에는 희생이란 개념이 아예 없었어요. 당신이 스스로를 몸과 동일시한다면 몸은 자신을 희생시킬 수 있지요. 하지만 십자가형의 가르침은, 제이는 다칠 수 없다는 것이었어요. 제이는 몸이 아니었기 때문이죠. 제이는 자신을 몸과 동일시하지 않았습니다. 제이는 자신의 마음속에서 신과 자신이 완벽한 일체임을 경험하고 있었어요. 제이의 본성은 죽임을 당할 수가 없었어요. 당신도 그것을 경험하는 것이 가능해요. 제이처럼, 또 나와 퍼사가 마지막 생에서 그랬던 것처럼, 그 무엇에도 다칠 수 없는 느낌으로 한 점 두려움 없이 지상을 거닌다고 상상해보세요.

하지만 그러면서도 퍼사와 나는 평범하게 살았어요. 우리는 좋은 시간을 보내는 법도 알았지요. 당신처럼, 또 2천 년 전의 도마와 이사아와 다대오처럼 말이에요. 우리는 신약에 묘사된 것처럼 항상 경건하기만 한 사람들은 아니었어요. 당시에는 신약이란 것도 아예 없었지만요. 신약은 나중에 나왔어요. 제이가 살던 시대는 여전히 구약성서 속처럼 케케묵은 시대였어요. 다대오의 말처럼, 그 사람들은 '나아가서 번성하는' 법을 알고 있었지요!

개리: 그게 주님(the Lord)의 길이죠.

퍼사: 당신은 여전히 좋은 시간을 보내고 있긴 하지만, 당신의 삶은 변했어요. 최근에 겪은 문화적 충격을 용서하고 있나요?

개리: 많은 변화가 있었지요. 대개는 좋은 변화였어요. 그런데 아직 집 필작업에 집중할 만큼 여행을 줄이지는 못했어요. 미안해요.

퍼사: 우리가 미안하다는 말에 대해 했던 말을 명심하세요.

개리: 아, 미안해요. 어쨌든 난 새로 생긴 가족이 좋아요. 추수감사절만 봐도 잘 나타나요. 메인에 살 때에는 추수감사절 때마다 카렌과 처가에 가곤 했지요. 물론 장인어른이 돌아가시고 카렌의 형제들과 가족이 그곳을 떠나기 전까지지만요. 거기서 우리는 주야장천 스포츠 얘기만 했죠. 한 시간 정도라면 나도 스포츠에 대해서 즐겁게 이야기를 나눌 수 있어요. 하지만 여섯 시간 내내 스포츠에 대해서만 이야기하라면… 정말 그러고 싶지 않아요. 그런데 이젠 완전히 달라졌어요. 요즘 신디와 나는 장모님을 모시고 신디의 언니인 재키 집에서 추수감사절을 보내요. 재키는 최면술가이자 수업 학생이고, 장모님도 오랫동안 수업을 공부해오셨죠. 재키와 장모님도 신디처럼 우리 책을 읽어봤고, 우리 넷은 대부분의 시간을 수업에 대해 이야기하면서 보낸답니다. 메인에서 살았을 때와는 완전히 다르죠. 그곳의 생활이 마치 전생처럼 느껴질 정도니까요. 하지만 나만 그런 것 같지는 않고, 우리 모두가 꿈속의 이 한 생애 속에서도 여러 생을 살고 있는 것 같아요.

주: 그다음 해 추수감사절부터는 마크Mark도 함께하기 시작했다. 마크는 내가 독자들을 위해 마련한 멕시코 유람선 여행에서 재키를 만났고 둘은 8개월의 연애 끝에 결혼에 골인했다. 마크도 수업을 열심히 공부하는 학생이었으며, 지금은 은퇴했지만 한때는 공군 소령으로 아프가니스탄에서 비행기 조종사들을 훈련시키고 대형 화물수송기를 조종하기도 했다고 한다. 그는 또 성공한 음악가로, 자기 집에 녹음실까지 갖춘 음반 및 영상 제작자이기도 했는데, 마크를 동서同壻로만이 아니라 형제로 받아들인 나는 그가 이 환영 속의 양쪽 뇌를 모두 사용하고 있음을 쉽게 알 수 있었다.

개리: 어릴 적 매사추세츠 주에 살았을 땐 온 가족이 삼촌 댁에 모이곤 했어요. 40명가량 됐는데 친척들 대부분이 악기를 연주하거나 노래를 부르거나, 아니면 둘 다 할 수 있었죠. 그래서 즉흥연주가 한바탕 벌어지곤 했어요. 이제는 아주 오래전 일 같네요. 내 나이가 벌써 육십이라니, 믿기지 않아요. 아직도 30대처럼 느껴지는데 말이죠.

아턴: 우리가 당신에게 나타나기 시작한 이후로 당신이 나이를 먹지 않았다는 것을 눈치챘나요? 우리가 당신한테 처음 나타난 지도 20년이 다 되어가네요.

개리: 그렇게 생각해본 적은 없었어요. 그냥 젊어 보인다고만 생각했는데, 맞는 말이네요. 당신들이 내 사고 패턴을 깨뜨리고 내가 참된 용서를 실천하기 시작해서 그런 건가요?

아턴: 당신은 그동안 스트레스를 많이 받았다고 생각하지만, 용서를 실천하지 않았다면 스트레스가 훨씬 더 심했을 거예요. 모든 사람이 스트레스를 받을 법한 일들을 겪지요. 하지만 언제나 중요한 것은 상황 자체가 아

니라 그 상황을 어떻게 바라보느냐입니다.

개리: 당신들한테 묻고 싶은 게 있었어요. 요즘 계속 우리의 책을 영화로 만드는 일에 대해 생각하고 있는데, 영화 한 편에 모든 정보를 담기는 역부족이거든요. 텔레비전 시리즈로 만드는 것이 나을까요?

퍼사: 그 주제에 대해서는 따로 말하지 않을게요. 우리는 당신이 직접 그 과정을 겪기를 원해요. 그건 당신의 각본의 일부예요. 말장난을 하려는 건 아니고요. 우리는 당신이 겪기로 되어 있는 일을 직접 겪길 원해요. 뭘 해야 할지 성령에게 물어보세요. 그러면 모든 이에게 최선이 되도록 인도받을 겁니다.

개리: 그럼 이런 내용은 어때요? 당신과 아턴이 악당들의 추격을 받으면서 솔트레이크 시티를 가로지르며 총격전을 벌이는 거예요. 그러다가 당신들의 차가 템플 스퀘어Temple Square에서 충돌해 멈추고, 당신들과 악당들과 몰몬 터버너클 합창단Mormon Tabernacle Choir의 변절한 단원들이 삼파 총격전을 벌이는 거죠.●

퍼사: 한참 더 손을 봐야겠네요. 아까 문화충격 이야기를 하다 말았죠?

개리: 아, 예. 이곳에선 유명인들 마주치는 일에 익숙해지고 또 10차선 고속도로를 달리는 일에 좀 익숙해지고 나면 다들 진짜 캘리포니아라 할 수 있는 외진 곳의 보석들을 찾기 시작하죠. 그동안도 나쁘지는 않았어요. 사실 여기서 보낸 시간의 대부분이 좋았어요. 물가가 정말로 비싸다는 것만 빼면요. 이 모든 일이 시작된 이후로, 나에게 가장 힘든 일은 여행이었던 것 같아요. 처음에 여행을 시작했을 때는 손님 대접을 받았는데 이제는 용의자 취급을 받고 있어요. 해가 갈수록 여행객 괴롭히는 방법들이 계속 늘

● 개리가 여기서 언급한 고유명사들은 모두 몰몬교와 관련된 것들이다.

어나고 있죠. 이게 나한테는 줄곧 큰 용서의 기회였어요. 신디가 몸수색 당하는 모습을 봤을 땐 정말이지 화가 솟구치더라고요.

아턴: 그때 신디는 어땠나요?

개리: 신디도 너무 화가 나서 욕이 튀어나올 뻔했다니까요.

아턴: 하지만 정말로 입 밖으로 꺼내지는 않았죠.

개리: 네. 신디는 내가 만나본 사람 중에서 가장 긍정적인 사람이에요. 〈실습서〉 제68과의 제목 아시죠? — **"사랑은 원망을 품지 않는다."** (W115/W-pI.68) 그건 바로 신디를 두고 한 말이에요.

아턴: 맞아요. 당신은 운이 참 좋아요. 뭔가 용서해야 할 일이 올라오거든 — 결혼생활에서도 그런 일이 늘 생기기 마련이지만 — 그 일의 목적을 잊지 마세요. 성령이 바라는 대로 그 일을 이용해서 상대를 본래의 모습으로 바라보면 당신은 거룩한 관계를 갖게 될 거예요.

개리: 네. 우리는 여행을 포함해서 이 영화를 즐길 수 있어요. 덴버Denver 에서 있었던 재미난 일을 이야기해줄게요. 검색대를 통과하는데 나이 지긋한 TSA* 직원이 물건들을 금속탐지기에 집어넣고 있더군요. 일흔 정도 돼 보였는데, 먹고 살기 위해서 정년이 지나도 어쩔 수 없이 일을 하고 있구나 하는 생각이 들더라고요. 그래서 그분 가까이에 서 있게 됐을 때 내가 넌지시, 좀 어떠시냐고 인사를 건넸죠. 그랬더니 그분 하시는 말씀이 "난 꿈에 그리던 삶을 살고 있는 걸요"(I'm living the dream)라고 하더군요.

퍼사: 그 사람은 농담을 한 거였어요. 자기가 처한 상황에 대해 유머감각을 잃지 않고 있으니 좋은 일이지요. 하지만 제이가 수업에서 말한 것처럼 행복한 꿈을 사는 것도 가능한 일이에요. 제이의 수업은 행복한 종류의

---

* 미국 국토안보부 산하 교통안전청

영성이에요. 제이의 수업은 사람들이 익숙해하는 고통스럽고 음울한 종교적 도그마가 아니에요. 사실 제이의 수업은 당신이 처해 있는 듯이 보이는 이 모든 곤경에 대해 해피엔딩을 보장해줍니다. 시간에는 끝이 있답니다. 수업은 **"성령이 시간이 끝난 지점으로부터 돌아보았다"**고 가르치니까요.(W324/W-pⅠ.169.8:2) 우리가 성령은 모든 것을 볼 수 있다고 했지만, 농담이 아니에요.

모든 이들이 같은 곳에 가게 될 거예요. 어느 누구도 천국에서 제외되지 않을 겁니다. 만약 어느 누구라도 제외된다면 천국은 온전하지 못한 곳이 될 테니까요.

> 🔥
>
> **어느 누구도 천국에서 제외되지 않을 겁니다. 만약 그렇다면 천국은 온전하지 못한 곳이 될 테니까요.**

개리: 하지만 천국에 합당치 않은 멍청이들은 어떡하죠?

아턴: 그 형제들이 멍청이의 모습으로 천국에 가진 않을 거예요. 몸을 가지고 천국에 가는 건 아니거든요. 그들도 결국은 몸과의 동일시를 완전히 잊어버릴 겁니다. 그건 단지 꿈이었을 뿐이니까요. 꿈에서 깨고 나면 꿈은 어디로 갈까요? 꿈은 사라져버립니다. 그래서 우리는 당신에게 첫 번째 책의 제목을 《우주가 사라지다》(The Disappearance of the Universe)라고 붙이라고 했던 겁니다.

개리: 아. 안 그래도 제목이 왜 그런지 항상 궁금했어요.

아턴: 그들도 자신들의 집으로 돌아올 겁니다. 완벽한 일체로 말이죠. 명심하세요, 개리. 이 세상에 있는 사람치고 한때 살인자가 아니었던 사람은 아무도 없어요. 이게 바로 이원성입니다. 당신들 모두가 수업이 말하는 **'지옥의 꿈'** 속에 남아 있어야만 한다고 생각하는 건가요?(T667/T-31.VIII.3:5)

개리: 생각 중이에요. 알았어요. 외관상의 대립쌍에 대해서는 잊었어요. 많은 사람들이 지옥에 가면 어떻게 하나 염려하죠. 하지만 자신이 이미 지옥에 있다는 것은 몰라요. 제이의 말에 따르자면, 천국의 완벽한 일체(perfect oneness)가 아닌 것은 죄다 지옥입니다. 그리고 지옥 하면 생각나는 것들 있죠? 지옥의 그림들이 담긴 오래된 책들에 나와 있는 끔찍한 장면들 말이에요. 그 그림 속에선 사람들이 불에 타기도 하고 거세를 당하기도 하죠. 하지만 이런 일들은 이곳에서도 실제로 일어날 수 있는 일들이에요! 이런 일을 겪으려고 지옥까지 갈 필요가 없어요. 왜냐하면 천국에 있는 것이 아니라면 이미 지옥에 있는 것이기 때문입니다. 하지만 **"모든 것을 품고 있는 것은 대립쌍을 가질 수가 없기 때문에"**(Introduction) 겉보기에는 어떨지 몰라도 사실 지옥(hell)은 어디에도 존재하지 않죠.

퍼사: 재치가 번득이네요. 그럼 메인 주 어번에 있는 뉴에이지 서점에서 〈기적수업〉을 처음 집어들고 읽어봤을 때 느낌이 어땠는지 말해줄래요?

개리: 속으로, '대체 뭐라는 거야?'(What the hell is this?)라고 생각했어요. 이해가 안 되니 외국어나 마찬가지였죠. 신디와 그리스 아테네에 워크샵을 하러 갔을 때가 생각나네요. 그곳 사람들에게, 영어권에서는 수업같이 뭔가가 이해 안 될 때 "그리스어처럼 들린다"고 하는데 그리스에서는 어떻게 표현하느냐고 물었더니 "중국어처럼 들린다"고 한다더군요.

퍼사: 그럼 수업이 그토록 이해하기 어려운 이유가 뭐 때문이라고 생각해요?

개리: 수업에 실린 50만 개나 되는 단어가 학자 풍에, 프로이트 풍에, 성서적인 언어로도 쓰이고, 약강오보격으로 쓰였다는 건 이미 알고 있으니 제쳐두고, 수업의 가르침이 너무나 무지막지하고 심각해서 사람들에게 이런저런 신체 증상까지 일으킨다는 이유도 제쳐두고요?

퍼사: 네, 그런 이유는 다 빼고요.

개리: 그럼 모르겠어요.

아턴: 수업이 그토록 이해하기 어려운 것은 수업이 홀로그램 방식으로 제시되고 있기 때문이에요. 수업은 단선적인 논리로 차례차례 설명해주고 있지 않아요. 수업은 시작부터 가장 급진적인 원리들이 나옵니다. '기적의 원리'(Principles of Miracles) 1장의 첫 번째 원리는 **"기적에는 난이도가 없다"**(T3/T-1.I.1:1)고 말하지요. 그 누구도 이걸 읽고 단번에 그 뜻을 짐작하기란 불가능합니다.

무엇보다, 아직 기적이 무엇인지조차 모르거든요. 제이가 이 책을 〈기적수업〉이라 부른 것은 기적의 정의를 바꾸길 원했기 때문이에요. 제이는 사람들이 기적을 세상이라는 저 외부의 스크린에서 일어나는 어떤 것이라고 생각하는 대신, 마음속에서 일어나는 것으로 생각하길 원했던 거죠. 예컨대 불타는 떨기나무처럼, 세상은 결과일 뿐이고 원인은 마음이에요. 맞아요. 물론 기적이 상징적 형태로 세상이라는 스크린 위에 나타날 수도 있고, 그러지 않을 수도 있어요. 하지만 진정한 기적은 당신이 자신의 마음을 변화시키고, 에고로써 생각하는 대신 성령과 함께 참된 용서를 실천할 때 일어납니다.

운 좋으면 반복을 통해서 수업의 진정한 뜻을 포착하기 시작하는 경우도 있지만 알다시피 그건 드문 일이지요. 그래서 우리가 당신의 책들을 통해서 당신과, 다른 사람들에게 수업에 대한 선형적線形的인 방식의 설명을 제시하고 있는 거랍니다. 우리는 당신을 위해서 수업을 말로 하나하나 설명해주고 있어요. 우리는 당신이 설명을 듣고 나서 수업을 읽었을 때 스스로 수업이 이해되는 수준에 이를 때까지 당신에게 수업을 이해시킬 겁니다.

개리: 맞아요. 〈기적수업〉 공부를 중도에 포기하고 수년간 책장에 꽂아

만 놓았다가, 우리 책들을 읽고 나서는 이해가 돼서 수업으로 돌아간 사람들을 수없이 만나봤어요. 이해하지 못한 것을 삶에서 실천하기란 불가능하지만 이제 그들은 실천을 하고 있어요. 그것만으로도 내가 겪었던 모든 쓰레기들도 그럴 만한 가치가 있었던 거예요.

아턴: 당신이든 누구든, 자신이 겪는 일을 용서할 때에만 그 일은 그럴 만한 가치가 있는 거예요. 그 일의 목적이 무엇인지를 항상 기억하세요. 그러니 우리가 하는 일의 목적은 수업에 대해 선형적인 설명을 제시함으로써, 사람들이 수업을 읽고 이해해서 삶에 적용할 수 있도록 힘을 실어주는 거랍니다.

개리: 알았어요. 성령이 시간의 끝에서 되돌아본다는 이야기는 꽤나 특이한 이야기죠. 매우 좋은 의미로 말이에요.

아턴: 시간에 대한 수업의 관점은 이해하기가 매우 어려운데, 시간에는 자체적인 역설이 있기 때문이죠. 한편으로 시간은 홀로그램과 같아서 모든 일은 한꺼번에 일어났고, 또 수업에 따르자면, 다 끝난 일입니다. 아인슈타인도 지적했고 수업도 동의하듯이, 과거와 현재와 미래는 동시에 일어납니다. 물론 수업은 그것이 일어나는 것처럼 보일 뿐이라는 점도 짚어주고 있지만요. 그런데 시간에는 홀로그램적인 설명 말고도, 선형적인 가짜 경험도 있습니다. 물론 홀로그램적인 설명도 가짜입니다. 말했듯이 궁극적으로 시간이란 분리의 한 생각에 불과하니까요.

여하튼 당신은 사건들이 마치 차례차례 일어나는 것처럼 경험합니다. 당신은 자신이 실제로 시간의 흐름을 따라 그런 일들을 벌이고 있는 것이라고 믿고 있어요. 물론 사람들이 이런 식으로 경험하고 있다는 걸 부정하려는 건 아니에요. 사실 이런 식으로 경험하고 있죠. 내가 말하고 싶은 것은, 그 경험은 가짜라는 것뿐이에요. 지금 당신이 보고 있는 것은 사실이 아니에요. 그럼 이게 무슨 말일까요? 이 말은, 모든 일이 이미 다 일어났지만 그래도 당신은 그것을 해야만 한다는 뜻입니다!

개리: 맞아요. 내가 제일 좋아하는 구절 중 하나가 〈실습서〉 169과에 있어요. 제이는 시간에 대한 이 모든 비밀스러운 이야기와, 성령이 **"그의 창조주의 이름과 그 아들의 이름으로 구원의 대본을 썼다"**는 이야기를 하지요.(W324/W-pI.169.9:3) 여기서, 창조주의 아들이란 내가 이곳에 있지 않을 때 나의 본모습인 그리스도를 가리키고, 이것이 에고의 각본과 모든 것에 대한 대답(Answer)이었어요. 이 구절 다음에 제가 좋아하는 구절이 이어집니다. **"세상 누구도 이해할 수 없는 것을 더 명확히 밝혀야 할 필요는 없다."** (W324/W-pI.169.10:1) 이 말이 맘에 들어요. 그러니까 내 말은, 그럼 애초에 제이는 왜 이 주제를 꺼낸 걸까요?

아턴: 덧붙이자면, 성령이 쓴 각본은 이 세상에서 일어나는 것이 아니에요. 기억하세요. 세상은 존재하지 않습니다! 이 수업이 결과가 아니라 원인에 관한 수업이라는 점은 당신도 알지만, 대부분의 수업 교사와 학생들이 맨 먼저 하는 일이란 수업을 저 바깥 스크린에다 갖다놓고 세상을 고치는 일에 몰두하는 것이죠. 그러니까 그들은 존재하지도 않는 세상을 구하려는 겁니다. 그건 아니죠. 성령의 각본이란 에고의 각본에 대한 다른 해석을 가리킵니다. 지금 일어나고 있는 일들이 에고의 각본입니다. 이걸 업(karma)이라고도 부를 수 있겠죠. 이것은 당신의 몸에 일어나는 듯이 보이는 일을 포함해서, 스크린 위에서 일어나는 것처럼 보이는 환영이요 가짜인 원인과 결과입니다. 하지만 몸 자체도 하나의 결과에 지나지 않아요. 육체란 분리의 한 증상이자 한 상징입니다.

성령의 각본이 펼쳐지는 곳은 마음속입니다. 당신의 유일한 진짜 힘을 발휘하여 당신이 보고 있는 일에 대한 성령의 해석을 선택하는 법을 배우세요. 그럴 때, 당신은 성령의 각본으로 갈아타고 있는 겁니다. 이 각본은 시공간 밖으로부터 당신에게로 와서 시공간에 대한 당신의 마음을 바꿔놓지요.

개리: 와! 이제 정말 이해한 것 같아요. 그렇다면 내가 영적으로 진보한 게 맞는 거죠?

퍼사: 다시 째려보게 만들지 마세요.

개리: 사람들이 종종 〈기적수업〉을 공부하는 가장 좋은 방법이 뭐냐고 묻곤 해요. 예를 들면, 〈교재〉를 먼저 공부해야 할지, 아니면 〈실습서〉를 먼저 해야 할지, 〈실습서〉를 1년 안에 끝내야 하는지, 아니면 좀더 걸려도 괜찮은지, 〈실습서〉를 제대로 못하고 있다고 생각할 때 처음부터 다시 해야 하는지 등등을 말이죠.

아턴: 일단 사람들이 《우주가 사라지다》 — 당신의 독자들 중 많은 이들이 애칭하듯이 《우사》 — 를 읽어봤다면 〈실습서〉를 시작할 수 있어요. 당신의 첫 번째 책인 이 책을 읽고 나면 〈실습서〉를 상당히 잘 이해 할 수 있게 될 것이고, 두 번째 책과 이제 곧 나올 세 번째 책까지 읽어본다면 더욱 잘 이해할 수 있을 거예요. 〈실습서〉는 1년 만에 끝내야만 하는 건 아니에요. 당신의 경우 처음으로 〈실습서〉를 공부했을 때 1년 4개월 반이 걸렸죠. 때때로 특히 도움이 되는 과가 있다면 그 과를 며칠 동안 해도 좋고, 때로는 이틀 정도 쉬어도 괜찮아요. 당신도 알다시피 유일한 지침은 하루에 한 과 이상 하지 말라는 것뿐이에요.

덧붙일 것은, 실습서를 공부하다가 도중에 멈췄다고 해서 처음부터 다시 시작하지는 말라는 겁니다. 그렇게 하는 사람들이 많이 있는데 그것은 자신이 제대로 하고 있지 않다고 생각해서 그런 겁니다. 하지만 자신이 해야 한다고 생각하는 만큼 〈실습서〉를 공부하는 사람은 아무도 없어요. 〈실습서〉를 완벽하게 할 수 있다면, 애초부터 여기서 뭘 하고 있는 거냐고 묻고 싶네요. 그냥 자기가 할 수 있는 만큼만 하세요. 〈실습서〉를 제대로 하고 있지 못하니 처음부터 다시 해야 한다고 스스로를 믿게 만드는 것은 당신이 〈실습서〉를 하지 않도록 회유하려는 에고의 술수일 뿐입니다.

〈교재〉에 대해 말하자면, 당신이 처음에 〈교재〉를 얼마나 빨리 읽으려고 했는지 기억나죠?

개리: 네, 바보 같은 짓이었죠. 많이 이해한 것도 아니었어요. 그래도 1인칭 시점으로 말하고 있는 화자가 예수라는 건 알아차렸죠. 전에 성서를 좀 읽어봤거든요.

아턴: 〈교재〉를 읽는 최고의 방법은 천천히 읽는 겁니다. 허겁지겁 읽지 말고 하루에 두 쪽 정도만 정독하세요. 하루에 두 쪽이나 그 이하로 읽어도 〈교재〉를 1년 안에 완독하게 되고, 심지어는 중간 중간 쉬는 날을 가질 수도 있어요. 이렇게 천천히 정독하면 교재를 좀 더 잘 이해할 수 있게 되고, 〈실습서〉처럼 실용적으로 적용할 수도 있답니다. 교재를 단순히 이론으로만 그치게 하는 것이 아니라 교재에 있는 생각들을 자신의 일상 속에서 적절히 적용할 수 있는 거죠. 수업이 바른 마음의 사고라고 부르는 것 말입니다. 이때 당신은 성령과 함께 생각하고 있는 것이고 동시에 에고의 사고 패턴을 깨고 있는 겁니다. 이것이 결국에는 삶에 대한 당신의 경험을 바꿔놓는데, 그러면 당신은 결과가 아니라 원인을 다루게 되기 때문이죠.

〈교사를 위한 지침서〉도 똑같이 하면 됩니다. 여유를 가지고 하루에 두 쪽씩 읽고, 그 내용이 스며들게 하세요. 성령처럼 사고하는 법에 익숙해지세요. 그러면 영으로 돌아가게 될 겁니다.

퍼사: 우리는 수업이 천국은 불변하고 영원하다고 가르친다고 말해왔죠. 또 우리는 거룩한 순간이란 당신이 에고 대신 성령을 선택하는 순간이

라는 것도 살펴봤었고요. 그렇다면 〈교재〉에서 '거룩한 순간'(The Holy Instant)
이라 불리는 15장의 다음 구절을 기억하세요.

변화가 없다면 시간은 상상할 수 없다. 그런데 거룩함은 변하지 않는다.
이 순간으로부터 단지 지옥은 없다는 것 이상의 것을 깨우치라. 이 되찾은 순
간 속에 천국(Heaven)이 있다. 그리고 천국은 변하지 않을 것이니, 거룩한 현재
로의 탄생은 변화로부터의 구원이기 때문이다.(T303/T-15.I.10:1-4)

> ❦
> **거룩한 순간이란**
> **에고 대신 성령을**
> **선택하는 순간입니다.**

개리: 고마워요. 천국이 결코 변하지 않
으리라는 사실을 알아두는 건 좋은 일이죠.
영원히 의지할 뭔가가 있다는 거니까요. 또
참된 용서가 천국에 다다르는 방법이라는
것을 확실히 알아두는 것도 좋은 일이에요.
아시다시피, 저는 수업을 5년 동안 공부했다는 사람들을 만난 적이 있는데,
그들은 수업이 용서에, 다시 말해 참된 용서에 초점이 맞춰져 있다는 사실
을 아직도 모르고 있더라고요. 형이상학적 이론에만 매료되거나, 수업을
제대로 이해하지 못한 교사들에게 매달려 있다 보니, 나무만 보느라 정작
숲은 보지 못하고 있는 것이지요.

아턴: 이 수업을 진정으로 이해하고 실천하는 것에 대해 무의식의 저항
이 엄청나다는 것을 잊지 마세요. 지적인 능력의 문제가 아니라 에고의 저
항이 문제예요. 수업을 정말로 이해하고 실천한다는 것은 에고에게는 곧
죽음이어서, 에고도 어느 차원에서는 그것을 직감하고 있습니다. 따라서
에고는 당신이 진실에서 눈을 돌리도록 오만 가지 방법을 다 동원할 겁니
다. 물론 에고의 최우선 목적은 당신이 자신을 몸이라고 생각하게 하는 것

이지만, 이것 말고도 에고는 온갖 다양한 주의분산 책략을 펼칠 겁니다. 당신이 진실을 경험하는 것을 지체하게 만드는 것이라면 뭐든 간에 에고에게는 아주 요긴한 도구가 될 테니까요.

개리: 대부분의 사람들에게 알려진 '내면의 평화 재단'에서 펴낸 〈기적수업〉이 아니라 〈기적수업〉의 초기 원고들이야말로 제대로 된 수업이라고 주장하며 벌이는 논쟁 같은 것도 모두 여기에 해당한다는 뜻이죠?•

퍼사: 맞아요. 수업이 논쟁에 대해서 하는 말이 바로 그 말입니다. 그것은 **"진실에 맞서기 위한 지연 형태의 방어전략"**(CL77/C-in. 2:3)이지요. 수업의 여러 버전들의 차이점은 대부분 교재의 초기 다섯 장章에 관련된 것인데, 이 초기의 장들은 헬렌과 빌을 위해 의도된 개인적이고 전문적인 내용들이 많아서 그들은 다섯 장 중 이런 부분들은 빼기를 원했지요. 하지만 수업 〈교재〉에는 다섯 개의 장만 있는 것이 아닙니다. 〈교재〉만도 총 31개의 장으로 이루어져 있고, 〈교재〉 외에 〈실습서〉와 〈교사를 위한 지침서〉도 있으니까요. 결국 나무만 보느라 숲을 보지 못하는 거죠!

〈기적수업〉을 받아 적는 일은 7년에 걸쳐 진행된 작업이었어요. 헬렌의 믿음직한 친구이자 동료인 빌 텟포드Bill Thetford는 헬렌이 속기노트에다 적은 예수의 말을 불러줄 때 그것을 타자로 한 번 옮겨 쳤어요. 하지만 그 후로 6년 동안 헬렌이 직접 여섯 번이나 더 타자했고, 항상 제이의 인도를 받아 편집을 했죠. 그리하여 1972년에 헬렌이 켄 왑닉에게 처음으로 수업의 일부를 보여주었을 때는 이미 내용상의 편집은 끝난 상태였어요. 헬렌이 켄과 함께 한 편집이란 대문자 표기와 구두점을 통일하고 각 장의 제목과 소제목을 정리한 것이었을 뿐, 켄이 내용상의 편집은 결코 하지 않았습니

• 《그대는 불멸의 존재다》 7장 '퍼사의 도마복음' 참고.

다. 그리고 빌은 편집 일에는 아무런 관심도 없었고요. 빌은 수업의 초기 51개 원리 중 두 원리를 합쳐서 50개의 원리로 바꾸는 편집에만 참여했어요. 그게 더 보기에 좋다고 생각했거든요. 그 이외에는 빌은 편집에 전혀 개입하지 않았어요.

어떤 이들은 수업의 초기 원고 중 하나인 '얼텍스트urtext'에, 수업에 어떤 내용이 들어가야 할지 말지를 결정할 때 혹시 의견이 일치하지 않거든 빌이 이를 결정해야 한다고 되어 있다는 사실을 놓고 호들갑을 떨곤 하죠. 하지만 이 사람들이 당신에게 말해주지 않는 사실이 한 가지 있어요. 왜냐하면 그때 그들은 그 자리에 없었으니까요. 그것은, 수업에 무엇이 들어갈지에 관해서 헬렌과 빌의 의견이 맞지 않았던 적은 한 번도 없었다는 사실이에요. 헬렌과 빌은 수업의 뜻을 정확히 이해했고, 그들에게는 수업에 무슨 내용이 들어가야 할지가 너무나 자명했어요. 그리고 헬렌과 빌이 수업을 소개하기 위해서 1970년대 말에 이곳 캘리포니아에 직접 왔었다는 사실을 잊지 마세요. 그때 그들은 '내면의 평화 재단'에서 출판한 버전의 〈기적 수업〉을 들고 와서 사용했고 지지했을 뿐만 아니라 켄 웝닉과 밥 스커치와 쥬디 스커치(이제는 물론 주디 스커치 윗슨이지만)와 함께 재단의 창립회원이었답니다.

현재 구해볼 수 있게 된 수업의 초기 버전들에는 북미저작권청(U.S. Copyright Office)과, 버지니아 비치에 있는 '연구와 깨달음을 위한 협회'(the Association for Research and enlightenment)에서 훔친 내용도 포함되어 있어요. 정직하지 못한 일이죠. 생각해봐요. 당신이 기나긴 과정을 거치면서 책을 써서 출판했는데, 누군가가 당신의 초고를 훔쳐서 불법적으로 인터넷에 올려놓고는 이것이 이 책의 올바른 버전이고 당신이 잘못된 버전을 팔고 있다고 주장한다면 어떻겠어요? 그런데 이런 일이 수업에 벌어진 거예요. 그리고 수업을 '어설프다(sophomoric)'고 묘사하며 다소 혼란스러워했던 판사가 나중에 수업의 저작권을 무효화하여 공공자료로 분류하는 바람에 오늘날 사람들은 초기 원고들을 마음대로 팔아서 훔친 자료로부터 돈을 챙기고 있어요. 거기에 힘을 실어주고 싶다면 그렇게 하세요. 아니면 지금 성령이 끊임없이 당신을 바로잡고 있는 것과 마찬가지로 제이가 끊임없이 헬렌을 바로잡아주면서 7년 넘게 헬렌에게 전해준 진품을 고수하든지요.

개리: 감정을 거르지 말고 좀 더 직설적으로 말하시지. 아, 일부러 화제를 바꾸려는 건 아니지만, 마리아가 제이처럼 깨달았다면 마리아도 제이처럼 죽은 이를 살렸다든지 하는 외관상의 기적을 일으킨 적이 있나요?

퍼사: 네. 마리아도 깨달았고, 기적적인 일들도 했어요. 물론 기적은 원인인 마음속에서 일어나고 결과인 세상에서 나타나는 것이지만요. 그런데 깨닫기 위해서 모두가 제이처럼 죽은 자를 살려내야 하는 건 아니에요. 만약 모두가 죽은 자들을 살리겠다고 나선다면 아무도 죽지 않을 테고, 그러면 당신들은 모두가 이곳에 영원히 처박혀 있게 될 테니까요. 여하튼 마리아는 죽은 자기 고양이를 되살린 적이 있어요. 물론 사람이든 동물이든 정말로 죽는 것은 아니지만, 마리아는 고양이를 되살리라는 인도를 느끼고는 그렇게 했어요. 고양이는 그렇게 이틀 정도 더 살았고, 마리아는 그것을 매우 기뻐했어요.

그리고 한 번은 제이와 마리아가 함께 물 위를 걷기도 했죠.

개리: 둘이 함께요?

퍼사: 네, 다대오와 나를 포함해서 그걸 지켜보던 사람들은 크게 놀랐어요. 최소한으로 말해서, 전혀 예기치 못했던 일이었거든요. 그 일은 제이와 마리아가 결혼하기 이틀 전에 일어났는데 당시 제이는 27살, 마리아는 22살이었어요. 당시의 기준으로는 다소 늦은 결혼이었지만 그건 이미 그렇게

정해진 일이었죠.

개리: 각본은 이미 완성되어 있으니까요.

퍼사: 맞아요. 그리고 제이와 마리아는 믿음을 유도하기 위해서 그 일을 한 게 아니라 성령의 인도하에서 마음의 힘을 사용하는 법을 알면 이 세상의 법칙은 적용되지 않는다는 것을 증명하고자 그 일을 한 것이었습니다. 수업 뒷부분에서 제이는 이렇게 말하지요. **"너의 거룩함을 통해 신의 권능이 드러나고, 너의 거룩함을 통해 신의 권능이 쓰일 수 있게 되니, 신의 권능이 할 수 없는 일은 없다."**(W58/W-pI.38.2:1-3)

나는 이사아와 함께 제이와 마리아의 결혼식에 참석했고 결혼선물로 제이에게 두루마리와 필기도구를 선사했지요. 당시의 대부분의 사람들과 달리, 제이와 나는 읽고 쓰는 법을 알았거든요. 제이는 선물을 다시 돌려주면서 자기와 함께 여행하면서 그것으로 자기의 일을 기록해달라고 말했어요. 그 말을 들었을 때 난 정말 기뻤어요. 그렇게 하는 것이 맞다고 느꼈고, 다대오를 포함한 우리 다섯이 함께 지내는 걸 좋아했던 이사아도 기꺼이 동의했죠. 그 후의 몇 년간은 우리 인생에서 가장 신이 났던 때였어요. 우리는 성령의 메시지를 다른 이들과 나누는 일에 공헌하는 동시에 제이와 마리아에게서 직접 배울 수도 있었거든요.

제이와 마리아는 마음 이송을 통해서 이 세상 어디라도 즉시 갈 수 있었어요. 사람들이 생각하는 것처럼 제이는 정말로 인도와 티베트와 중국, 심지어는 프랑스와 영국에도 갔었죠. 제이와 마리아는 스톤헨지를 좋아했어요. 에너지는 실재가 아니라는 것을 알면서도 그들은 스톤헨지를 제대로 이해했고, 또 만물의 배후에서 작용하는 천문학적 점성학적 계획도 이해하고 있었죠.

개리: 아, 나도 알아요. 나도 거기 가봤어요!

퍼사: 네, 하지만 당신이 본 건 스톤헨지의 원래 형태가 아니에요. 세워지고 나서 천 년 가량은 온전하게 남아 있었는데, 원래는 지금 남아 있는 돌들 말고 다른 돌들도 있었어요. 그 돌들 위에는 다른 돌들이 덮여서 완벽한 원의 형태를 이루고 있었어요. 어느 날 아침 제이와 마리아는 그곳에서 신과 하나가 되었고 공중으로 떠오르더니 사라져버렸습니다. 이 광경은 그것을 지켜본 몇몇 사람들에게 깊은 인상을 남겼지요.

개리: 그리스에 갔을 때 어떤 사람이 나한테, 제이가 생전에 그곳을 방문한 적이 있다고 했었어요.

아턴: 맞아요. 제이와 마리아는 마음 이송을 이용해서 갔지만, 그리스는 그리 멀지 않기 때문에 그 방법을 쓰지 않더라도 갈 수 있었죠. 당시 사람들은 오늘날 사람들이 짐작하는 것보다 더 먼 거리를 여행했는데, 그게 가능했던 건 세상의 절반을 다닐 수 있는 무역로가 나 있었기 때문이에요. 물론 제이와 마리아는 쉬운 방법을 택했지만요.

사울 혹은 바울이 제이의 십자가형 20년 후에 아테네의 파르테논 신전에서 연설을 했다는 사실은 잘 알려져 있지만, 제이가 그 일이 있기 25년 전에 그곳에서 연설을 했다는 것은 잘 알려지지 않은 사실이에요. 사람들은 제이의 지혜에 경탄했지요.

지금 우리는 12살 때 예루살렘 성전에서 랍비들과 대화를 나눴던 사내아이에 대해 말하고 있어요. 랍비들은 그 아이도 똑같이 랍비rabbi라고 불렀는데, 랍비란 교사라는 뜻으로 어떤 랍비가 당신을 랍비로 불렀다면 그 이상의 찬사는 없다고 봐도 돼요. 어쨌든, 마스터들이 마지막 생애를 보내기 위해서 돌아올 때는 학습곡선•이 크게 휘어 있지 않아요. 그들은 이미 자신들이 깨닫기 위해 필요한 모든 것을 충분히 잘 알고 있고, 그들에게는 대개 가르치고 배워야 할 하나의 굵직한 과제가 있을 뿐이죠. 제이의 경우에는 그게 십자가형이었고요. 그리고 그들의 마지막 생은 다른 이들을 올바른 방향으로 인도하기 위한 빛으로 존재하는 것이기도 해요. 참된 용서를 실천하고 있다면 사람들에게 영향을 미칠 수밖에 없는데, 마음들은 모두가 하나로 이어져 있기 때문이죠. 당신이 다른 이들 몫의 용서를 대신해줄 수는 없어도 본보기가 될 수는 있답니다.

아턴: 자, 이제 게임을 하죠.

개리: 게임요? 나를 또 우주 어딘가로 휙 보내려는 건 아니죠? 척추지압사를 만나기로 예약을 잡아놨단 말이에요.

아턴: 아니에요. 그냥 그동안 수업에서 배운 것들을 말해달라는 거예요. 아니면 수업을 실천한 경험을 말해줘도 괜찮고요. 그냥 생각나는 대로 말해보세요. 자유연상법으로 하되, 항목을 나열하는 느낌으로요. 물론 당신이 실제로 배운 것을 그대로 전할 수는 없겠지만, 좋은 예시가 될 거예요. 왜 이걸 하자고 하는지는 나중에 말해줄게요.

개리: 알았어요. 생각 좀 해보고요.

퍼사: 생각하지 말고요.

개리: 글쎄요, 우리는 흔히, 정말로 놀라운 일을 한 사람들에게 "대체 어디서 그런 생각이 떠올랐어요?"라는 질문을 하곤 하죠. 그러면 그 사람들은 "아, 그냥 떠올랐어요"라고 말하고요. 그건 영감을 받은 생각이에요. 그냥 당신에게 찾아온 거죠. 당신이 그 생각을 한 것처럼 느껴지지 않아요. 그냥 그 생각이 당신 마음에 훅 들어온 거죠. 그 후에 그 생각대로 살다가 그 생각이 통한다는 걸 깨닫게 되면 당신은 그런 종류의 생각들에 대해 점

• learning curve: 연습의 결과 일어나는 행동변화의 양상을 도식화圖式化한 것. 연습곡선 또는 획득곡선 (acquisition curve)이라고도 한다. 연습의 단위 또는 시행試行은 흔히 소요시간 또는 소요시행의 수로서 횡축橫軸에 표시되고 정답률, 오답률, 재생률, 오답의 수 같은 진보상태는 종축에 표시된다. (교육학용어사전)

점 신나 하죠. 왜냐하면 이제 당신은 언제나 자신을 도와줄 인도자가 자기 안에 있다는 것과, 그 인도가 효과적이라는 것도 깨달았으니까요.

사람들은 〈기적수업〉 공부가 시간이 많이 걸린다고 생각해요. 그런데 사실 그건 사람들이 즉각적인 만족을 바라기 때문이에요. 하지만 욕구가 즉각 채워진다 하더라도 정말로 만족해하지는 않아요. 욕구가 즉각적으로 채워진다고 해서 행복해지는 것은 아니거든요. 물론 며칠간은 괜찮을 수도 있겠죠. 하지만 10년이나 20년은 전체 계획 속에서 보자면 아무것도 아니에요. 인류가 에고로써 사고하는 데 걸린 시간만 수백만 년이지만, 지구의 역사 속에서 인류가 등장한 시간은 마치 양동이 속의 물 한 방울과도 같답니다. 그러니 이 모든 것을 한 생애 혹은 두 생애 만에 전부 지워버릴 수 있다면 그거야말로 진정 기적이겠죠.

전에 워크샵을 하는데, 청중 가운데엔 80세 되신 여자분도 계셨어요. 워크샵에서 난 사람들에게, 용서를 실천하는 데 정말 능숙해지려면 10년 정도는 걸릴 것 같다고 했죠. 악기를 연습하는 것처럼 시간을 좀 들여야 하고, 날마다 연습해야 한다고요. 그랬더니 쉬는 시간에 그 여자분이 나한테 와서는 "10년이라고요? 이 일을 하는 데 10년이나 걸리면 난 90살이 된다고요!" 하시는 거예요. 그래서 잠시 생각을 했죠. 그리고 이렇게 여쭸어요. "그런데 그 일을 안 하면 10년 뒤에 몇 살이 되지요?"라고요.

이런 이야기를 나눈 후 이어진 강의에서는 에고를 지우고 깨어나는 것에 대해 이야기했는데, 나는 청중들에게 이렇게 말했답니다. "시간이 좀 걸리면 어때요? 이보다 딱히 더 나은 할 일도 없잖아요"라고요.

워크샵 중간에 점심시간이 끼어 있을 때가 종종 있는데, 나는 사람들에게 너무 많이 먹지 말라고 말해주곤 해요. 사람들은 음식을 진정제로 사용하거든요. 마구 먹고 나면 졸리지요. 사실 우리는 생각하는 것처럼 많이 먹을 필요는 없어요. 과식은 우리를 몸속에 처박혀 있게 하려는 에고의 또 다른 계략이니까요. 생각해보니 제이와 마리아는 틀림없이 많이 먹지 않았을 것 같아요.

수업은 말합니다. "천국(Heaven)은 내가 내려야 할 결정이다."(W264/W-pI.138) 그러므로 이 일은 당신이 직접 해야 합니다. 천국을 향해 간다고 결단을 내리세요. 그리고 용서를 통해서 최대한 빨리 깨어나는 것이 천국에 이르는 방법입니다. 당신 말고 이 일을 대신 해줄 수 있는 것은 외부에 아무것도 없습니다. 행복해지는 데는 아무런 이유도 필요 없으니, 아무 이유 없이 행복해하세요.

성령과 함께 사고할 때, 나는 마치 "전쟁터를 위에서" 내려다보고 있는 것과 같아요.(T496/T-23.Ⅳ 제목) 저는 교재에서 이 부분이 마음에 들어요. 이때 당신은 세상에 갇혀 있지 않아요. 세상에 매여 있지 않은 거죠.

나마스테Namaste라는 말은 본래, 앞서 이야기했던 것처럼 분리의 생각을 의도한 것은 아니었어요. 사람들은 내 안의 신성이 당신 안의 신성에게 절한다는 이 말의 뜻을 떠올릴 때, 마치 여기에는 내 신성이, 저기에는 당신의 신성이 따로 있으니 내 신성은 건드리지 말라는 식으로 이해를 하는데, 사실 여기서 '신성(divinity)'이 가리키고 있는 것은 완벽한 일체성이에요.

역사(History)는 그냥 이야기(story)일 뿐이어서 일어난 적 없어요. 오늘도, 내일도 마찬가지고요.

세상에서 특정한 일이 일어나게 만드는 것은 수업의 목적이 아니에요. 그런데 여기에 한 가지 역설이 있어요. 당신이 에고를 계속 지워나가서 영에게 다가갈수록, 세상의 좋은 일들로 인도될 가능성이 높아진다는 거죠. 물론 보장한다는 건 아니지만요. 제이의 생의 마지막 순간을 보자면 상황이 썩 좋진 않았죠. 그런데 중요한 것은 그것이 문제가 되지도 않았다는 거예요.

신으로부터 분리되었다는 생각을 지우지 않고서는 결핍감을 지울 수가 없어요. 분리를 경험하고 있는 한, 당신은 결코 풍족감을 느끼지 못할 겁니다. 하지만 분리의 경험을 지워버리고 나면 결핍을 결코 느끼지 못할 거예요. 지금 당장 무일푼이라 하더라도 풍요로움을 느낄 겁니다. 반면에 분리를 경험하고 있다면 부자가 되었다 하더라도 결핍을 느낄 거고요.

신으로부터 분리되었다는 생각을 지우지 않고서는 결핍감을 지울 수가 없어요.

나는 제이가 좋아요. 제이는 정말로 자신의 수업을 고수하죠.

쥬디 스커치와 켄 왑닉을 비롯해서 〈기적수업〉이 출판되기 전부터 있었던 사람들은 항상 내게 친절했어요. 이 자리를 빌려 그분들의 친절함에도 감사를 드리고 싶네요.

신에 대한 무의식적 두려움이 없다면 죽음도 결코 두렵지 않을 거예요.

기독교는 폭력적인 이미지로 가득해요. 캘리포니아 남부에 있을 때, 십자가에 못 박힌 예수가 그려진 옥외 광고판을 보았는데 광고판 속 예수는 몸매도 우람하고 화가 난 듯 보였어요. 그리고 말풍선에는 이런 말을 집어 넣어 놓았더라고요. "너희가 선제공격을 했군. 하지만 나는 돌아올 것이다." 이건 예수가 아니에요. 람보죠.

산타바바라에 갔을 때 바바라 성녀에 대한 이야기를 들었어요. 듣자 하니, 바바라의 아버지가 바바라 성녀의 목을 잘랐는데 나중에 아버지가 번개에 맞았다고 하더라고요. 그래서인지 오늘날 그 도시에 있는 바바라 성녀의 상을 보면 번개를 들고 있어요. 성인聖人치고는 폭력적인 아가씨죠.

죄책감 때문에, 이길 때의 쾌감보다도 질 때의 속쓰림이 더 심합니다.

2천 년 전에 제이는 "너희에게 충분한 믿음만 있다면 산도 옮기리라"고 말했죠. 하지만 대부분의 사람들은 제이가 그다음에 한 말은 몰라요. "근디, 얻다 갖다놓을 겨?"

내 전처 카렌은 항상 내 책들과 내가 하는 일 모두를 지지해주었어요. 그것이 너무나 고마워요. 게다가 내 책을 사람들에게 선물하기까지 해요.

퍼사: 그 정도면 충분해요. 가끔 이런 식으로 생각해보는 것도 좋아요. 당신이 배우고 관찰했던 바른 마음의 생각들을 그냥 줄줄이 말해보세요. 그렇게 하면 바른 마음의 사고가 강화되지요. 당신이 얼마만큼 성장했는지 스스로 인정해줘도 괜찮아요. 20대 때의 당신은 상태가 매우 안 좋았죠. 그 이래로 당신에게 일어난 일들에 대해 감사하세요.

개리: 네, 맞아요.

주: 내 삶은 14년을 주기로 전개된 것처럼 보인다. 나는 주식을 거래하고 세상을 관찰하면서, 모든 것은 주기에 따라 일어난다는 것을 알게 되었다. 태어난 후 14세까지의 내 삶은 꽤나 괜찮았다. 사람들은 나를 좋아했다. 나는 영리했고, 달리기도 잘했으며, 좋은 야구 선수이기도 했고, 친구들도 많았다. 그때도 척추만곡증이 있었지만 당시에는 몰랐고, 지구력이 없는 게 아쉽기는 했지만 폭발적인 에너지로 100미터 단거리를 정말 빨리 달릴 수 있었다.

그런데 열네 살이 되자 우울증이 시작되었고, 해가 갈수록 심해져서 20대에는 하루하루를 비참하게 살았다. 그 14년 동안 나는 대체 뭐가 문제인지도 몰랐고, 여러 해 동안 품어온 내 생각들이 내 경험을 만들어냈다는 사실도 몰랐다.

28세가 되었을 때 에스트^{est} 훈련을 받게 되었고, 이후 14년 동안은 많

이 배우고 경험하는 시기였는데 에스트는 나의 사고 패턴을 깨뜨려주었으며 이 첫 번째 사고체계는 내가 삶을 바꾸도록 힘을 북돋아주었다.

14년 후인 42세에 나는 메인 주에 살고 있었고, 마침내 아턴과 퍼사에게서 수업을 배울 준비가 되어 있었다. 이로써 이후 14년간 또 다른 종류의 배움의 시기가 설정되었고 처음엔 수업에 대해 아무것도 몰랐던 나는 9년의 입문기 동안 수업을 배워 삶에 적용할 수 있게 되었고 예전으로는 더 이상 돌아갈 수 없을 정도로 바뀌었다. 내 나이 52세에 《우사》가 출판되자 이제 내 삶은 결코 예전으로 돌아갈 수 없게 되었다.

56세, 이제 또 다른 14년의 주기가 시작될 때였다. 나는 지난 삶의 나로서는 거의 생각조차 해보지 못한 일들을 했고 캘리포니아로 거처를 옮겼다. 이것은 분명 새로운 주기였다. 캘리포니아는 기쁨의 장소일까, 아니면 아주 묵직한 용서의 과제를 부여받게 될 장소일까? 각본은 스스로 모습을 드러내겠지. 그런데 나는 준비되었을까?

그리고 다섯 번째 주기가 시작되는 70세가 되면 또 무슨 일이 벌어질까? 하와이로 이주하려나? 내 삶에서 많은 일들은 스스로 모습을 드러냈지만, 알려지지 않은 일들도 똑같이 많았다. 아턴과 퍼사 덕분에, 나는 내 다음 생이자 마지막 생에 대해서 미래의 그때보다 지금 오히려 더 많은 것을 알고 있는 것 같은 느낌도 종종 받곤 한다.

어쨌든 이제 나는 신디와 함께 살고 있다. 수업은 특별한 관계와 거룩한 관계의 차이점을 분명히 밝히고 있는데, 우리는 둘 다 그 차이점을 알고 있었다. 그렇다면 우리는 거룩한 관계를 형성할 수 있을까? 난 우리가 이 일을 해낼 수 없다면 그 누구도 해낼 수 없다고 느꼈다. 하지만 특별한 관계에 대한 제이의 설명은 이 도전심에 주눅이 들게 하려는 것만 같았다. 다음과 같이 정곡을 찌르는 수업의 구절로 말이다.

누가 죄를 필요하다고 여기는가? 형제를 자신과 다르다고 보는, 홀로 있는 외로운 사람뿐이다. 그렇게 보이기는 하나 실재가 아닌 이 차이가, 실재가 아니라 그렇게 보이기만 하는 죄의 필요성을 정당해 보이게 만든다. 죄가 실재라면 이 모두는 실재일 것이다. 거룩하지 않은 관계는 차이에 뿌리를 두고 있어서, 제게 없는 것을 상대방이 가지고 있다고 저마다 생각한다. 그들은 저마다 상대방의 것을 훔쳐서 자신을 완성하기 위해서 몰려들고, 더 이상 훔칠 것이 없다고 생각되면 자리를 옮긴다. 그들은 그렇게 자신과는 다른, 이방인들의 세상을 방황한다. 그들과 몸을 부딪치면서, 어쩌면 어느 쪽도 가려주지 못하는 한 지붕 아래서, 그것도 같은 방에서, 하지만 각자 다른 세상에 살면서.(T467/T-22.in.2:1-8)

나는 이 구절이 이 세상에 있는 대부분의 커플들에 대한 묘사라는 것을 이해했다. 하지만 베일 너머를 바라보아, 차이 때문에 외로워지지 않고 일체성으로 충만해지는 것은 가능한 일이었다. 같은 장에 있는 다음 구절이 말하듯이 말이다.

거룩한 관계는 다른 전제에서 출발한다. 각자는 자신의 내면에 아무런 결핍도 없음을 보았다. 그는 자신이 완성된 존재임을 받아들이고 자신처럼 온전한 사람들과 하나가 되어 완성을 확장하려 한다. 차이란 단지 몸의 속성이므로, 그는 이 자아들 사이에서 차이를 보지 못한다. 따라서 그는 빼앗을 그 무엇도 보지 못한다. 그는 자신의 실재를 부인하지 않는다. 왜냐하면 그것은 진실이므로. 그는 천국 바로 아래에 있지만 땅으로는 돌아오지 않으리만큼 천국(Heaven)에 가깝다. 이 관계는 천국의 거룩함을 지녔기 때문이다. 이토록 천국을 닮은 관계가 집에서 얼마나 떨어질 수 있겠는가?(T460/T-22.in.3:1-9)

그러므로 희망은 있었다. 참된 용서의 결과인 영적인 시야로 볼 때, 한 지붕 아래 한 방에서 함께 살면서도 천국의 전일성과 우리가 결코 서로 떨어져 있지 않음을 깨닫는 것은 가능한 일이었다.

개리: 나도 고마운 마음이에요. 가끔 감사하기를 까먹기도 하지만요. 게다가 수업과 더불어 사는 건 재미있어요. 너무 모질어지지 않고도 세상과 그 어리석음에 농담을 던질 수 있게 되거든요.

퍼사: 그건 세상이 애초에 여기에 없기 때문이죠.

개리: 맞아요. 내가 저 탁자 위에 있는 사과를 먹어서 사과가 없어지더라도 그건 중요하지 않아요. 사과는 애초부터 진짜로 있질 않았으니까요.

퍼사: 맞는 말이에요.

개리: 또 내가 군용 소총을 소지하고 있는데 그게 법적으로 금지된 것이라고 하더라도 사실 문제될 게 없어요. 그것도 역시 애초부터 진짜로 있진 않았거든요.

퍼사: 네, 다음번 전미全美총포협회• 모임에 가서 그 주제를 제기해보세요. 틀림없이 판도가 확 바뀔 거예요.

아턴: 어떤 주제로 대화를 하든 간에 우리는 늦든 빠르든 이내 참된 용서라는 주제로 돌아오게 된다는 걸 당신도 눈치챘을 거예요. 이 참된 용서가 깨어남의 과정을 가장 빠르게 가속시켜주죠. 알다시피, 이 방식의 용서는 세상이 생각하는 방식의 용서와는 정반대이기 때문에 이것을 배우고 실천하는 것이 초기에는 특히 어려울 수 있어요. 하지만 일단 익숙해지고 나면 이 용서는 당신의 일부가 되고, 좋은 의미에서, 당신 마음은 점점 더 성

• National Rifle Association: 총기 규제 반대운동을 주도한다. 약칭 NRA.

령의 지배를 받게 되지요. **"그리하여, 거룩함을 선택하기 전에는 두려움과 고뇌가 자연스러워 보였듯 이제는 기적이 자연스럽다."**(T667/T-31.VIII.5:6)

이번 방문은 좀 길어졌네요. 시간을 두고 오늘 다룬 내용들을 잘 소화해 내세요. 요사이의 삶이 계속 롤러코스터의 연속이었잖아요.

퍼사: 이번에는 우리 대화를 녹음하지 않기로 한 결정 때문에 책을 쓰는 것이 더 어려워졌을 수 있다는 걸 알아요. 다른 일들까지 겹쳐서 당신한텐 상당한 일거리죠. 하지만 이렇게 하는 것이 당신에게 좋다는 걸 당신도 알고 있어요. 또 평상시에도 우리의 말을 들을 수 있는 당신의 능력도 훨씬 좋아졌고요. 당신은 좋은 채널러가 되었어요. 책이 늦어지는 것에 대해서는 걱정하지 말고 그냥 집필시간을 좀 더 내세요. 그러면 결국에는 한 바퀴를 다 돌아서 다시 저자가 될 거예요. 우리의 필사자가 되어줘서 고마워요. 우리도 당신에게 정말로 고마움을 느낀답니다. 당신을 가차 없이 놀릴 때조차도 말이죠.

개리: 저도 당신들을 사랑해요.

아턴: 우리도 당신을 사랑해요, 형제. 이번 방문을 용서의 기적에 관한 수업의 두 문단을 인용하는 것으로 마칠까 해요. 잘 지내시고, 계속 지워가 세요.

기적은 은총의 선물을 담고 있다. 기적은 하나로서 주어지고 받아들여지기 때문이다. 그리하여 기적은 세상이 따르지 않는 진실의 법칙을 보여준다. 세상은 기적이 일어나는 방식을 전혀 이해하지 못하기에, 진실의 법칙을 따르지 않는다. 기적은 뒤집혀 있던 지각을 다시 뒤집어, 이전에 보였던 기이한 왜곡을 종식시킨다. 이제 지각은 진실을 향해 열린다. 이제 용서는 정당한 것으로 보인다.

용서는 기적의 본향이다. 그리스도의 눈은 자비와 사랑으로써 보이는 모두에게 기적을 배달한다. 그리스도의 시야 속에서 지각이 바로잡히고, 저주로서 온 것이 축복이 된다. 용서의 백합은 송이송이 온 세상에 고요한 사랑의 기적을 선물한다. 완벽한 순수와 끝없는 기쁨의 빛 속에서, 창조주(Creator)와 창조물에 바치는 만유의 제단에 모셔진 신의 말씀 앞에, 용서의 백합이 송이송이 놓인다.(W473/W-pII.13.2:1-3:5)

7

이번 생의 아턴

과거나 미래는 존재하지 않는다. 그리고 한 번이든 몇 번이든, 몸으로 태어난다
는 개념에는 아무런 의미도 없다. 그러니 환생은 그 어떤 실질적인 의미에서도
진실일 수 없다. 우리의 유일한 의문은 '이 개념이 도움이 되는가?' 하는 것이
어야 한다. 그리고 그것은 물론 그 개념의 용도에 달려 있다. 그것이 생명의 영
원한 본성에 대한 인식을 깊어지게 해준다면, 그것은 실로 유익하다.

(M60/M-24.1:2-6)

    오늘날 대부분의 사람들은 우리가 몸을 바꿔가면서 환생한다는 생각을
받아들이고 있다. 내가 알기로 이에 관한 정확한 조사가 있는 것은 아니지
만, 자신들이 지금 생 이전에도 살았고 그 이후로도 살 것이라고 믿는 사람
들이 많이 있다는 얘기다. 하지만 윤회에 대한 수업의 접근법은 많이 다른
데, 수업은 우리가 결코 몸속에 들어 있지 않다고 보기 때문이다. 우리는
'환생(incarnate)'하지 않는다. 몸도 다른 모든 투사물들과 마찬가지로 시공
간 우주라는 투사물의 일부이다. 몸은 에고의 분리 계획의 일부로서 우리
를 에워싸고 있는 듯이 보이지만 그것은 세상의 다른 모든 것과 마찬가지
로 실재하지 않는다.
    이렇듯 우리가 삶이라 부르는 것은 몸을 입고 사는 꿈, 환영이다. 그러
므로 대부분의 사람들이 윤회를 몸을 입고 태어나는 환생으로 여기는 것에

반해, 수업은 이러한 생들을 소중히 여길 무엇이 아니라 몰아내야 할 환각의 연속물로 여긴다. 중요한 듯 보이는 자기 전생에 대해 자부심을 느끼고, 전생과 당시의 몸을 실재화하는 것은 매우 구미가 당기는 일이지만, 전생을 기억한다는 사람들은 주목할 만한 생들만 기억할 뿐 시궁창에 얼굴을 처박거나 감옥에서 죽었던 생을 기억하는 경우는 드물다. 에고는 이런 것들을 매력적인 것처럼 보이게 하여 우리를 계속 돌아오게 만든다.

그렇지만 환생이라는 개념이 지금 이 겉보기 삶이 전부가 아니며 환영이든 실재든 생명은 끝나지 않는다는 생각을 심화시키는 데 이용된다면, 그것은 유용할 수도 있다. 수업에서 제이가 말하듯, 우리가 인식해야 할 것은 **"탄생은 시작이 아니며 죽음도 끝이 아니라는"** 것이다.(M61/M-24.5:7) 만약 우리가 이미 지나간 일을 마음속에서 회고하고 있는 것이라면, 우리가 몸속에 갇혀 있는 것처럼 보이더라도, 이 영화는 모두가 속임수이다. 환영의 모형 안에서 이 영화에 연속성이 있는 듯이 보이기는 해도, 몸을 포함해서 그 어떤 것도 진짜가 아니다. 이처럼 환생이 사실이 아닌 환영이기는 하지만, 그 안에 워낙 많은 생이 있다 보니 이번 생이 우리가 생각하는 것만큼 중요한 것은 아니라는 생각을 심어주는 데 도움이 되기도 한다. 언젠가 아턴과 퍼사는 우리가 수천 생애를 사는 것처럼 보인다고 말한 적이 있는데, 이 말은 〈교사를 위한 지침서〉의 다음 구절과도 조화를 이룬다. **"생명과 몸이 같지 않다는 개념을 강화시켜주는 생각은 언제나 유익한 면이 있다."** (M60/M-24.2:8)

해가 갈수록 나는 내게 일어났거나 일어나지 않았던 일들 모두가 순전히 카르마 때문임을 이해하기 시작했다. 이번 생에 누가 나를 공격하는 듯이 보인다면 다른 생에서는 내가 그 사람을 공격했다는 것이고, 이번 생에 내가 몇몇 사람에게 불친절하다면 과거에 그들이 나에게 친절하게 대하지 않았던 것이다. 나는 그것을 항상 자각하고 있지 않아도 무의식적 마음은 결코 그것을 잊는 법이 없다. 그래도 이제는 달라진 것이 있다면, 카르마로 불리는 인과관계라는 환영을 초월할 도구가 생겼다는 것이다. 참된 용서는 카르마를 녹여 없앤다. 원인과 결과가 모두 지워져버리는 것이다. 용서를 통해서 과제를 깨우치고 해결해가면 그 과제를 위해 꿈의 생으로 다시 돌아올 필요가 없어진다. 곧, 나쁜 카르마가 사라진 것이다.

외관상의 원인과 결과는 삶의 조건에도 똑같이 적용되어 세상의 스크린 위에서 이원성으로 나타난다. 즉 이번 생에 부자인 사람들은 다른 생에서는 그만큼 가난하게

참된 용서는 카르마를 녹여 없앤다.

살았던 것이고, 지금 가난하다면 부자였을 때도 있었다. 지금 건강하다면 전생에서는 아팠고, 지금 아프다면 다른 생에서는 부러움을 살 만큼 건강했다.

삶을 어떻게 경험하는지는 우리가 가진 생각이 늘 좌우하고 있지만, 자신에게 일어난 일이나 물질적으로 받은 것에 대해서까지 항상 책임이 있는 것은 아니다. 오래전에 우디 앨런이 자기는 비행이 두렵다고 말했던 것이 기억난다. 우디는 비행기 여행을 싫어했는데, 그가 이를 극복한 방법 중 하나는 일어날 수 있는 최악의 상황을 열 가지 떠올리는 것이었다. 그렇게 한후, 그런 일들이 일어나지 않으면 기분이 나아지곤 했다. 이 경험을 통해 우디는 사람들이 걱정하는 대부분의 일들이 결코 일어나지 않는다는 점을 깨달음으로써 두려움을 줄일 수 있었다… 하지만 잠깐! 여기에서 잠시 생각해볼 게 있다. 뉴에이지의 도그마는 우리의 생각이 우리에게 일어나는 모든 일을 끌어당기고 있고, 우리가 삶 속으로 끌어당기고 싶은 물질적인 것들도 끌어당길 수 있다고 가르치는데, 만일 그렇다고 한다면 우리의 친구

우디는 일찌감치 자신의 부정적인 생각들로 인해 죽거나, 최소한 몰락했어야 맞다. 하지만 우디는 매우 성공적인 삶을 살고 있고, 대부분의 사람들이 상상으로만 그친 놀라운 일들을 잔뜩 해냈다.

동양에서는 각본은 이미 써져 있고 우리에게 무슨 일이 일어나든 그것은 우리의 카르마라고 가르치는데, 이 말이 맞다는 것을 보여주는 보편적인 사례들이 있다. 세상이 부당하게 여기는 운명을 타고난 희생자들도 있고 또 별로 노력을 기울인 것 같지도 않은데 매우 부유한 삶을 누리는 사람들도 있다. 삶은 공평하지 않다. 물론 삶은 공평하지 않고 거기에는 나름의 이유가 있지만 수업은 아마도 그것이 그다지 좋은 이유 때문은 아니라고 말할 것이다. 즉, 업보業報(karma)란 해결책이 아니라 문제를 기술한 것에 지나지 않기 때문이다. 우리의 참된 자유는 환영의 세상을 넘겨보고 진정한 세상으로 깨어나는 데 있다. 나는 내가 이 분기점을 넘어서서, 그 무엇도 이 목적을 달성하는 것을 저지할 수 없을 것처럼 느꼈다.

라스베가스에서 내가 신디에게 처음 말을 걸었던 날 이후로 우리는 계속 연락을 주고받았다. 신디는 자신의 웹사이트를 통해 연락할 수 있다고 말해주었고, 나는 조급하지 않은 척하면서 3일 후에 메일을 보냈다. 그때 처음으로 우리가 주고받았던 편지 두 통을 지금도 보관하고 있는데, 이 편지들에는 '중대한 의미'가 있었다. 마치 우리가 언제나 서로를 알고 있었고, 또 우리 운명도 오래전에 정해진 방식대로 펼쳐진 것처럼 말이다. 하지만 내가 그녀를 누구라고 여기는지는 말하지 않았다.

시간이 지나는 동안, 나는 우리에게 공통점이 매우 많다는 사실에 꽤나 놀랐다. 나는 신디가 캘리포니아에서 녹음한 원곡들이 담긴 CD가 맘에 들었다. 이처럼 신디는 작곡뿐만 아니라 노래와 피아노 실력도 빼어났고, 수업에 대해 같이 이야기할 때면 수업에 대한 이해도 매우 깊이 들어가 있었다. 앞서 말했듯이 신디는 《우사》를 읽어보았고, 엄마와 언니와 함께 수업에 관해 토론한 것이 신디에게 매우 큰 도움을 주었다.

형상의 차원에서 보자면, 신디는 매우 좋은 유전자를 물려받았다. 그녀의 어머니는 음악과 심리학 분야에서 각각 박사학위를 받았고, 신디 역시이 분야에 뛰어났다. 뿐만 아니라 신디의 아버지는 오하이오 주 톨레도 대학에서 역사학 상을 받은 교수였다. 오하이오에서 자란 신디는 나와는 달리 학교에 가는 것을 즐길 만큼 행복한 학창시절을 보냈고 친구도 많았다는 것을 그녀의 얘기를 통해 알 수 있었다.

나는 대서양에서 몇 마일밖에 떨어지지 않은 매사추세츠 주 비벌리에있는 비벌리 고교Beverly High를 졸업했는데, 신디도 비벌리힐스 고교Beverly Hills High라는 이름으로 더 잘 알려지긴 했지만 지역주민들은 비벌리 고교Beverly High라 부르는 고등학교를 졸업했고, 이 학교는 태평양에서 몇 마일밖에 떨어지지 않은 곳에 있었다. 신디의 집이 부유한 것은 아니었지만, 딸과 함께 캘리포니아로 이주한 신디의 어머니는 비벌리힐스 지역에서도 대저택으로 가득 찬 곳이 아니라 오하이오에서 이주해온 사람들이 살기에 딱좋은 중산층 주거구역에 있는 근사한 아파트를 찾아냈다. 〈부유한 저명인사들의 라이프스타일〉(Lifestyles of the Rich and Famous) 같은 TV쇼에는 나오지못할 테지만, 그것은 그들에게 별로 중요하지 않아 보였다.

내가 신디를 만난 것은 2006년 5월이었고, 내 두 번째 책《그대는 불멸의 존재다: 생사의 쳇바퀴를 벗어나게 하는 예수의 진정한 가르침》은 그해8월에 출간됐다. 그 책에는 '누가 아턴인가?'라는 장이 있었고, 신디는 첫번째 책에 나온 아턴과 퍼사의 이야기를 알고 있었기 때문에 나와 나눴던이야기와 두 번째 책에서 읽었던 내용을 바탕으로 조각 맞추기를 시작했다.영적으로 진보된 사람들을 포함, 대부분의 사람들이 그렇듯이 신디도 전생에 대한 기억이 없었지만, 그렇다고 내가 신디에게 직접 그녀가 아턴이라고 말해주고 싶지는 않았다. "당신이 아턴이야"라고 말하는 것은 작업멘트로는 꽝인 것 같았다. 하지만 신디는 똑똑했고, 나는 나보다 똑똑한 그녀를 용서했다. 그해 가을에 다시 만난 우리는 저녁식사 때 거의 동시에 사실을 밝혔다. 그것을 부인할 이유는 하나도 없었다. 신디는 아턴이었고, 2천 년 전에는 다대오였으며, 내가 지금으로부터 100년 뒤에 시카고에서 퍼사로서 마지막 생을 살 동안 나와 함께 자신의 마지막 생을 살게 될 것이었다. 하지만 그 꿈의 국면에서는 우리는 시간이 좀 지난 다음에야 서로를 만나게 될 것이다. 아턴과 퍼사는 나에게, 둘 다 처음에는 각각 다른 사람들과 결혼했고 배우자가 사망한 후에 서로 만나 남은 생을 함께 살았다고 했다. 나는 아턴과 퍼사에게서 그들이 맺었던 관계와 당시의 생애에 대해 좀더 자세히 듣고 싶었고, 언제 기회가 되면 그들에게 물어보기로 마음을 먹었다.

2007년 6월 18일, 나는 남 캘리포니아의 어엿한 주민 신분으로 로스앤젤레스 공항에 도착했고 신디가 마중을 나와주었다. 남 캘리포니아는 나에게 새롭고 흥미진진한 세계였다. 몇 달 전 하와이에서 만나 친구가 된 제리와 로셀은 내가 남 캘리포니아에 도착한 날 저녁에 로렐 캐니언Laurel Canyon에 있는 자기네 친구의 집으로 우리를 초대했다. 거기서 우리는 인도에서 온 구루를 만나 이야기를 들었고, 한 유명한 여배우는 나에게 '원네스 축복'(oneness blessing)까지 해주었다. 영화산업의 중심지에 갑자기 진입한 데다 유명인이 내 머리까지 쓰다듬어주니 붕 뜬 느낌과 함께 내가 더 이상 메인주에 있지 않다는 사실이 실감 났다.

원네스 축복에 대해 말하자면, 사람들이 어떤 것이 자신에게 도움이 되는지, 심지어는 무엇이 자신을 치유할 것인지까지도 마음의 차원에서 스스로 정한다는 것을 보여주는 완벽한 사례였다. 원네스 축복 자체는 아무것도 하지 않지만, 이 축복을 받는 이의 마음은 무슨 일이든 할 수 있다. 예를 들면, 나는 이 축복을 받고 나서 2년 뒤에 컬버Culver 시에 있는 '아가페 국제 영성 센터'(Agape International Spiritual Center)를 방문 중이던 어떤 치유가를 만났는데, 그는 앞에 나와서 청중을 10분 동안 그저 응시하기만 했다. 그날 그의 응시나 현존이 치유한 사람은 없었지만, 건강해지겠다는 결정을 마음의 차원에서 내린 사람이 그 무리에 있었다면 치유되는 것은 정말로 가능한 일이었다.

남 캘리포니아로 이사온 그해 가을에, 제리와 로셸은 내가 UCLA 대학에서 워크숍을 열 수 있도록 주선해주었다. 워크숍 당일에 그곳에서 점심식사를 하던 신디와 나는 프로듀서이자 작가인 엘리시아 스카이Elysia Skye를 만났는데, 이 일을 계기로 엘리시아는 내 책들을 영화나 텔레비전 시리즈물로 제작하는 일을 함께 하게 되었다. 만약 제리와 로셸을 그 전에 만나지 않았더라면 아마 엘리시아도 결코 만나지 못했을 것이다. 내 스승들은 내가 직접 경험하고 용서하길 원했기 때문에 내 개인적인 미래에 대해서는 좀처럼 이야기하지 않아서 내가 엘리시아와 함께 일할 때 어떤 결과가 나올지는 몰랐지만 나는 엘리시아와 친구가 되었다는 것만으로도 충분히 만족했다.

제리와 로셸을 만났던 하와이 여행에서 나는 데인Dain이라는 사내도 만났는데 나중에 알고 보니 데인은 한때 마운트 샤스타Mount Shasta에 있는 내 친구 마이클 타무라와 라파엘 타무라의 옆집에 살았다고 한다. 세상이 좁다는 말로는 부족하고 정말 모두 다 이어져 있다고밖에 할 수 없을 것 같다.

천부적인 영매이자 영적 교사요 치유자이며 저술가인 마이클은 나의 다른 '분할된 마음조각(split)'이기도 했다. 전에 아턴과 퍼사는, 동일한 전생 기억을 가진 사람이 둘 이상 있을 수도 있다는 것을 설명해주었었는데, 분리의 생각으로 인해서 전생의 그 사람의 마음이 쪼개졌기 때문에 똑같은 기억을 간직한 사람들이 있을 수 있다는 것이었다.

그 조각들은 다른 방향으로 쪼개져 나갔기 때문에 쪼개져 나간 마음의 두 조각이 서로 만나는 것은 드문 일이지만 마이클과 나는 다시 만나 친구가 되었다. 마이클은 일본 사람으로, 유머감각이 뛰어나서 입가에서 미소가 떠나는 일이 거의 없었고, 그를 처음 만났을 때부터 나는 그의 성품과 인생을 웃어넘길 수 있는 태도에 감탄했다. 수업 교사를 포함해서 유머감각 하나 없이 웃는 법을 잊어버린 '지성적인' 영성 교사들도 꽤 있는데, 마이클은 웃는 법을 기억하고 있었다. 괴테가, "이해심이 가득한 사람에게는 모든 것이 웃어넘길 수 있는 일이지만, 지성의 날만 세운 사람에게는 웃어넘길 수 있는 일이 거의 없다"고 한 것처럼 말이다.

국제적인 강연자가 되니 좋은 점 중 하나는, 기막히게 아름다운 곳에 가볼 기회가 많이 생긴다는 것이다. 물론 세계 각국의 수업 학생들을 만나는 것도 국제강연자로서 누릴 수 있는 큰 혜택이어서 신디와 나는 좋은 사람들을 많이 만났는데, 수업 학생들은 세계 어느 곳이나 매우 비슷해서 비록 쓰는 언어는 다르지만 언제나 평화와 사랑의 느낌이 완연히 느껴졌다. 파리에 갔을 때, 실브Sylvain이라는 훌륭한 수업 교사와 친구가 된 우리는 실브과 그의 친구 캐롤라인Caroline의 안내로 파리 곳곳을 둘러볼 수 있었는데, 실브은 좀처럼 얻기 힘들다는 주차허가증까지 소지하고 있어서 더없이 편안하게 파리를 구경할 수 있었다. 우리는 4년 동안에 파리를 세 번 방문했고, 세 번째 방문 때 드디어 나는 신디를 에펠탑 꼭대기에 데려가는 데 성공했다. 신디는 나와는 달리 높은 곳을 좋아하지 않았지만 신디는 용서를 실천하여 꼭대기까지 올라갈 수 있었다. 우리는 또 로댕 박물관과 루브르 박물관에도 들렀고 개선문 꼭대기에도 올라가 보았으며 센 강에선 유람선을,

물랭루주에선 쇼를, 베르사유에서는 기막힐 정도로 아름다운 분수를 보며 경탄해마지 않았고 샹젤리제에 가서 저녁도 먹었다. 파리를 둘러보기 전의 나는 파리가 그냥 흥미로운 곳이리라고만 생각했었는데, 막상 내가 본 파리는 숨이 멎을 만큼 아름다웠다. 어디로 고개를 돌리든지 아름다운 것 천지였다. 당시 우리는 환영을 찬미한 것이었을까, 아니면 단지 평범해진 것이었을까? 그 답은 언제나 그것을 실재화시키느냐 마느냐에 달려 있다. 물론 그것을 실재화하면서 즐겁게 시간을 보냈다 하더라도 나중에 언제라도 그것을 용서하기로 기억해내기만 하면 된다. 이런 일은 묵직한 용서 과제가 아닌 제일 쉬운 과제 중의 하나로, 용서해야 한다는 것이 기억나면 그저 그것을 알아차리고 마음속에서 그것을 진실로 대체하기만 하면 되는 것이다.

파리에서의 모든 경험이 좋았지만 그중 가장 황홀한 경험을 하나 꼽자면, 루브르 박물관에서 모나리자를 봤을 때이다. 이전까지 나는 세간의 평판에도 불구하고 여러 책에서 사진으로만 접한 모나리자 그림에

> 그 답은 언제나 그것을
> 실재화시키느냐
> 마느냐에 달려 있다.

큰 의미를 부여하지 않은 채 그저 어떤 수수께끼의 여인을 그린 섬세하고 멋진 작품 정도로만 여겼었는데, 직접 본 모나리자의 느낌은 그게 아니었다. 길게 늘어선 줄에 합류한 우리는 오랜 기다림 끝에 마침내 방탄유리가 씌워진 그림에 가까이 다가설 수 있었고 눈앞에서 모나리자를 직접 본 나는 그제야 레오나르도 다빈치가 무엇을 그렸는지를 깨달을 수 있었기에 놀라지 않을 수 없었다. 다빈치는 깨달은 사람의 얼굴을 그린 것이었다. 수업이 말하고 있는 온화한 미소가 완벽하게 포착되어 있었고, 투명한 눈빛도 틀림없었다. 다빈치도 분명 깨달았다는 사실을 안 순간 온몸에 전율이 일었다. 깨닫지 않았다면 어떻게 그런 그림을 그릴 수가 있었겠는가? 자화상

의 방식으로 그린 것이었을까? 자신을 여자의 모습으로 위장한 것이었을까? 그랬든 말든 간에, 이제 그 그림은 위대하고 비범한 작품으로 내 마음속에 자리하고 있다.

모든 것이 완벽하게 굴러가는 날이 있는데, 그런 날은 뭘 해도 잘 풀린다. 2007년 7월 7일 토요일이 그런 날로, 숫자 7이 세 번 겹쳐진 날이어선지 이날 하루 동안 라스베이거스에서 치러진 결혼식은 기록을 갱신했다고 한다. 신디와 나는 그냥 즐거운 시간을 보내려고 시내에 나왔다가, 폼나게 헬기를 타고 베이거스 스트립Vegas Strip과 그랜드캐니언 서편을 관광하고 심지어는 그랜드캐니언에 내려서 콜로라도 강을 내려다보면서 소풍까지 즐겼다. 그날 기온이 48도나 되었지만 우리는 신경 쓰지 않았다. 라스베이거스에 돌아왔을 땐 뉘엿뉘엿 해가 지고 있었고, 베이거스 스트립을 밝히고 있는 불빛은 그 모습이 아름다워서 마치 행복한 꿈을 꾸는 듯했다.

라스베이거스에서 가장 경치가 좋다는 곳 중 하나인 팜스 호텔Palms Hotel의 고스트바Ghostbar로 가는 동안 모퉁이를 돌 때마다 신부들의 모습이 보였다. 그곳 발코니에서도 결혼식이 열리고 있었던 것이다. 신부의 아버지는 지나가는 우리를 결혼식에 초대했고, 덕분에 신디와 나는 즐거운 경험을 할 수 있었다.

저녁을 먹기 위해 알리제Alize라는 프랑스 식당에 가기로 한 우리는 원래 사전예약을 해야 하는 곳인데도 그냥 무작정 가보기로 했고, 역시나 마침 예약이 안 된 자리가 하나 남아 있어서 VIP 대접을 받으면서 근사하게 저녁식사를 마칠 수 있었다. 나는 도박을 하지도 않고 어떻게 하는지도 모르지만 그날 밤 도박을 했으면 분명히 땄을 것이다.

한 장소에서 다른 장소로 이동할 때 부딪히게 되는 일들은 우리의 모험적인 여행길에 종종 올라오는 용서의 과제였다. 여행 자체도 만만치 않은 과제이긴 하지만, 시간에 맞춰 어느 장소에 도착해야 하는 상황이라면 더욱 어려워진다. 내 경우에는, 교통편을 제때 갈아타지 못해 어딘가에서 옴짝달싹 못하게 되면 워크숍을 못하게 될 수도 있고 우리가 강연장에 나타나지 않으면 사람들이 얼마나 실망할지를 알기에, 탑승시간에 맞추려고 공항을 황급히 달려 가로지르는 자신을 발견하곤 했다. 그러다 문득 나는 우리 집 거실에 걸려있는 제이의 그림을 떠올리곤 하는데, 그 그림 속의 제이는 2천 년 전과 같은 모습으로 웃고 있고 그 아래에는 "뭐가 두렵니?"라고 써져 있었다. 그걸 떠올릴 때면 나는 어디서 뭘 하든지, 심지어는 공항을 바쁘게 뛰면서도 늘 웃음을 짓곤 했다. 이거야말로 성령의 역사다.

목적지에 도착하고 나면, 워크숍은 언제나 그것이 그럴 만한 가치가 있다는 사실을 확인시켜준다. 물론 종일 워크숍을 진행하는 것은 힘든 일이긴 하지만 워크숍을 하면서 성령과 이어지고 참가자들의 에너지도 받다 보면 워크숍이 끝날 무렵에는 시작할 때보다 기분이 더 좋아지곤 한다. 나는 아침형 인간이 아님에도 워크숍은 내게 일찍 일어날 가치가 있는 일이었다.

시간이라는 환영이 흘러갈수록 신디는 나의 워크숍에 점점 더 자주 참석했다. 2010년 초부터는 워크숍에서 함께 연주를 시작했는데 하루 중 워크숍 중간중간에 서너 개의 곡을 분산시켜 배치했다. 당시 신디는 이미 두 개의 음반을 낸 상태였고 그해에는 나와 함께 공동 음반을 녹음했다. 2012년에는 명상 CD도 함께 제작했는데, 80년대 이후로 녹음실에 들어가본 적이 없는 나로서는 새로운 기술을 배우는 것이 마냥 즐겁고 재미있기만 했다. 이 분야에서 신디의 기량은 최고조여서 마치 고기가 물을 만난 듯했다. 나에게는 녹음 과정에서 용서해야 할 것이 좀 있었지만, 몇 번의 경험을 하고 나서는 나만의 흐름을 탈 수 있었다. 나는 생계를 위해서 음악을 다시 하고 싶지는 않았지만 이번 녹음을 통해서 애초에 내가 음악에 빠졌던 이유를 다시 발견할 수 있었다. 음악은 즐거운 것이었다.

노스리지Northridge에 소재한 캘리포니아 주립대학에서 심리학 학사학위를 받았던 신디는 산타모니카 대학에서 영성심리학 석사학위를 받기로 결심했다. 산타모니카 대학은 전 세계를 통틀어 영성심리 분야에서 공인된 학위를 받을 수 있는 몇 안 되는 곳 중의 하나, 아니, 어쩌면 유일한 곳으로, 존 로저가 설립하고 론 헐닉Ron Hulnick 박사와 매리 헐닉Mary Hulnick 박사의 강의로 30년 넘게 운영되어왔다. 론 박사와 메리 박사는 훌륭한 교수이며, 나는 그들을 내 출판사 헤이 하우스에 소개해 그들의 첫 번째 책인 《당신의 영혼에 충성하라: 영성심리의 핵심》(Loyalty to Your Soul: The Heart of Spiritual Psychology)을 출판하게 했다.

한편 2009년 4월부터 할리우드의 선셋스트립에 있는 〈내셔널 램푼 National Lampoon〉에서 접수담당자로 일을 시작한 신디는 영화스타들을 포함해서 다양하고 흥미로운 사람들을 만났을 뿐만 아니라 〈아이들과 결혼했어요〉(Married… with Children)와 〈소년, 세상을 만나다〉(Boy Meets World)와 같은 TV쇼에 때로는 엑스트라로, 때로는 비중 있는 역할로 여러 차례 출연했고, 〈내셔널 램푼〉의 크리스마스 비디오에도 출연했는데 이 비디오는 백만 명 이상이 시청할 정도로 인기가 좋았다. 이 부업을 계속한 신디는 2013년에는 TBS 방송의 〈웨딩 밴드the Wedding Band〉에도 출연했다.

이혼할 당시 나는 곧바로 결혼하겠다는 마음 따위는 전혀 없었고, 많은 사람들이 나처럼 자기는 결혼이나 재혼을 할 생각이 없다고 말하지만, 만나야 할 사람을 만나고 나면 모든 것이 바뀐다. 나는 성령에게 인도를 요청했고, 내가 받은 인도가 맞다고 느꼈다. 나는 신디에게 청혼했고, 기다려야 할 이유가 없었기에 우리는 2009년 7월 11일 여름에 결혼하기로 했다.

나는 신디에게 원하면 지금이라도 직장을 그만두고 자기만의 음악적,

영적인 재능을 발휘할 수 있는 최선의 길을 찾아도 된다고 말했다. 신디가 산타모니카 대학원을 졸업하고 나면 내 워크숍의 음악 담당으로 함께 여행할 예정이었고, 결국에는 신디도 음악뿐 아니라 나와 같이 청중과 점점 더 많이 어울리고 이야기하기 시작했다. 남성 에너지와 여성 에너지가 서로 잘 녹아들었고, 사람들도 이를 좋아했다. 여전히 대부분의 발언을 내가 하기는 했지만, 신디도 조금씩 말을 보태어 워크숍을 풍성하게 해주었다. 결코 초심자가 아닌 신디는 영적으로 매우 성숙했고 경험도 풍부한 상담자였으며, 영성의 카운셀러이자 박식한 수업 실천가였다.

하와이에서 결혼식을 하기로 한 우리는 가족과 가까운 친구들만 불러 오아후 섬의 바람 부는 쪽에 있는 하이쿠 가든스Haiku Gardens라 불리는 아름다운 곳에서 식을 올렸다. 우리들의 친구이자 나의 또 다른 '분할된 마음조각'인 마이클 타무라와 그의 아내 라펠Raphaelle이 결혼식을 준비해주었는데 결혼식을 계획하고 사람들과 인사를 나누는 데 정신이 팔리다 보니 정작 결혼허가증을 받는 것을 깜빡했다는 사실을 결혼식 아침이 돼서야 깨달았다. 다행히도, 우리 친구인 제리와 로셸이 마침 자리에 있어서 우리를 호놀룰루까지 태워다주고 허가증 발급담당자를 찾아주었다. 법원 문은 닫혀 있었음에도 불구하고 우리는 혼인을 공증해줄 사람을 찾아냈다.

결혼식 때 신디와 나는 서로에게 노래를 불러주기로 했는데 깜짝 선물이 되라고 곡목은 밝히지 않았다. 신디는 나를 위해 〈당신의 얼굴을 처음 봤을 때〉(The First Time ever I Saw your Face)라는 노래를 불러줬고, 이에 대한 답가로 내가 기타를 치면서 〈내가 64살이 될 때〉(When I'm Sixty-Four)이라는 노래를 부르자 신디는 감정이 너무 벅차올라 거의 말을 하지 못했다. 당시만해도 신디와 나는 사람들 앞에서 합동공연을 하기 전이었기 때문에, 나로서는 20년 만에 다시 하는 노래였고 내 실력은 녹이 슬 대로 슬어 있었다.

그럼에도 결혼식 동안 우리 자신을 음악적으로 표현해내는 데는 부족함이 없었고, 그게 바로 우리가 원하던 거였다.

그야말로 낙원에서 열린 아름다운 야외 결혼식과 피로연이었다. 신디와 나는 결혼식 전야제 겸 신혼여행으로 너무나도 아름답고 신비한 카우아이 섬에서 5일을 보냈고, 결혼식 후에는 오아후 섬 북쪽 해안에 있는 터틀 베이Turtle bay에서 며칠을 더 보냈다.

카우아이 섬에 있을 때, 우리는 '스미스의 열대 낙원'(Smith's Tropical Paradise)이라는 근사한 곳에 들렀는데 거기서 나는 신디가 동물과 얼마나 잘 교감하는지를 목격했다. 한번은 우리가 그곳의 아름다운 정원을 거닐고 있을 때, 우리에게서 10미터쯤 떨어진 곳에 공작새가 있었다. 신디는 공작새에게 〈나 같은 죄인 살리신〉(Amazing Grace)을 부드럽게 불러주기 시작했다. 그러자 공작새는 소리에 놀란 듯이 머리를 곧추세우며 경계를 하더니 이내 천천히 돌아서서 소리가 나는 신디 쪽으로 조심스레 한 발짝씩 다가왔다. 신디가 노래하는 동안 조금씩 다가오다 보니 공작새는 결국 어느새 신디의 바로 앞까지 와서는 목소리에 매료된 듯이 신디를 똑바로 쳐다보면서 듣고 있었다.

이건 그저 내가 처음 목격한 것일 뿐, 이것 말고도 나는 신디가 동물에게 영향을 미치는 모습을 자주 볼 수 있었다. 우리는 돌고래와 노는 것을 좋아했고, 두 번 정도 같이 수영을 했다. 한번은 오아후 섬에서 가둬서 키우는 큰돌고래들과 수영을 했고, 또 한번은 야생 긴부리돌고래들과 함께 헤엄쳤다. 오아후 섬의 물속에서 이 경이로운 창조물들과 같이 있었을 때, 나는 내가 거기서 가장 똑똑한 존재라는 느낌을 느낄 수가 없었다. 하와이 사람들은 돌고래가 사람의 생각을 읽을 수 있다고 믿고 있는데, 나도 이 말에 전적으로 동의한다. 돌고래들은 매우 날렵하고 똑똑하며, 카메라 앞에서 과장

스럽게 행동하기를 즐기는가 하면 대부분의 사람들보다 나은 의료 서비스를 받고 있고, 한 마리당 8킬로그램의 생선을 먹는다. 쇼맨쉽을 발휘한 대가로 충분한 보상을 받고 있는 돌고래들은 좋은 시절을 보내고 있는 듯이 보였다.

이렇듯 카할라Kahala 호텔에서는 돌고래를 구경할 수도 있고 함께 수영도 할 수 있는데 또 한번은 이런 일도 있었다. 카할라 호텔에 묵던 어느 날 나와 함께 물 위에 놓인 작은 다리 위에 서 있던 신디가 흩어져 있는 돌고래들을 향해 손을 들어 보이며 "너희의 아름다움을 보여줘"라고 말했다. 그러자 돌고래 중 한 마리가 우리가 서 있던 다리 쪽으로 헤엄쳐 오더니 웃음을 지어 보이는가 하면 신디의 코앞에다 물을 부드럽게 살짝 뿜어내며 장난을 치기도 했다. 이를 본 듯 다른 돌고래 세 마리도 무리지어 다가와 네 마리의 돌고래들이 신디를 올려다보면서 왕비처럼 대했다. 그러기를 얼마나 지났을까, 낯선 남자가 우리 쪽으로 다가오자 갑자기 돌고래들은 다 그곳을 떠나버렸다. 아마도 그 사람의 마음속에 있던 생각이 돌고래들의 맘에 들지 않았던 모양이다.

한편 오아후 섬 바깥에서는 차이나 마이크China Mike의 도움을 받아 스노클을 착용하고 야생 긴부리돌고래와 수영을 했다. 차이나 마이크는 돌고래를 잘 아는 사람들 중에서도 전설적인 인물로, 돌고래들도 그를 잘 알고 있다. 차이나는 많은 돌고래에게 이름을 지어주었고, 몸에 있는 무늬와 치아로 돌고래들을 식별한다.

돌고래의 하루는 크게 세 부분으로 나뉘는데, 먼저 일하는 시간, 즉 사냥하는 시간이 있다. 그다음은 노는 시간이 있는데, 이때는 끊임없이 섹스를 한다. 돌고래는 매우 사회적인 동물이고 무리를 지어 생활하기는 하지만, 일부일처제를 따르지는 않는다. 마지막으로 휴식 시간이 있는데, 돌고래들이 난바다*에 있지 않고 섬 근처에서 머물 때는 대개 휴식을 취할 수 있는 만灣을 찾는데, 만은 유유히 수영하면서 쉬기에 딱 좋다.

돌고래는 포유류이기 때문에 몇 분마다 수면에 올라와서 숨을 쉬어야 한다. 잠들면 숨을 쉬지 못해 익사하기 때문에 돌고래는 잠들 수 없다. 그러면 돌고래는 어떻게 휴식을 취할까? 돌고래는 자기 뇌의 반쪽은 깨어 있게 하고 다른 반쪽만 잠들게 한다. 이렇게 하면 계속 움직일 수 있고 필요할 때마다 숨도 쉴 수 있다. 몇 시간이 지나면 사용했던 뇌를 잠들게 하고 휴식을 취한 다른 뇌를 사용한다. 그러면 숨을 쉬어야 할 때 늘 수면으로 올라올 수 있는 것이다. 나는 인간도 그렇게 할 수 있는지 확인해보고 싶다.

우리는 인간의 관점으로 온갖 억측을 하는데, 이런 억측에 가까운 가정들은 우주의 만물을 교묘하게 실재화하는 믿음들에 근거하고 있다. 이런 수천 가지 사례들 중 하나를 들자면, 우리는 인간의 몸이 다른 동물들의 몸보다 더 가치 있다고 단정짓고는, 사람이 되는 것이 더 중요하다고 여긴다. 하지만 몸이 실재하는 것이 아니라면 한 종류의 몸이 다른 종류의 몸보다 더 중요할 수는 없다. 동물들도 생각할 수 있다. 인터넷의 진정한 장점 중의 하나는, 유튜브 같은 사이트에서 동영상을 조금만 들여다보면 동물들이 그동안 사람들이 생각해왔던 것보다 훨씬 똑똑하다는 사실을 확인할 수 있다는 것이다. 학창 시절에 우리는 동물들은 추상적인 사고를 할 수 없다고 배웠지만, 이것은 사실이 아니다. 동물들도 자기들만의 배우는 방식이 있고, 성령은 그들도 집으로 인도할 것이다. 외관상 분열된 것처럼 보이는 마음들은 모두 다 똑같은 집을 향해 가고 있다. 물론 우리가 자신이라 여겼던 몸을 가지고 가는 것은 아니다.

---

* 육지로 둘러싸이지 아니한, 육지에서 멀리 떨어진 바다.

인간의 조건에서 집으로 돌아간다는 것은 수업의 가르침을 단지 아는 것에서 그치지 않고 실천하는 것을 뜻한다. 그런데 대부분의 사람들은 이 가르침을 알지조차 못한다. 하지만 이 가르침을 알고 있다 하더라도, 중요한 것은 뭘 알고 있느냐가 아니라 알고 있는 바를 가지고 뭘 하느냐이다. 실천이 중요한 것이다. 그래서 수업은 마음을 훈련하는 측면을 가장 강조하는 것이다. 실천하지 않는다면, 수업은 그저 또 다른 하나의 이론에 불과하다. 수업도 말하듯이, **"기적수업은 철학적 사색을 위한 과정도 아니고 용어의 정확한 구사에 치중하지도 않는다. 기적수업은 오로지 속죄(Atonement), 곧 지각을 바로잡는 일에만 치중한다. 속죄의 도구는 용서다."**(M77/C-in.1:1-3) 이 도구를 활용하지 않는다면 에고는 종식되지 않을 것이다.

한번은 '몸과 마음과 영 강연회'가 런던에서 열렸는데, 이런 강연회는 사실 모든 것을 실재화하고 있다. 하지만 나는 평소처럼 수업의 가르침을 거침없이 전했고, 그러자 휴식시간에 험상궂게 생긴 한 사람이 나에게 다가와서, 내가 계속 똑같은 말만 한

> 🔥
> 중요한 것은 뭘 알고
> 있느냐가 아니라
> 아는 바를 가지고
> 뭘 하느냐이다.

다며 이미 다 알고 있는 내용이라 진절머리가 난다고 화를 냈다. 나는 즉각 용서를 실천하여 그 거친 사내의 틀에 박힌 행동에 겁먹지 않고 눈을 똑바로 쳐다보면서, 정말로 그 내용을 알고 있다면 애초에 화가 나지도 않았을 거라고 침착하게 대꾸했다. 그 사람은 나를 한 대 치고 싶어하는 것 같았지만 그렇게 하면 자신의 평판이 별로 좋지 않게 될 것을 알았는지, 행동으로 옮기지는 않고 화를 누르며 돌아섰다. 당시 그는 수업의 가르침을 실천하지 않았고, 그래서 가르침은 그에게 효과를 가져다줄 수 없었던 것이다.

이것이 내가 사람들에게 용서를 실천하기를 미루지 말라고 말하는 이유

이다. 내년까지 기다리지 말자. 다음 생까지 기다리지 말자. 수업의 〈기도의 노래〉는, '참된 용서를 실천한 자연스러운 결과'인 참된 치유가 있었다면 죽음마저도 아름답게 경험되리라고 한다. 몸을 떠나는 듯이 보일 때, 당신은 놀라운 해방의 경험을 맞이할 준비가 되어 있으리라고 한다.(S17/S-3.Ⅱ.3)

　결혼식 후에 나는 아턴과 퍼사를 다시 만날 날을 고대했다. 그들이 무슨 주제를 다룰지는 결코 알 수 없었지만, 그들이 이야기하는 주제는 언제나 도움이 되었다. 설령 아무도 나의 책들을 읽지 않는다고 하더라도 나는 그들을 만난 일과 그들이 해준 조언을 소중히 간직했을 것이다. 아턴과 퍼사가 메인 주에 사는 내게 처음 나타나서 첫 번째 책이 출판되기까지 10년의 세월이 걸렸다는 점을 사람들은 잊어버린다. 또 내가 돈을 위해서 책을 썼다고 생각하는 사람들도 있다. 하지만 그 세월에 관해서 사람들이 간과하는 것이 있는데, 당시 나는 뉴잉글랜드의 시골에서 살고 있었고 출판의 가능성조차도 전혀 보장되어 있지 않았다는 사실이다. 내가 준비되어 있었던 것이 그런 형태의 가르침이어서 내 스승들이 나에게만 나타났던 것이라면 어쩌겠는가? 어쩌면 그 책은 평생 내 책꽂이에 꽂힌 채 또 하나의 용서거리로 남아 있는 신세가 되었을 수도 있다. 하지만 설령 그렇게 되었다고 하더라도 나는 매우 행복했을 것이다. 그럴 수밖에 없는 것이, 그 책은 사랑의 노작이었기 때문이다.
　남 캘리포니아로 이주한 후, 내가 전에 살던 곳과 이곳의 날씨를 비교해보려고 컴퓨터를 들여다보곤 했는데 겨울의 어느 날 오후, 화창한 남 캘리포니아는 영상 20도이고 흐린 날씨의 메인은 영하 14도였을 때, 승천한 스승들이 거실에 다시 나타났다.

아턴: 어이, 형제. 축하해요! 우리도 결혼식장에 있었지만 그날 당신의 하루를 뺏고 싶지가 않아서 모습을 드러내지는 않았어요. 장소도 결혼식도 아름다웠고 좋았어요. 당신은 그것을 누릴 자격이 있어요.

개리: 고마워요. 그날 함께해줘서 정말 고마워요. 저도 당신들의 존재를 느꼈어요. 다른 곳에서도 종종 느끼고요. 특히 라디오 인터뷰나 워크숍을 할 때 말이죠.

퍼사: 맞아요. 우리도 함께하고 있어요. 당신도 알다시피, 우리는 사실 성령이에요. 우리는 인간의 형태를 취하지 않을 때에도 종종 당신과 소통하기 위해 음성이나 생각의 형태로 당신을 찾아가곤 하죠. 그리고 나도 축하를 전할게요. 친구, 당신이 결혼생활에 준비가 되어 있기를 바라요. 신디가 당신보다 스무 살이나 어리니까요.

개리: 열아홉 살 반요.

아턴: 워크숍도 잘 굴러가고 있는 것 같아 좋네요. 해가 갈수록 워크숍 참가자들의 비율이 바뀌고 있는 거 눈치챘나요?

개리: 물론이죠. 10년 전 워크숍을 처음 시작했을 때에는 90퍼센트 정도가 여성이었어요. 좋았죠. 하지만 《우사》가 널리 퍼지면서 남성의 비율이 눈에 띄게 늘더라고요. 지금은 남성의 비율이 40퍼센트에 육박해요. 놀라운 일이죠. 우리의 책이 여자뿐만 아니라 남자들에게도 통하고 있는 거예요. 게다가 커플들도 많아졌는데, 그들은 짝과 이 책을 함께 읽다가 수업을 시작하거나 수업으로 다시 돌아오고 있어요.

그리고 젊은 사람들이 늘어난 것도 눈에 띄는 변화 중 하나죠. 워크숍을 처음 시작했을 때에는, 수업을 파고들고 오래 공부하신 분들이 대부분이었거든요. 그런데 이제는 대학생들이나 심지어는 10대들도 강연장에서 심심 찮게 볼 수 있는데, 사람들의 의식구조가 바뀌고 있다는 증거예요. 지금 세대의 아이들은 〈매트릭스〉나 홀로덱*이 나오는 〈스타트렉〉 같은 영화를 보고 자라서 이전 세대보다 지금 자신들이 보고 있는 것들이 진짜가 아니라는 것을 더 쉽게 받아들일 수 있어서, 그런 바탕에서 《우사》를 읽으면 훨씬 더 잘 받아들여지지요. 물론 지금도 나이 드신 분들이 있고 그분들은 마음속에서 나이를 점점 잊어가고 있죠. 어쨌든 요즘 나는 남녀노소 모두를 대상으로 이야기하고 있어요.

아턴: 아주 좋아요. 우리가 당신을 찾아온 이유 중 하나는, 아무런 도움이 없었다면 수업을 쳐다보지도 않았겠지만 일상용어로 논리정연하게 설명해주면 수업을 받아들일 수 있는 사람들과 메시지를 나누기 위해서거든요. 그러면 그들은 좀더 일찍 수업을 시작해서 실천할 수 있게 되고, 그럴수록 에고를 지우기 위해 노력하는 시간이 더 많아집니다. 물론 수업이 말하는 용서의 서로 맞물린 사슬에는 모든 연령이 포함되어 있어서 어느 연령에서든 이 작업을 시작할 수 있죠. 그러면 천체 차원의 가속(celestial speed up)이 있게 됩니다.

개리: 안 그래도 물어보려고 했는데, 천체 차원의 가속이 뭐예요?

퍼사: 지구에서 일어나는 모든 일은 당신네 태양계뿐만이 아니라 우주의 모든 천체와 서로 관련되어 있고, 결국에는 분리의 각본과도 관련되기 때문에 천체 차원의 가속이라고 부르는 거예요. 환영 속에서 사는 사람들은 진실을 더 빠르게 깨우치기 시작하고 있어요. 물론 그것을 TV 뉴스에서 접하지는 못할 테죠. 방송은 여전히 주류 종교가 아니면 죄다 우습게 여기니

---

* holodeck: 홀로그램을 이용하여 휴식이나 훈련을 위한 가상현실을 제공하는 공간.

까요. 하지만 사실 이 천체 차원의 가속은 인쇄기의 발명과 더불어 시작되었습니다.

개리: 인쇄기요?

퍼사: 역사의 대부분 시기 동안 보통 사람들에게는 성서를 읽는 것이 허용되지 않았다는 점을 잊어서는 안 돼요. 성직자들이나 랍비나 사제와 같은 사람들만이 성서를 읽을 수 있었지, 평신도들에겐 허락이 안 됐죠. 성서를 읽어볼 기회조차 없었다면 자신이 무엇을 믿어야 할지 말지를 어떻게 정할 수 있겠어요? 그런데 인쇄기의 발명으로 모든 것이 변하기 시작했어요. 빠르지는 않았지만 점진적으로 변화가 일어났고 1700년대가 되어서야 사회에 눈에 띄는 변화를 일으킬 수 있을 만큼 많은 사람들이 글을 읽을 수 있게 되었죠.

프로이트나 융이 등장한지는 100년밖에 안 되었어요. 프로이트와 융은 마음 자체와, 마음의 작용에 대한 새로운 이해의 지평을 열어서, 사람들로 하여금 나중에 제이의 수업을 이해할 수 있는 바탕을 갖추게 했지요. 그 후에는 이집트 나그함마디 문서 속에서 사라진 복음들도 발견되었어요. 이 문서들은 1970년이 되어서야 영어로 번역됐지만, 제이를 바라보는 새로운 시각을 제시해주었어요. 이제 사람들은 어릴 적부터 주입받은 대로 제이를 고난을 겪은 사생아의 모습으로 보는 대신 깨달은 스승인 본모습을 얼핏이나마 보기 시작했어요. 그다음으로는 양자역학이 있죠. 양자역학은 20세기 전반부에 진가를 발휘했지만, 대중화된 것은 1970년대부터예요.

개리: 네, 1978년에 에스트est를 시작했을 때가 생각이 나는데, 그때가 천체 차원의 가속이 본격화되기 시작한 때라고 생각해요. 사람들이 돌연히 이런 생각들에 열광하기 시작했고 서양의 수련법들에 동양의 수련법들이 점점 더 녹아들면서 종교보다는 깨달음 자체에 관심을 두는 사람들이 많아졌

어요. 댄 밀만Dan Millman의 책 《평화로운 전사의 길》(Way of the Peaceful Warrior)도 사람들의 관심을 끌었지요. 영화로 나온 것도 괜찮아요. 영화로 제작하는 데 30년이 걸렸는데 영화 제목은 그냥 〈평화로운 전사〉(Peaceful Warrior)에요.* 닉 놀테Nick Nolte는 젊은 댄 밀만 역을 하고 싶어했지만 결국에는 댄의 교사인 나이 든 소크라테스 역을 맡게 되었죠. 그런데 그 역에는 닉 놀테가 정말 적격이었어요. 그리고 개리 주카프Gary Zukav의 책 《춤추는 물리》(The Dancing Wu Li Masters) 덕분에 양자역학이 대중에게 알려졌는데 그 책을 오디오북으로 들었던 것이 기억나요. 추가로, 에스트는 베르너Werner가 에스트를 팔아넘긴 1987년까지는 빠르게 보급되었다가 결국 랜드마크Landmark라 불리는 순화된 형태로, (어떻게 보느냐에 따라) 진화 혹은 퇴보했지만 지금도 사람들에게 도움이 된다고 들었어요.

퍼사: 1965년에는 교황이 바티칸의 학자들을 포함해서 가톨릭 신자들에게 도마복음과 사라졌던 다른 복음들의 연구를 허락했다는 점도 잊지 마세요. 제이는 바로 그해부터 헬렌에게 수업을 불러주기 시작했죠. 사람들은 거의 준비가 되어 있었어요. 당신도 알다시피, 충분한 수의 사람들이 특정한 생각들을 받아들일 준비가 되면 그 생각들은 무의식의 심층으로부터 수면으로 올라와요. 오늘날 85퍼센트의 인구가 — 교회에 다니는 사람들까지도 — 자신을 종교적이라 하지 않고 영적이라고 묘사합니다. 사람들은 자신과 신 — 뭐라 부르든 — 의 관계가 개인적인 것이라는 점을 깨닫고 있어요.

어떤 사람들은 신이라는 단어를 사용하는 것을 좋아하지 않아요. 하지만 그건 그들이 신과 관련해서 용서해야 할 뭔가가 있기 때문이에요. 신을

• 우리나라에서는 책 제목과 영화 제목이 똑같이 '평화로운 전사'로 번역되었다.

인정하지 않고서는 신에게서 분리되었다는 생각을 지울 수가 없지요.

개리: 그리고 신은 '그'도 '그녀'도 아니에요. 엄밀히 말하자면, 신은 '그것'이죠. 하지만 이 말도 썩 좋게 들리지는 않아요. 어쨌든 수업에서 신이나 그리스도나 성령에 대해 '그(He)'라고 지칭하는 건 은유적인 표현이에요. 도마복음과 수업에서 분명히 가르치듯이, 영 안에는 남성도 여성도 없어요. 영 안에는 차이도, 상대도, 양극도 없고 오로지 완벽한 일체성만이 있을 뿐이에요.

아턴: 아주 좋아요. 그래서 〈기적수업〉은 1976년에 출판되었죠. 오늘날 어떤 사람들은 왜 제이가 기독교를 바로잡기 위해 수업을 좀더 일찍 전해주지 않았냐고 묻겠

> 🔥
>
> **영 안에는 남성도 여성도 없어요.**

지만 그전에는 사람들이 지금처럼 수업을 깊이 이해할 수가 없었기 때문에 제이는 기다렸던 거예요. 방금 우리가 언급했던 것들이 아직 두루 퍼지지 못했거든요. 심지어는 오늘날에도 대부분의 사람들은 수업을 이해하지 못해요. 하지만 이전보다 더 많은 사람들이 수업을 공부하고 있고, 배우는 사람들이 많아질수록 가속도가 붙습니다. 수업을 배우는 사람들은 수업을 조용히 실천하면서 다른 사람들에게 영향을 주는 방식으로나, 사람들 앞에서 말로써 수업을 가르치는 방식으로나, 아니면 당신처럼 둘 다를 동시에 하는 방식으로 다른 이들과 진실을 나누고 있기 때문이죠. 아무도 무엇을 꼭 해야만 하는 것은 아닙니다. 이것이 수업의 아름다움 중 하나죠. 마음은 깨어나고 있고, 그것이 일어나는 양상은 단지 그 결과일 뿐입니다.

개리: 하지만 모든 사람이 수업을 공부할 준비가 되어 있지는 않잖아요.

퍼사: 맞는 말이에요. 영성을 가장 잘 이해한 사람들은 언제나 시인과 예술가들이었어요. 루미나 괴테처럼 이 장대하고 추상적인 사상을 이해할

능력을 지닌 사람들 말이죠. 수업은 대부분의 사람들이 처음에 생각하는 것보다 훨씬 더 큰 차원에서 이야기합니다. 물론 그 실천은 외견상 '개인'에 의해 행해집니다. 하지만 수업을 이해하는 남녀라면 꿈속 말고는 개인 같은 것은 없다는 것을 깨달아야 합니다. 그래서 예술가나 음악가나 작가 또는 그런 일을 하고 싶어하는 사람들이 대개 수업을 잘 공부하는 겁니다. 물론 항상 그렇듯이, 예외도 있죠. 아인슈타인은 과학자였고 과학적인 사고를 할 수 있었지만 그에게는 예술가의 마음도 있었어요. 아인슈타인은 음악을 사랑했고 누구보다 추상적으로 사고할 수 있었으며 자신이 사고한 내용을 의식을 넓힐 준비가 된 사람들에게 전해줄 수 있었죠.

개리: 천체 차원의 가속에 대해 말이 나왔으니, 성령의 음성을 들을 수 있어서 제반 상황을 상당히 많이 바꿔놓을 대통령이 나올 거라고 예전에 말씀해주셨잖아요? 혹시 오바마가 그 대통령인가요?

퍼사: 아니에요. 오바마는 좋은 사람이긴 하지만 우리가 말했던 사람은 아니에요.

개리: 그렇군요. 그래도 난 오바마와 그의 가족이 좋아요. 그래서 오바마에게 한 표를 던졌지요. 사람들은 내가 민주당을 지지한다고 생각하지만 실제로는 어느 당에도 속해 있지 않아요. 난 그저 오바마가 모든 사람들이 감당할 수 있는 의료 서비스를 제공하기 위해 애쓰는 점이 대단하다고 생각해요. 어떤 사람들은 바로 그 이유 때문에 오바마를 사회주의자라고 부르지만 세계의 주요 산업국가 중에서 이렇게 하지 않는 나라는 미국밖에 없어요. 그렇다면 이제까지 미국만 빼고 전 세계가 사회주의를 실천하고 있었단 말이게요?

퍼사: 수사의문문으로 받아들일게요. 모든 사람을 의료보험에 가입시켜도 역설적이게도 이로 인해 이루 헤아릴 수 없이 많은 돈을 절약하게 되지

요. 국민의료보험(universal health care)이 뭐겠어요? 이 제도는 실용적이고 인도적이기도 하죠. 사람들은 이 제도를 용서하고 받아들여야 해요.

개리: 참 재밌죠. 나는 오바마가 당선되었을 때 사실 훨씬 더 흥분했어야 했어요. 오바마와 그의 가족을 보는 것이 행복하긴 했죠. 흑인이 대통령에 당선된 것도 잘된 일이라고 생각했고요. 이제 여성이 대통령으로 당선될 때라고도 생각하는데, 예전만큼은 정치에 관심이 많지 않아서 덜 흥분하게 된 것 같아요. 그렇게 된 데에는 두 가지 이유가 있는데, 첫째는 예전처럼 정치를 실재화하지 않기 때문이고, 둘째는 선거 결과로 행복하기는 했지만 상황이 정말로 바뀔 거라고는 기대하지 않기 때문이죠. 해결해야 할 일들은 너무나 많이 쌓여 있고, 무대 뒤에서 세상이 운영되고 있는 방식을 바꿔놓으려면 엄청난 변혁이 일어나야 할 겁니다. 변화다운 변화, 실질적인 변화가 조금이라도 일어나려면 말이죠.

아턴: 당신이 형상의 수준에서 그 영화에 영향을 받았다는 걸 알겠군요.

주: 이번 대화가 있기 얼마 전에, 인터넷으로도 볼 수 있는 〈번영(Thrive)〉이라는 매력적인 영화를 보았다. 아주 부유한 한 내부고발자가 제작한 영화로 그 제작자는 '못 가진 자'가 아니라 '가진 자' 중 하나이다. 그래서 이 영화에 더욱 신뢰가 갔고 영화를 보고 나서, 무대 뒤의 모든 비밀을 대중 앞에 폭로한 이 사람에게 위험이 닥칠 수도 있겠다는 염려와 더불어 그의 용기와 헌신에 감탄했다.

개리: 네, 대단한 영화에요. 그 남자는 이제 죽은 목숨이에요. 하지만 또 모르죠. 운 좋게 살아남을 수도요. 그를 살해하는 것은 너무 대놓고 하는 짓이니까요.

아턴: 그럼 한때는 다대오 사도였고, 미래에는 윈디 시티Windy City에서 나로 지낼 신디에 대해 잠시 말해볼까요? 다대오는 신디처럼 가수였고 드러머이기도 했어요. 또 신디처럼 다른 음악적 재능도 지니고 있었고, 신디가 지금 대면하고 있는 용서의 과제 중 일부도 똑같이 겪었죠.

개리: 예를 들면요?

아턴: 우리는 신디의 용서 과제들에 관련해서 신디의 사생활을 침해하고 싶지는 않아요. 게다가 신디가 나중에 자신의 용서 과제들에 대해 말이나 글로 풀어내고 싶어할 수도 있고요. 그래도 조금만 말하자면, 그녀와 내가 다대오로 살았을 때 우리가 겪었던 난제 중 하나는 불안증이었어요. 다대오에게 이 불안은 두 영역에서 나타났는데 사람들 앞에서 공연할 때와, 좋아하는 사람과 단둘이 있을 때 주로 나타났죠. 하지만 신디에게는 불안증이 이런 식으로 나타나지는 않아요. 신디의 불안 증세는 사람이 붐비는 곳에서 나타나죠. 신디는 이미 여기에 참된 용서를 실천하는 법을 터득해 가고 있고 도마의 사망 후 몇 년 뒤에 죽었던 다대오와는 달리, 신디는 이번 생에서 그 용서 과제를 성공적으로 마칠 겁니다.

개리: 끝내주는군요! 신디에게 이걸 말해줘도 될까요?

아턴: 신디도 이 책을 읽어보겠죠?

개리: 아, 네.

퍼사: 이 책을 쓰는 데 필요한 자질이 당신에게 정말로 있는 거 같아요?

개리: 물론이죠. 저는 이디오 사방(idiot savant)•이라고요.

• 보통 정신발육 지체아는 지능이 낮아 전반적인 정신 발육에 항구적인 지체가 나타나는 것을 특징으로 한다. 그러나 그중 극히 드물게 어떤 특정 능력, 예컨대 날짜에 대한 기억이나 계산능력만 특히 뛰어난 경우가 있다. 이것을 프랑스 학자가 가리켜 이디오 사방(뛰어난 백치白痴)이라 불렀다. 이 비정상적인 재능은 단순히 감각적인 것에만 한하는 것이 아니라 추상적인 종합능력에도 미쳐서 다종다양한 양상을 띤다. 그러나 이와 같은 재능이 모든 정신발육 지체아에게 항상 나타나는 것은 아니다. (두산백과)

퍼사: 다행이네요. 오늘 하는 모습을 보고는 잠시 걱정을 했거든요. 농담이에요. 우린 걱정 안 해요.

아턴: 당신과 신디, 둘 다 격려를 좀 받아야 해요. 먼저, 당신들은 이번 생에 서로에 대해 용서해야 할 일이 많지 않아요. 앞서 말했듯이, 용서해야 할 어떤 일이 벌어지면 이젠 둘 다 그 일의 목적도 알고, 어떻게 용서해야 할지도 알고 있어요. 그래서 당신들이 아턴과 퍼사로 함께 보내게 될 마지막 생도 평탄하지요. 그 생에서 당신들의 마지막 과제들이 일어나는데, 그 과제들에 대해서는 나중에 말해줄게요. 또 우리는 수업의 가르침에 대해서도 당신과 좀더 이야기를 나누고 싶어요. 당신은 잘 해나가고 있어요. 그렇게 느끼지 못할 때조차도요.

개리: 때론 그냥 똑같은 일을 계속 되풀이해서 용서하고 있는 것처럼 느껴져요.

퍼사: 그건 수업과 관련해서 흔히 겪는 경험이고, 그때가 바로 성령을 신뢰해야 할 때랍니다. 똑같은 용서 과제인 것처럼 보일 수도 있지만, 똑같은 죄책감은 아니거든요. 용서를 실천할 때마다 성령은 의식의 수면에 처음 올라오고 있는 새로운 무의식적 죄책감을 제거하면서 치유하고 있는 거예요. 이 죄책감은 마음의 무의식적 차원에서 치유되고 있죠. 이를 당신이 볼 수는 없지만, 여기에는 예외가 없어요. 기억하세요. 아무 일도 일어나고 있지 않다고 생각될 때조차도 **"기적은 결코 상실되는 법이 없다"**는 것을요.(T6/T-1.I.45:1)

수업을 공부하면서 겪게 될 단계들은 모두 일시적이라는 것을 명심해야 해요. 에고가 자신을 방어하려고 애쓸 때마다 당신의 심정도 요동을 치겠지만 에고는 성령에 맞서서 이길 수가 없고, 에고의 공격은 결국 시들해져서 죽어버릴 거예요. 그건 이미 다 끝난 일이에요(It's a done deal).

개리: 아, 지난번에 나는 당신이 멍청한 계약(a dumb deal)이라고 말한 줄로 알았어요.

퍼사: 착하게 구세요. 자꾸 그러면 스티브를 데리고 올 거예요. 이것도 농담이에요.

주: 캘리포니아에 온 지 몇 년 되지도 않았는데 신디와 나는 신디의 전남편 스티브와 네 차례나 '우연히' 마주쳤다. 물론 스티브가 신디를 스토킹한 것은 아니었다. 그는 우리와 마주치기 전에 거기에 먼저 와 있었기 때문이다. 분명히 우리는 모두가 서로 상대방의 궤도 안에 있었다. 한번은 집에서 수백 마일 떨어진 샌프란시스코에서 만난 적도 있는데, 우리가 묵고 있던 호텔 직원의 추천으로 들렀던 이탈리아 음식점에서였다.

예약한 창가 쪽 좋은 자리에 앉아 식사를 하고 있는데 절반 정도 먹었을까, 신디가 갑자기 스티브가 와있다며 스티브가 있는 곳으로 다가가 인사를 하는 것이 아닌가. 농담인 줄로 알았던 나는 얼떨결에 스티브와 인사를 나누면서도, 우리가 살고 있는 곳에서 수백 마일이나 떨어진 이곳에서 또다시 우연히 마주친 이 상황이 믿기지 않았다. 스티브와 함께 있던 여자도 아마 자신들이 신디와 마주쳤다는 게 믿기지 않았을 것이다. 어쨌든 스티브와 나는 언제나 그랬듯이 짧지만 유쾌한 인사를 나눴다.

개리: 스티브는 좋은 사람이에요. 우리는 서로 부딪히는 일이 하나도 없는 듯해요.

퍼사: 맞는 말이에요. 스티브는 상당히 열린 사람이고 성장해가고 있

어요.

아턴: 자, 이제 우린 가볼게요. 착하게 살아요.

개리: 최선을 다할게요. 저기, 아침에 〈실습서〉에서 읽은 구절이 있는데, 떠나기 전에 우리 모두를 위해서 읽어도 괜찮을까요?

아턴: 제이의 말을 듣는 것은 언제나 행복하죠. 수업의 모든 구절을 다 읽었다고 하더라도 당신은 더 깊은 차원의 이해를 계속 넓혀가고 있어요. 수업의 구절이 바뀌어서 그런 것이 아니라 당신이 바뀐 거죠. 에고가 지워짐에 따라 수업의 똑같은 구절들을 전보다 더 깊은 수준에서 이해하고 느끼게 될 거예요.

개리: 멋져요. 그리고 고마워요. 이 구절은 아까 당신들이 성령을 신뢰해야 한다면서 들려준 이야기와 관련이 있어요. 〈교사를 위한 지침서〉에서 신뢰의 발달단계가 많이 다뤄지기는 하지만, 이 구절은 〈실습서〉에 나오는 거예요.

기적은 먼저 믿음이 있어야만 일어난다. 기적을 구한다는 것은 곧, 마음이 볼 수 없고 이해할 수도 없는 것을 받아들일 준비를 갖췄음을 뜻하기 때문이다. 믿음은 목격자의 눈이 머무는 그것이 정말로 있음을 보여줄 증거를 가져다줄 것이다. 그리하여 기적은 기적에 대한 너의 믿음이 정당하며, 네가 이전에 본 세상보다 더 실재하는 세상에, 네가 거기 있다고 생각했던 그것으로부터 풀려난 세상에 기적이 기반해 있었음을 보여준다.(W473/W-pII.13.4:1-3)

8

퍼사의 마지막 수업

성령이 지각되는 모든 것을 사랑으로 본다면, 너를 또한 사랑으로 본다는 것은 너무나 자명하다. 성령은 너의 본성에 대한 앎(knowledge)을 근거로 너를 평가하니, 그는 너를 참되게 평가한다. 그리고 성령은 네 마음속에 있으니, 이 평가 또한 네 마음속에 있을 수밖에 없다.

(T175/T-9.VII.3:1-3)

용서와 성령이 이 환영의 세상 속에서 당신을 어디로 이끌고 갈지를 당신은 결코 알지 못한다. 이 과정은, 해결될 수 있으리라고는 그 누구도 상상조차 못한 갈등이 예기치 않게 해결되는 일로 이어질 수도 있다. 이 과정은 많은 사람들과의 만남으로 이어져서 그들이 당신 삶의 일부가 될 수도 있고, 더 큰 선을 위해 당신이 이런저런 일들을 성취하도록 도울 수도 있다. 그들은 어떤 의무감에서가 아니라 그냥 돕고 싶기 때문에 돕는다. 그리고 성령의 은총에 의해 들을 귀가 준비된 당신은, 올바로 선택한다면 마음의 치유와 인류의 구원에 공헌할 수 있는 갈림길로 인도받을지도 모른다. 그리고 또 물론 인류는 관심을 기울이지 않을 당신 삶의 일상적인 상황들도 있다. 그런 상황들은 용서되면 당신에게 평화를 가져다줄 것이다.

2008년 1월에 하와이 오아후 섬으로 이주한 카렌은 데이비드 타사카 David Tasaka라는 멋진 일본 신사와 데이트를 시작했다. 사실 그들은 나를 통해서 만났다. 만남은 꼬리에 꼬리를 물고 이어진다. 내 예약 담당인 잰은 종종 하와이에서 열릴 나의 워크샵을 계획하곤 했는데, 그중에서 두 번은 다이아몬드 헤드 유니티 처치Diamond Head Unity Church에서 진행했다. 수업 학생이었던 데이비드는 그중 한 번의 워크샵에 참석했고, 워크샵이 끝난 후에 나와 카렌과 다른 참가자들이 함께 저녁을 먹으러 갔을 때 동행했다. 거기서 둘의 관계가 싹이 텄고, 카렌이 오아후 섬으로 이사를 오면서 두 사람은 본격적으로 사귀게 된 것이다.

이혼 절차가 마무리된 후에도 나는 카렌과의 연락을 계속 유지했고, 우리는 이제 좋은 친구 사이로 바뀌어가고 있었다. 하지만 카렌은 신디에게 말을 걸지 않았고 사실 나도 카렌이 곧장 그렇게 할 것으로 기대하지는 않았다. 카렌은 신디와 나의 관계에 대해 자세히 몰랐으며, 카렌이 신디에게 혹은 신디가 카렌에게 먼저 다가가기를 기대하는 것은 무리였다. 하지만 우리 넷은 수업 학생이었고, 기적은 언젠가는 일어날 일이었다. 용서는 기적의 본향이니, 용서가 곧 기적이기 때문이다.

내가 캘리포니아로 이사를 와서 몇 년 되었을 때 카렌에게서 이메일이 왔다. 카렌과 데이비드가 본토를 방문한다는 것이었다. 메인에 살고 있는 카렌의 가족을 방문한 후, 데이비드가 토스트마스터 연설대회* 결선에 참가하기 위해서 둘이 플로리다로 간다고 했다. 그런 다음 하와이로 돌아가기 전에 캘리포니아 오렌지 카운티Orange County에 잠시 들를 예정이라며 나와 신디가 자신들과 함께 점심을 먹을 수 있겠느냐고 물어왔다.

---

* Toaster master club: 멤버들 끼리 돌아가면서 각자의 의사소통과 리더십 스킬을 발전시킬 수 있는 기회를 제공함으로써 자신감과 개인의 성장을 조성하고 발전시키기 위해 서로 돕는 긍정적인 배움의 환경을 제공하는 일종의 자기계발 모임. 국제적 네트워크를 가지고 있고, 우리나라에도 각 지역에 모임이 있다.

놀랍기도 했고 기쁘기도 했다. 신디에게도 괜찮겠냐고 물었는데 신디도 물론 괜찮다고 답했다. 어느 따스한 여름날, 우리는 카렌과 데이비드를 그들이 머물던 곳과 우리가 살고 있던 곳의 중간 지점인 올리브 가든Olive Garden의 한 체인점에서 만났다. 우리는 서로 인사를 나누고 포용을 하고 자리에 앉았다. 처음에 카렌은 신디를 다소 조심스럽게 대했는데, 놀랍게도 약 10분 만에 카렌과 신디는 마치 오랜 친구처럼 이야기를 나누게 되었다. 그리고 나도 데이비드와 대화하는 것이 하나도 어렵지 않았다. 데이비드는 훌륭한 성품을 갖춘 사람이었고, 내 친구 마이클 타무라를 떠올리게 했는데 둘 다 일본인이기는 했지만 그보다는 둘 다 환한 미소가 입가에서 떠나는 일이 거의 없었기 때문이다.

그렇게 앉아 있는 동안, 나는 내 왼편에서 신디와 카렌이 서로를 마주보며 이야기를 나누고 있는 모습을 지켜보았다. 믿어지지 않을 만큼 과분했고 속으로, '오 하나님, 이 용서란 놈이 정말로 통하는군요'라고 생각했다. 이런 광경을 보게 되리라고는 생각조차 못했지만, 어쨌든 우리는 모두가 한 자리에 있었고, 수업 학생인 우리 넷은 이 일의 유일한 목적을 알고 있었으며 나는 감사의 마음에 압도되었다.

나는 언제나 카렌이 행복하길 바랐고, 카렌 역시 내가 행복하길 바란다고 생각한다. 이것은 물론 신디와 데이비드를 위한 나의 바람이기도 했다. 그날 난 이렇게 생각했다.

신의 가호와 함께, 사실은 떠난 적도 없지만 우리가 깨어나기로 운명지어진 집으로 성령께서 모두를 속히 인도해주시기 비나이다.

그리고 신이 바라는 것은 오로지 당신의 아들이 행복한 것뿐이다. 신은 완벽한 사랑이시다. 심지어는 사도 바울과 요한복음도 그렇게 이야기한다. 그리고 주간지 〈뉴스위크〉 2007년 12월호 기사 중 〈온건파, 종교 전쟁터에 뛰어들다〉(Moderates Storm the Religious battlefield)에서도 보고하듯이, 기독교 내에서도 조용한 혁명이 일어나고 있다.

신이 바라는 것은
오로지 당신의 아들이
행복한 것뿐이다.

〈원의 완성: 퍼사의 도마복음과 기적수업〉(Closing the Circle: Pursah's Gospel of Thomas and A Course in Miracles)의 저자인 로지에 펜테너 반 블리싱겐Rogier Fentener van Vlissingen이 그 기사를 나에게 보내주었다. 로지에는 그 책에서 《우주가 사라지다》가 도마복음과 수업의 가교 역할을 하고 있다는 것을 증명했다. 또 로지에는 《그대는 불멸의 존재다》에서 퍼사가 제시한 '퍼사의 도마복음'을 자세히 검토했고, 퍼사의 도마복음이 1945년 하반기에 나그함마디에서 발견된 도마복음보다 직관적이고 일관성이 있다고 평했다. 퍼사의 말에 따르자면 십자가형 이후 나그함마디 판 도마복음이 필사되기까지 수백 년에 걸쳐 다른 사람들에 의해 심하게 왜곡되거나 가필된 44개의 구절은 퍼사의 도마복음에서 뺐다고 했다. 또 퍼사는 남아 있던 로기아logia•에서도 불필요한 부분을 좀 쳐내고 다듬었으며, 두 구절을 하나로 합치기도 했는데, 그렇게 하니 두 구절은 아귀가 잘 맞아 의미가 즉각적이고 분명하게 드러났다. 이렇게 해서 도마복음의 핵심을 담은 퍼사 버전의 도마복음이 나오게 된 것이다. 퍼사의 도마복음은 2000년 전 지혜의 교사였던 제이의 모습을 되살려, 그 당시의 제이의 음성이 오늘날 우리가 수업에서 발견하는 음성과 동일하다는 것을 분명하게 보여주고 있다.

• 성경에 수록되지 않은 그리스도의 말

문제의 기사는 바트 어먼Bart Ehrman의 말을 인용했는데, 어먼은 주로 역사상의 예수에 대한 연구로 알려져 있고 집필 활동도 왕성하게 하는 성서학자이다. 〈뉴스위크〉에 따르자면, 어먼은 이러한 전력에도 불구하고 몇 년간의 치열한 고민 끝에, 사랑이 넘치고 전능한 신이 이토록 많은 고통을 야기할 리가 없으므로 더 이상 기독교의 하나님을 믿을 수 없다고 결론을 내렸다는 것이다. 이것은 신학에서 신의론神義論*이라 불리는 독특한 문제지만 어먼의 책《신의 문제》(God's Problem)에는 너무도 겸허하고 진지한 태도가 서려 있어서, 기독교를 믿는 사람들 중에서도 그의 생각에 공감하는 독자들을 찾을 수 있을 것이다. 어먼은 "어떤 사람들은 자신이 답을 알고 있다고 생각하고 이런저런 의문에 개의치 않지만, 난 그런 사람이 못 된다"라고 썼다.

나는 이런 의문이 쉽게 지나가지 않는 사람들을 위해서, 어쩌면 그들이 대답을 발견할 수 있는 곳이 있다고 겸손하게 제안해줄 수도 있지만, 이를 위한 적시적소는 성령만이 알고 있다.

2011년 샌프란시스코에서 열린 〈기적수업〉 국제강연회에서 강연을 했을 때의 일이다. 6개월마다 열리는 이 강연회에서 나는 연속으로 네 번째 강단에 올랐다. 강연회 주최측은 이번 강연회의 표어를 "듣고 배우고 행하라"**로 정했다. 강연장에 갔을 때 나는 참가자 중 많은 이들이 "뭘 하라는 거야? 뭘 해야 하는 거지?"라고 서로 묻고 있는 것을 봤다. 사람들 앞에서 말할 차례가 되었을 때, 나는 사람들에게 수업의 다음 내용을 상기시키지 않

---

* 라이프니츠가 최초로 사용한 철학·신학용어. 프랑스어로 theodicee, 영어로는 theodicy. 변신론이라고도 하며, 세상의 악의 존재가 신의 전능과 선과 정의에 모순되는 것이 아님을 변증하려는 논리를 말한다. 출처: 종교학대사전

** "listen to my voice, learn to undo error and act to correct it." (T9/T-1.III.1:6 후반부)

을 수가 없었다. "수업은 이렇게 말합니다. **용서는 세상의 빛인 나의 역할이다.**(W104/W-pI.62) 세상의 빛이 되려는 여러분이 해야 할 일은 용서일진데, 여러분은 자신이 대체 뭘 하고 있다고 생각하십니까?"

나는 아턴과 퍼사의 미래와, 시카고에서 함께 했던 그들의 마지막 생에 대해서 그들과 좀더 이야기를 나누고 싶었는데 역시 그들은 나를 실망시키지 않았다. 그런데 이번 방문에서 퍼사만 이야기를 계속했고 아턴은 가만히 앉아서 열심히 듣기만 했다.

개리: 그래, 시카고에서는 어떤 일이 벌어지나요? 난 기대에 잔뜩 부풀어 있어요. 한 가지 이유만 말하자면, 난 매력적인 아가씨가 되잖아요. 아주 흥미로울 것 같아요.

퍼사: 그래요. 하지만 깨닫는 건 더 흥미로워요. 돌아올 만한 가치가 있는 생이 하나 있다면, 그건 마지막 생일 거예요. 그 생에 천국만큼 좋은 무엇이 있어서 그런 건 아니고, 깨달은 그때가 당신이 천국에 가장 가까이 있는 때라서 그런 겁니다. 그 상태를 거의 늘 경험하고 있게 되지요. 이때 몸은 너무나도 가뿐해서 마치 꿈을 꾸는 것 같아요. 평소에 하던 역할을 계속할 수도 있어요. 그건 너무나 쉽지요. 대부분 사람들이 익숙해 있는 몸속의 삶과는 달라요. 나는 깨달았던 대부분의 사람들에 비해 다소 긴 11년 동안 깨달은 상태로 있었어요. 깨달음이 지속되는 기간은 11년이 됐든 11분이 됐든 중요하지 않아요. 일단 깨닫고 나면 깨달은 것이고, 그 상태는 당신이 몸을 부드럽게 내려놓을 때까지 계속 유지돼요. 방금 몸을 부드럽게 내려놓는다고 표현했지만, 정말로 그렇게 경험할 거예요. 왜냐면 아무런 고통도 느낄 수 없거든요. 그때가 되면 죽음의 원인도 무의미해져 버려요. 십자가에 달려 있던 제이처럼 말이죠. 사람들은 십자가형이 끔찍했을 거라고

추정하지만, 제이에게 그 일은 아무것도 아니었어요.

개리: 대화를 끝내기 전에, 당신의 삶이 어땠는지 듣고 싶어요.

퍼사: 조금은 알려주겠지만 나머지는 당신이 스스로 알아내야 할 거예요. 당신은 이미 그때 직면하게 될 가장 큰 용서의 과제들에 대해 이야기를 들었어요. 아턴과 함께 했던 내 삶을 좀더 자세히 말하자면, 그 삶은 매우 평범했어요. 나는 매우 지성적인 사람이었고, 결국은 심리학 교수가 되었지요. 지금 당신이 수업의 심리학적 측면과 마음에 대해 품고 있는 관심은 장차 이 직업을 가지게 될 조짐이에요. 아턴과 나는 둘 다 시카고에서 태어났지만 훗날 때가 이르기 전까지는 한 번도 만난 적이 없었어요. 나는 21년 간 멋진 남자의 아내로 살았어요. 그는 사고로 죽었는데, 그게 내 첫 번째 큰 용서 과제였죠. 당신도 이번 생에서 그를 알고 있어요. 이번 생에서는 남자가 아니라 여자이긴 하지만요.

개리: 누군지 말해줄 수 있나요?

퍼사: 이혼했으니까 이젠 말해줘도 괜찮을 거 같네요. 당신이 여자가 되어서, 다음이자 마지막 생에 결혼하게 될 그 남자는 이번 생의 당신의 전처 카렌이에요.

개리: 농담이죠?

퍼사: 아뇨. 그때 당신은 당신 남편 벤지와 함께 엄청난 경험을 할 거고요. 벤지는 그다음 생에 깨닫기 위해 필요한 모든 것을 그 생에서 배울 거예요. 하지만 모든 일은 서로 맞물려 있어서, 그 생에서 그가 갑작스레 죽는 것은 당신이 퍼사로서 적당한 때에 깨닫도록 도와줄 용서의 과제로 작용할 겁니다. 그 적당한 때란, 어떻게 하는 것이 모든 이에게 최선인지가 결정되었던 시간의 끝 지점에서 성령과 우리에 의해서 정해졌지요.

개리: 왜냐하면 모든 일은 서로 아귀가 맞아야 하니까요.

퍼사: 바로 그거예요.

개리: 자식은 없었나요?

퍼사: 네, 마지막 생이나 그 직전 생에서 아이를 두지 않는 것은 드문 일이 아니에요. 더 많은 몸을 만들어내는 일은 더 이상 매력이 없어지는 거죠. 그렇다고 깨달은 사람은 자식을 아예 두지 않는다고 말하는 건 결코 아니에요. 다른 커플들에 비해 흔하지 않다는 것뿐이죠. 자식을 갖는 것은 서로 맞물려 있는 용서의 사슬과도 관련되기 때문에 거기에는 언제나 합당한 이유가 있어요. 부모와 자식이 그 관계를 어떤 목적에 활용하느냐, 그것이 언제나 관건이지요.

벤지와 나는 둘 다 야구를 무지 좋아했어요. 당신의 현생의 관심사가 연장된 거죠. 우리는 시카고 컵스 팀을 좋아해서 새로 지은 스타디움을 즐겨 찾았어요.

개리: 시카고 컵스도 레드삭스처럼 결국에는 월드시리즈에서 우승을 하죠?

퍼사: 물론이죠.

개리: 언제요? 몇 년도에요?

퍼사: 개리, 미안해요. 말해줄 수 없어요. 그랬다간 라스베이거스의 도박꾼들이 야구 시즌 시작하기 무섭게 몰려들어서 내기를 걸 거예요.

개리: 아, 그렇군요. 야구 말고 또 좋아한 건요?

퍼사: 당신처럼 나도 영화광이었어요. 장르를 가리지 않고 다 좋아했죠. 이건 관음증적인 성향과도 관련이 있는데, 지금 당신 성격의 일부이자 그 생애에서 내 성격의 일부이기도 해요. 우리가 사는 펜트하우스에는 성능이 좋은 홀로그램 기계도 있었어요.

개리: 펜트하우스요? 돈이 정말 많았나 봐요.

퍼사: 벤지가 매우 운이 좋았죠. 벤지의 부모님이 돈이 많았거든요. 당신도 알다시피, 카르마예요. 그래서 나도 운이 좋았죠. 나는 똑똑하고 아름다운 여성이었고 벤지도 이 점을 좋아했어요. 그런데 지금으로부터 100년 뒤에는 영화가 상당히 달라질 거라는 점을 말해주고 싶네요.

개리: 바라건대, 좋은 쪽으로겠죠?

퍼사: 그렇기도 하고, 아니기도 해요. 기술은 정말 빠른 속도로 발전하고 있어요. 지금으로부터 100년 뒤에는 단순히 영화를 보는 것에 그치지 않고, 영화 속으로 들어가게 될 거예요. 홀로그램 입체상으로 상영되기 때문에 완전히 생생한 현실처럼 느껴질 거고요. 실제로는 존재하지 않는 사람들을 만나고 어울리는 것이 가능해지고, 영화 속의 인물들을 지금 당신의 생에서와 마찬가지로 직접 접촉할 수 있어서 완전히 진짜처럼 느껴질 거예요. 실제로는 존재하지 않는 사물을 느낄 수 있는 기술은 오늘날에도 이미 존재하지만 미래에는 가상현실을 너무나 완벽하게 구현해서 어느 것이 진짜 환영이고 어느 것이 가짜 환영인지를 구별할 수가 없을 거예요.

개리: 와. 그러면 영화 속에서 섹스 같은 것도 할 수 있나요?

퍼사: 네, 하지만 물론 이 문제에 대한 도덕성 논란이 크게 벌어질 거예요. 우파 기독교인들이 난리를 쳐서 그런 종류의 영화를 아무 데서나 볼 수는 없게 될 겁니다.

개리: 진짜 몸을 가진 듯해서 자꾸만 영화 속으로 돌아가서 환상을 펼치고 싶은 유혹이 엄청나겠군요.

퍼사: 가만가만, 진정해요. 명심해요, 개리. 만일 당신이 수업 학생이라면 당신이 보고 있는 이미지가 완전히 현실 같은 영화에 나오는 것이든지, 완전히 사실처럼 보이는 일상에서 마주하는 이미지이든지 아무런 상관이 없어요. 당신은 둘 다 똑같이 용서할 수 있어요. 둘 다 똑같이 사실이 아니

니까요. 자신이 영화 속에 있는지, '현실' 속에 있는지를 잊어버렸더라도 당신이 할 일은 언제나 바로 눈앞에 있는 것을 용서하는 것뿐입니다.

> 당신이 할 일은 언제나 바로 눈앞에 있는 것을 용서하는 것뿐입니다.

개리: 알겠어요. 그래도 내가 당신이 되어서 영화를 보러 가는 건 맞죠?

퍼사: 네. 첫 번째 방문 기간에 이미 들려주었던 이야기는 되풀이하지 않겠어요. 당신은 그것을 잘 기억하고 있고, 그 내용을 언제든지 찾아볼 수 있으니까요. 내 이야기는 《우사》 250쪽에서 253쪽 사이에 나와 있어요.(우리말 번역서: 392~395쪽) 그리고 우리의 마지막 생에서 아턴에 대한 이야기는 294쪽에서 296쪽 사이에 실려 있고요.(우리말 번역서: 454~457쪽) 영어 원서에는 그렇게 실려 있어요. 우리는 우리 책이 22개 국어로 번역되었다는 것도 알고 있어요. 그러니 외국어로 된 책을 보는 사람들은 직접 찾아보거나, 아니면 번역자들이 알려줘야 할 거예요.

개리: 영어 원서에는 294쪽에 실려 있고, 스페인어 번역본에는 487쪽에 실려 있네요.

퍼사: 재미있네요. 당신은 멕시코와 남미에 가면 항상 즐겁게 시간을 보내곤 하죠?

개리: 정말 좋아요. 사람들이 참 따뜻해서 말 그대로 가족처럼 받아준다니까요. 리오 데 자네이루와 산따 페 데 보고타 같은 곳도 좋고요… 정말로 그쪽 사람들은 즐겁게 사는 법을 알고 있어요.

퍼사: 그 자체로 예술이죠. 하여튼, 그 생에서 나의 첫 번째 큰 용서 과제는 벤지의 죽음이었어요. 벤지는 어느 날 사고를 목격하고 차에 갇힌 사람을 도와주려고 했어요. 당시 땅에는 물이 고여 있었고, 차가 전신주를 들이받아서 전류가 흐르는 전선이 그 물에 잠겨 있었는데 벤지는 그걸 모른

채 물에 발을 들여놓았다가 그만 감전사한 거예요.

개리: 아… 충격이 매우 컸겠네요.

퍼사: 네, 벤지가 몹시 그리웠어요. 하지만 내게는 제이와 그의 수업이 있었고 나는 모든 일을 용서했죠. 그 일은 내가 완전한 용서의 상태에 들기 1년 전 일이에요. 사람들은 비탄에 잠길 시간을 가져야 해요. 특히, 오래 관계를 맺어온 사람의 경우엔 마음속에 무수한 기억들이 떠오를 것이고, 그 동안 일어났던 모든 일을 수용하는 데에는 시간이 좀 필요하죠. 벤지는 내가 이 시기를 견뎌내도록 도와주었어요. 그는 가끔씩 내 꿈속에 찾아와서 함께 사랑을 나누곤 했죠.

개리: 정말로 벤지가 나타났었나요?

퍼사: 그전에는 벤지가 정말로 있었을까요?

개리: 알겠어요. 모두가 투사물일 뿐이지요. 물론 때로는 성령이 형태를 취한 것일 수도 있지만요. 하지만 결국 그것은 당신의 분열된 한 부분이에요. 난 이것에 대해 신디가 한 말을 좋아해요. 인류 자체가 하나의 거대한 다중인격장애 증상이라고요.

퍼사: 신디는 똑똑하고 아름다운 여성이에요. 당신도 그 점을 사랑하죠.

개리: 벤지가 당신을 사랑했던 것처럼 말이죠.

퍼사: 대학에 있을 때의 사건은, 그러니까 정신이 불안정했던 한 학생이 내가 성적을 올려주는 조건으로 그에게 섹스를 요구했다고 모함했던 그 사건은 나의 교수 경력을 망쳐놓았죠. 그 일은 두 번째의 큰 용서 과제였어요. 나는 그 일을 '서서히 달아오르는 분노'(slow burn)라고 불러요. 그런 일이 생기면, 그 일은 오랜 기간에 걸쳐 계속해서 떠오르고, 그 일에 대한 용서를 완전히 마칠 때까지 끈질기게(persevere) 몇 번이고 용서를 해야 하죠. 난 2년이 지나서야 그 일을 완전히 다 용서했어요. 네, 어려워 보이긴 하죠. 하지

만 이렇게 하면 엄청난 영적 도약을 하고, 미래의 여러 생을 단축할 수 있는데, 난 그걸 해냈어요.

개리: 이를테면 당신은 퍼사스럽게 끈질겼다는(Pur-sah-vere) 거군요.

퍼사: 당신답군요. 내 삶에서 마지막으로 찾아온 두 가지 과제는 한꺼번에 일어나긴 했지만, 사실 그것들은 과제라 할 수도 없었어요. 이미 나는 깨달음을 성취한 상태였거든요. 하지만 내게는 아턴이 깨닫는 것을 도와줄 역할이 남아 있었어요. 아턴의 마지막 큰 용서 과제는 내 육체가 죽는 것이었거든요. 아턴이 내가 몸을 내려놓는 것을 심란해하고 있다는 걸 알 수 있었지만, 내 역할은 아턴을 그리스도로서 바라봐주는 것이었어요. 당신이 그런 상황에 놓인 누군가를 영적인 시각(spiritual sight)으로 바라봐주면 그건 곧 그 사람도 미래에 그렇게 할 수 있도록 도와주는 것이랍니다. 나는 우리가 결코 떨어지지 않을 거라는 확신을 안겨줌으로써 아턴을 격려해주고 싶었어요. 우리는 언제나 하나예요. 게다가 내가 아무런 고통도 느끼지 않는다는 걸 안 아턴은 그나마 기분이 좀 나아졌지요. 완전한 평화의 상태에 있던 나는 마지막 날 당시 내가 외우고 있던 수업의 다음 구절을 아턴에게 들려주었어요.

신의 교사여. 네가 맡은 과제는 이렇게 말할 수 있다. — 죽음이 끼어든 그 어떤 타협도 수용하지 말라. 잔인한 것에 신뢰를 주지 말고 공격이 네 눈에서 진실을 감추지 못하게 하라. 죽는 것처럼 보이는 그것은 환영에 휩쓸린 그릇된 인식일 뿐이다. 이제 너의 임무는 환영을 진실로 가져오는 것이다.(M67/M-27.7:1-4)

개리: 그때 당신은 정말로 숙달되어 있었던 것 같네요.

퍼사: 수십 년간 실천하면 당신도 그렇게 될 거예요. 이제 우린 떠날 건데 오늘은 방금 인용했던 수업의 나머지 부분을 들려주고 싶어요. 이 구절에 대해 생각해보세요. 여기에는 깊은 뜻이 있거든요. 다음 방문 때는 아턴이 말할 거예요. 잘 지내요, 사랑하는 형제.

이 점만은 흔들리지 말라. — 변덕스러운 형체의 '실재성'에 속지 말라. 진실은 움직이지도 흔들리지도 않으며, 사망과 소멸의 바닥으로 가라앉지도 않는다. 그러면 사망의 종식이란 무엇인가? 그것은 다름 아니라 이것이다. — 신의 아들(the Son of God)은 지금도, 앞으로도 영원히 죄가 없다는 깨달음이다. 이것 외에 아무것도 아니다. 다만 잊지 않도록 하라. 이에 못 미치는 것은 그것이 아님을.(M67/M-27.7:5-10)

9

아턴의 마지막 수업

특별한 관계는 에고가 구사하는 모든 방어책 중에서도 가장 화려하고 기만적인 액자를 두르고 있다. 에고의 사고체계는 워낙 육중하고 정교한 액자에 담겨 있어서 그림은 액자의 위압적인 모습에 거의 파묻혀버릴 정도다. 그 액자는 희생과 자기과시의 꿈으로 치장되고, 자기파괴의 금박 실로 엮이고, '사랑'이라는 온갖 종류의 환상적 환영의 파편들로 장식되어 있다. 핏방울은 루비처럼 번뜩이고, 눈물은 제단의 희미한 불빛 아래 세공된 다이아몬드처럼 반짝인다.

그림을 보라. 액자에 한눈팔지 마라. 이 선물은 너를 저주하여 주어진 것이고, 선물을 받아들이면 너는 자신이 실로 저주받았다고 믿게 될 것이다. 그림 없이 액자만 가질 수는 없다. 네가 가치 있게 여기는 것은 액자이다. 거기서는 갈등이 보이지 않기 때문이다. 그러나 액자는 갈등이라는 선물의 포장지일 뿐이다. 액자 자체는 선물이 아니다. 온통 빈틈없이 완벽하게 감싸고 있는, 이 사고체계의 천박한 겉껍데기에 속지 마라. 반짝거리는 이 화려한 선물 속에는 죽음이 들어 있다. 최면을 거는 듯 몽롱한 섬광이 반짝이는 액자에 시선을 뺏기지 마라. 그림을 보라. 그리하여 네게 죽음의 선물이 왔음을 깨달으라.

진실을 지킴에 거룩한 순간이 그토록 중요한 것은 이 때문이다. 진실 자체는 방어가 필요 없다. 그러나 네가 죽음의 선물을 받아들이지 않게 하는 데는 방어가 필요하다.

(T359-360/T-17.IV.8:1-10:2)

퍼사의 마지막 생애에 대해 퍼사와 이야기를 나누고 나자 아턴의 이야기도 듣고 싶어졌다. 아턴은 시간이 갈수록 점점 더 마음에 들었다. 처음에는 아턴이 그리스 신처럼 키도 크고 그을린 피부에 잘생기기까지 해서 왠지 싫었고, 특히 1990년대에 퍼사가 나의 환상의 여인이 되었을 때는 질투도 났다. 하지만 그들은 승천한 스승들이었으니, 나도 참 어리석긴 했다. 때로는 어떤 짓이 어리석다는 것을 알면서도 멈추어지지 않는 경우가 있다. 에고의 사고체계가 어리석다는 것을 배우는 것만으로는 에고처럼 굴기를 멈출 수가 없다. 그러기 위해서는 작업을 많이 해야 한다. 용서를 많이 해야만 하는 것이다.

내가 이 스승들을 처음 본 지도 20년이 다 되어갈 즈음인 2012년 가을에 이르자, 나는 퍼사뿐만 아니라 아턴도 존경하게 되었고, 둘 모두에게 사랑을 품게 되었다.

그리고 그해부터 나의 생활과 스케줄도 좀 안정되기 시작했다. 거의 3년 동안 진행되었던 미국세청 세무감사도 이때 끝났다. 처음에 미국세청은 내게 15만 달러를 지불하라고 했지만 결국에는 6천 달러만 지불하고, 그동안 이 일을 훌륭하게 처리해준 내 공인회계사에게 5천 달러의 비용을 따로 지불하는 것으로 끝을 맺었다. 처음에 미국 정부에서 착취를 멈춰주는 대가로 내놓으라고 했던 액수에 비하면 나쁘지 않았다.

항상 약속을 지키긴 했지만, 퍼사가 약속을 지킨다면 이번 방문에서는 아턴이 이야기를 해줄 차례였다. 이날 오후에 그들이 나타날 것 같다는 느낌이 들었는데, 신디가 미용실 약속이 있어서 네 시간 정도 집을 비울 예정이었기 때문이다. 내가 캘리포니아로 이주한 후로 내 스승들은 신디가 집에 없을 때 찾아오거나, 아주 가끔은 장거리 여행 중 신디가 없을 때 호텔방에 나타나기도 했다.

나는 그들이 내 아내 신디에게도 모습을 드러낼지 궁금했다. 결국 신디는 내가 퍼사가 될 것처럼 다음이자 마지막 생에 아턴이 될 것이었기 때문이다. 딱 한 가지 걸리는 게 있다면, 2004년경에 그들이 자기들은 오직 나한테만 나타날 것이라고 말했다는 사실이다. 거기에는 이유가 있었는데, 그것은 내가 특별해서가 아니라 메시지의 내용이 바뀌는 것을 원하지 않았기 때문이다.

다른 사람들이, 아턴과 퍼사가 자신에게도 나타나서 이런저런 말을 해줬노라고 주장하고 나서는 것은 어려운 일이 아니었을 것이다. 만약 그들이 자기만의 수업을 지어낸 채널러들과 다르지 않다면, 그들이 전하는 메시지에는 핵심적인 부분이 빠져 있어서 에고를 지워주지 못할 것이다. 나는 〈기적수업〉 강연회에서 실제로 이런 사람들을 좀 만나서 이야기를 해봤다. 그들은 추종자들의 존경을 받고 있었으며, 마치 정말로 자신들이 수업이나 그런 것을 가르치기라도 하는 양 수업을 인용하기도 했다. 하지만 나는 그들이 실제로는 수업을 이해하지 못하고 있다는 점에 놀랐고, 그런데도 그것이 사람들에게 먹힌다는 사실에 또 한 번 놀랐다. 그들이 가르치던 방법론은 그것을 따르는 사람들의 기분을 일시적으로 좋아지게 하는 것 말고는 아무런 역할도 못했고, 구원의 목표에 다다르는 것을 지연시키는 결과만 낳을 뿐이었다.

겸허하게도 스스로 수업의 '마스터 티처Master Teacher'라고 자칭하는, 사람들이 보는 앞에서 나를 실제로 때린 적도 있는 위스콘신 주에 사는 노신사는 자신을 따르는 사람들에게 2006년에, 아턴과 퍼사가 자신에게도 나타나고 있고 자기가 개리보다 그들의 메시지를 더 잘 전할 수 있다고 말했다고 한다. 다행히도 그것은 나의 두 번째 책이 출간된 지 얼마 안 되었을 때여서, 사람들이 그 '마스터 티처'에게 아턴과 퍼사는 개리 말고는 그 누구에게도 나타나지 않을 거라고 밝혔다는 점을 말해주었다. 그제야 그 노신사는 아턴과 퍼사가 자신을 방문한다고 떠벌리기를 그만두었다. 내 스승들은 과연 용의주도했다.

나는 사람들에게, 만약 어떤 수업 교사가 와서 집단생활을 하자고 하거든 따라가지 말라고 분명히 못 박은 적이 있는데, 부분적으로는 바로 그 교사 때문이었다. 그렇게 하는 것은 컬트*이다. 기적수업은 자습 과정이고 서문에도 그것이 분명히 명시되어 있다. **"기적수업은 또 하나의 이단종파의 근거가 되라고 주어진 것이 아니다."**(Preface viii/서문 중 '기적수업의 유래') 그 장소가 북미든 남미든 덴마크든 지구 어느 곳이 되었든 간에, 만약 누군가가 '수업 공동체'를 세우고 당신에게 그리로 와서 다른 수업 학생들과 함께 살자거나 아니면 근처에서 살라고 하거든, 제발 가지 말기를 바란다. 그들은 어떻게든 당신을 그 공동체에 의존하게 만들 것이다. 그리고 심지어는 당신의 돈이나 차, 심지어는 집까지도 자신들에게 '기부'하라고 아주 교묘하게 설득할지도 모른다. 수업에서도 말하듯이, **"시간은 허비될**(be wasted) **수도 있지만 허비시킬**(waste) **수도 있다."**(T12/T-1.V.2:2) 들을 귀가 있는 사람이라면 알아들으리라!

신디가 콧노래를 부르며 머리를 하러 간 그날 오후, 아턴과 퍼사가 다시 내게 나타났다.

아턴: 오늘은 좀 피곤해 보이네요. 대형 TV는 끄고 일찍 잠자리에 드는 게 어때요? 당신이 상쾌한 상태일 때 대화했으면 좋겠거든요.

• cult: 어떤 체계화된 예배의식, 특정한 인물이나 사물에 대한 예찬, 열광적인 숭배, 나아가서 그런 열광자들의 집단. (종교학대사전)

개리: 내 탓이 아니에요. 난 신의 희생양이에요.

아턴: 아, 미처 몰랐네요. 내 마지막 생애에 대해 이야기를 좀 듣고 싶죠? 그래도 괜찮죠?

개리: 그런데 이 이야기는 신디도 같이 듣는 게 공정하지 않을까요? 어차피 당신이 곧 신디잖아요. 신디의 마지막 생애이기도 하고요.

아턴: 신디가 이 이야기를 들을 자격이 없다고 생각해서 그러는 건 아니에요. 지금 우리가 작업하고 있는 이 책을 신디도 읽는다면 당신이 아는 만큼 신디도 자신의 마지막 생에 관해 알게 될 겁니다. 하지만 지금 신디는 우리가 처음 당신에게 나타났을 때 당신이 그랬던 것만큼 절실히 우리를 필요로 하지는 않아요. 당신이 프랑스인이라면 신디는 스위스인이에요. 좀더 독립적이죠.

개리: 국민성을 비교하는 이야기는 이제 재미없어요. 그러니까 당신들은 신디에겐 결코 나타나지 않을 거란 말인가요?

아턴: 사실 그런 말은 아니에요. 우리는 신디가 메시지의 내용을 바꿔놓지 않을 신뢰할 만한 사람이라는 걸 알고 있어요. 그러니 어떻게 될지 누가 알겠어요? 그런 일이 일어나면 일어나는 거죠. 다음 화제로 넘어갈까요?

개리: 그 정도면 괜찮네요. 말없이 있을 때에는 너무나 매력적인 퍼사가 나한테 핵심 정보(scoop)를 좀 나눠줘서 나도 이젠 핵심 멤버이라고요(in the loop). 풍악을 하다 보니 운율을 맞추고 싶어서 못 배기겠네요. 신디와 나의 미래에 대해 이야기를 좀 들려주실래요?

아턴: 그래요, 풍악쟁이 바보씨. 그런데 그 생에서 퍼사는 음악적 재능을 타고나지 못했어요. 개리 당신의 음악적 재능이 퍼사의 유전자풀(gene pool)에 포함되지 않았죠. 퍼사의 주관심사는 심리학과 영성이었어요. 반면에 나는 신디와 다대오에게서 음악적 재능을 물려받았고, 젊은 시절에 이

재능을 잘 발휘해서 대학에서는 드럼을 쳤고 여학생들 사이에서도 인기가 꽤 좋았죠.

개리: 당신이 호색한이라는 건 진작 알아봤어요. 드러머가 된다는 건 음악가가 된다는 것과 거의 같죠. 드럼 치는 건 타고났나요, 아니면 따로 배웠나요?

아턴: 그냥 타고났어요. 게다가 노래도 잘 불렀고요. 알다시피 노래까지 잘 부르면 음악가로서의 가치가 두 배로 뛰는데, 난 이 점에 대해 신디와 태드Thad에게 감사했어요. 참고로, 우리 책들과 수업을 아는 사람들은 다대오를 태드라 부르기도 하죠. 그러다 나이가 들면서 정신과 의사(psychiatrist)가 되는 걸로 생각이 바뀌었어요. 심리학자(psychologist)가 아니라 의사였단 말이에요. 나는 원한다면 환자들에게 약을 처방해줄 수도 있었어요.

개리: 돈깨나 벌었겠는데요. 약은 얼마나 자주 처방했어요?

내가 주는 선물은
나에게로 돌아온다는
거, 잊지 말아요.

아턴: 그다지 많지는 않아요. 나는 전형적인 정신과 의사는 아니었어요. 거대 제약회사를 그다지 좋아하지 않았거든요. 의료 산업에서는 돈이 생명보다 더 중요하죠. 그래서 질병의 치료법이 억제되어왔고요. 하지만 나는 25세가 되었을 당시 수업 학생이었고, 수업의 의미를 파악해가기 시작하면서부터 환자들에게 약물을 처방하는 대신 그들의 마음을 훈련시켜서 생각을 바꾸게 하려고 애썼어요.

개리: 우와. 당신에 대해 품었던 생각들을 모두 취소할게요. 안 그래도 내게 별로 이롭지도 않았으니까.

아턴: 고마워요. 내가 주는 선물은 나에게로 돌아온다는 거, 잊지 말아요.

개리: 수업의 문구를 갖고 놀지 마세요. 그러니까 당신은 정신과 의사가

되기는 했지만 환자들의 상태를 바꾸기 위해 약물 처방을 하는 대신 그들의 마음을 바꾸어주려고 애썼다는 거잖아요. 약은 많이 처방하지 않았다고 했는데, 그 방법은 잘 먹혔나요?

아턴: 다른 정신과 의사들만큼은 효험을 봤어요. 때로는 더 낫기도 했고요. 준비된 환자에게는 수업을 권했고 준비된 상태가 아니면 그들을 상대로 용서를 실천했지요. 나는 수업의 연장延長인 〈심리치료: 목적, 과정, 실제〉 부분에 항상 관심이 많았어요.

개리: 네. 나는 그 부분을 짧게 〈심리 장章〉(psycho section)이라 불러요.

아턴: 그 장의 어디에서도 제이가 심리치료사에게 현재 그가 쓰고 있는 방법을 바꾸라고 하지는 않는다는 점에 주목하세요. 제이는 치료사에게, 훈련받은 대로 자기 일을 해나가는 동시에 용서를 실천하라고 조언합니다. 이런 관점에서 보자면, 이 장을 읽는 동안 심리치료사(therapist)란 단어가 나올 때마다 그것을 자기 직업으로 바꿔서 읽을 수도 있어요. 그것이 무슨 직업이든 상관없이 효과가 있을 겁니다.

나는 수업과 용서를 활용했고, 수업을 공부할 준비는 되지 않았지만 세속적으로 보이는 훈련은 견뎌낼 수 있는 사람들을 위해서는 그들의 생각을 바꿔놓을 마음훈련 프로그램으로 도와주었어요. 당신도 알다시피, 만약 사람들이 자기 마음의 힘을 장악할 수 있도록 훈련시켜서 자기 자신과 타인들에 대해 평생 고수해왔던 쓰레기 같은 생각들을 멈추게 만들 수만 있다면 대다수의 우울증 환자를 치료할 수 있을 겁니다. 사고의 패턴을 깨트려주고, 또 그걸 대체할 수 있는 다른 뭔가도 제시해줘야 합니다.

내가 그런 일을 할 수 있었던 데는 신디의 덕도 좀 있죠. 신디는 훌륭한 치료사로 성장하고 있고 이 재능은 다음 생으로 이어질 거예요.

개리: 참 멋지네요. 아, 사람들이 저한테 호오포노포노 식의 용서에 대

해 물어보더라고요. 당신도 그 방법을 써봤나요?

아턴: 아뇨. 그 방식은 모든 단계를 다루지 못해요. 게다가, 나는 "미안합니다"라고 말하는 부분이 맘에 들지 않았어요.

개리: 그러니까 그 방법이 미래에도 있긴 하군요. 당신의 방법은 인기를 끌었나요?

아턴: 인기를 끌기 시작했죠. 트렌드를 일으킬 수도 있을 것 같다는 감이 있었어요. 나는 글을 써서 출판했고, 당신의 책들처럼 꽤 읽혔지요.

개리: 재밌네요. 어쨌든 그런 일을 했다니 대단하네요. 그럼 당신 삶의 나머지 부분은 어땠어요? 또 어떻게 깨달음을 얻었죠?

아턴: 나는 서른 살 때 결혼했고 60대 초가 되어서야 퍼사를 처음 만났어요. 지금으로부터 100년 뒤의 60대는 오늘날의 40대와 같아요. 22세기로 바뀔 즈음에는 평균 수명이 100살이 되고, 120살까지 사는 것도 아주 흔해져요. 한 생애 동안 세 번 혹은 네 번 결혼하는 것도 드문 일이 아니고요. 하지만 퍼사가 40대에, 내가 30대에 다른 배우자와 각각 결혼했을 때부터 우리는 단혼單婚주의자였어요.

개리: 그럼 당신은 누구와 결혼했었나요? 퍼사와 결혼한 사람을 놓고 보자면, 왠지 나도 답을 알 것 같긴 하지만요.

아턴: 맞아요, 똑똑한 학생. 전생에 신디의 남편이었던 스티브가 내 첫 아내였어요. 스티브가 다음이자 마지막 생에서는 여자로 태어나 내 아내가 되지요. 알겠죠? 시련이란 사실 다시 한 번 제시된 과제일 뿐이에요. 그렇다고 우리 둘 사이에 용서의 과제가 많았던 건 아니에요. 사실 우리는 잘 지냈어요. 샬린Charlene이 죽지 않았다고 해도 남은 생 동안 우리는 행복하게 잘 지냈을 거예요. 샬린이 그녀의 이름이었지요. 샬린이 죽고 2년이 지난 후에도 나는 재혼할 생각이 전혀 없었어요.

개리: 아이는 없었나요?

아턴: 네, 난 아이들이 싫어요. 작은 악마들이죠. 농담이에요. 퍼사의 이야기와 비슷해요. 퍼사와 나는 만나기로 되어 있을 때 만났고, 만난 지 이틀 만에 남은 평생을 함께 보내게 될 거란 걸 알았죠.

개리: 좋네요. 그리고 나는 당신이 아이들뿐 아니라 동물까지 모두 사랑한다는 걸 알아요.

아턴: 아이들과 동물들을 사랑하는 건 사실 가장 쉬운 일이죠. 나는 내 환자들 중 일부에게 수업을 권한 경우를 제외하고는 그 생에서는 수업을 가르치지 않았어요. 퍼사도 마찬가지였고요. 전형적인 방식으로 가르치지 않았다는 것일 뿐 우린 그냥 수업을 체화하고 살았어요. 수업이 다음과 같이 말하듯이요.

가르친다 함은 본보기를 보여주는 것이다. 사고체계는 두 가지뿐이며, 너는 그 둘 중 하나를 참이라고 믿고 있음을 늘 보여주고 있다. 너의 본보기로부터 다른 이들이 배우고, 너 또한 배운다.(M1/M-in. 2:1-3)

우리는 당신처럼 직접 가르치는 역할을 맡지 않았어요. 당신의 경우에는 그렇게 가르치는 것이 도움이 되기 때문에 그렇게 하도록 인도를 받은 거예요. 하지만 당신도 스스로 용서를 실천함으로써 본보기를 보여야 해요.

개리: 네, 난 동시에 두 가지를 다 하고 있죠. 그래서 난 돈을 많이 벌고 당신은 그렇지 못한 거예요.

아턴: 지금 내가 살고 있는 곳에서는 돈이 필요하지 않아요. 당신의 때도 다가오고 있어요. 그러고 나면 더 이상 시간은 존재하지 않을 겁니다.

샬린이 세상을 하직했을 때 나는 52세였어요. 그날 샬린이 음식을 사기 위해 들어간 가게에서 패싸움이 벌어졌는데, 샬린은 머리에 오발탄을 맞았죠. 그 소식을 들었을 때 나는 도저히 못 살겠다는 생각이 들 정도로 우리가 함께 보낸 시간이 너무나도 소중하게 느껴졌고, 내 삶도 끝난 것처럼 느껴졌어요. 수업 학생이든 아니든, 이런 일은 가슴을 매우 아프게 하지요. 나는 느리긴 해도 꾸준히 그것을 용서해 나갔고, 다시 살아가기를 배우려고 애썼지만 마음이 별로 내키지는 않았어요.

그러다 60대가 되어서 퍼사를 만났고, 퍼사가 그 모든 걸 바꿔놓았죠. 특별한 관계로 시작한 우리는 몇 달 지나지 않아서 거룩한 관계가 되었고, 퍼사는 약 8년 뒤에 깨달았어요. 우리 둘 다 그 사실을 알았죠. 하지만 우리가 걷는 모습을 보거나 식당에서 식사하는 모습을 보더라도 아무도 그것을 알아채지는 못했을 거예요. 다른 사람들이 알아볼 만한 유일한 차이점이 있었다면, 수업에서 말하듯이, 퍼사가 보통 사람들보다 자주 웃는다는 것뿐이었으니까요. •

퍼사가 깨닫고 나서 1년 후쯤부터 우리는 마음 이송(mind transport)을 하기 시작했어요. 당시의 내 마음은 아직 퍼사의 마음만큼 강력하지는 못했지만, 내 마음도 점차 그렇게 되어가고 있다는 걸 둘 다 알아차리고 있었지요. 에고의 장애물이 완전히 지워져서 당신의 앎이 확장되면 당신의 마음은 무슨 일이든지 할 수 있게 됩니다. 우리는 이 일을 너무 드러내놓고 하지는 않으려고 노력했고 사람들이 아무도 없는 곳들로만 휙휙 옮겨 다니곤 했죠. 무의식의 마음이 성령에 의해 완전히 치유되고 나면 아무런 장애물도 장벽도 없어져 당신을 제지하는 것이 아무것도 없게 되어서, 그냥 생각하기만

• "1. 여기 있는 것 같지만 여기에 있지 않는 세상을 살아가는 길이 있다. 2. 너는 더 자주 웃지만 겉모습은 바뀌지 않는다." (W291/W.pl.155.1 : 1-2 W-155.)

하면 거기에 있게 됩니다. 처음에는 퍼사의 마음과 함께하지 않고 나 혼자 서는 마음을 이송시킬 수가 없었어요. 전에 우리가 당신을 이송시켰을 때도 이미 당신의 마음을 우리 마음과 하나가 되게 한 후였지요.

우리는 공중부양도 하곤 했지만 내겐 마음 이송이 더 재미있었어요. 물론 그렇게 되면 당신도 이미 알다시피 모든 곳이 똑같다는 것을 깨닫게 돼요. 다만 그것은 당신의 새로워진 지각을 다시금 확인시켜주는 경험이 되지요. 당신이 정말로 어딜 가는 건 결코 아닙니다. 모두가 다 하나의 투사물일 뿐이랍니다.

퍼사가 몸을 떠난 후에, 나도 마침내 깨닫게 되었어요. '퍼사의 육신의 죽음'이라는 나의 마지막 과제를 진정으로 용서하고 깨우칠 수 있었던 것은 퍼사 덕분이었지요. 퍼사는 몸을 떠나는 동안에도 나를 훌륭하게 잘 인도해주었어요. 이제 우리는 성령의 화현이에요. 우리의 형상은 오로지 가르치기 위한 목적으로만 사용되고, 당신과 소통하고 있지 않을 때 우리는 신의 품 안의 본향 집에 있습니다. 그건 영광스러운 존재상태예요, 개리. 결핍이나 문제, 죽음이나 외로움 같은 것은 전혀 없고 충만함과 온전함만 있을 뿐이죠. 완전합니다. 그리고 사랑은 너무나 많아서 넘칠 지경입니다! 당신의 잔이 정말로 넘쳐 흐르지요. 당신을 기다리고 있는 그 기쁨을 알기만 한다면 당신은 당장 기뻐서 길길이 뛸 겁니다.

그 마지막 생을 살게 될 때, 당신들은 퍼사와 아턴이 되어서 바로 전의 생과 마지막 생으로부터 퍼즐을 모아 맞출 수 있을 만큼 적당한 기억을 떠올릴 수 있게 될 겁니다. 하지만 당신들이 깨닫기 위해 필요한 얼마 안 되는 용서의 과제를 해낼 수 있도록 적당히 망각도 하게 될 겁니다. 이것이 당신들을 위해 성령이 계시와 영원으로 풀려날 때를 그렇게 택한 이유입니다.

형제, 함께해서 즐거웠어요. 다른 사람들에게 자랑하진 말았으면 좋겠지만, 사실 난 당신이 하는 일이 맘에 들어요. 계속 그렇게 해나가세요. 자주 그랬듯이 오늘도 우리의 리더인 제이의 멋진 말을 한마디 남기고 떠날게요. 천국에서는 우리와 제이가 하나이지만, 가르치는 목적을 위해 뭉칠 때는 우리는 항상 제이의 제자로 있을 겁니다. 신의 축복과 가호가 함께하길.

개리: 고마워요. 당신들을 사랑해요.

아턴: 개리, 우리도 당신을 사랑해요. 그건 그렇고, 이 인용문의 첫 문장은 몸을 가리킵니다.

열매 맺지 않는 가지는 잘려서 말라 죽을 것이다. 기뻐하라! 생명의 참된 기반으로부터 빛이 발하고, 너의 사고체계는 올바로 서리라. 달리는 설 수가 없으니. 구원을 두려워하는 너는 죽음을 택하고 있는 것이다. 생명과 죽음, 빛과 어둠, 지식과 지각은 양립할 수 없다. 그것이 양립할 수 있다고 믿는 것은 곧 신과 신의 아들이 양립할 수 없다고 믿는 것이다. 지식의 일체성만이 갈등으로부터 자유롭다. 너의 왕국은 이 세상을 초월한 곳으로부터 주어졌으니, 이 세상에 속하지 않는다. (T51/T-3.VII.6:1-9)

10

사랑은 아무도 잊지 않았으니

우리는 구원을 가져오는 자이다. 우리는 세상의 구원자라는 우리의 역할을 받아들이며, 우리가 함께 용서할 때 세상은 속량贖良된다. 그리하여 우리가 주는 이 선물은 우리 자신에게 주어진다. 우리는 모든 이들을 형제로 보며, 모든 것을 친절하고 선한 것으로 인식한다. 우리는 천국(Heaven) 문 너머의 어떤 역할을 하고자 하는 것이 아니다. 지식(knowledge)은 우리가 역할을 완수하면 돌아올 것이다. 우리는 오로지 진실을 맞이해 들이는 일에만 관심이 있다.

죄에 대한 낱낱의 생각에서 구출된 세상을 보는 그리스도의 눈이 우리의 눈이다. 세상이 죄 없다고 선언하는 하나님의 음성(the Voice for God)을 듣는 귀가 우리의 귀이다. 우리가 세상을 축복할 때 하나가 되는 그 마음이 우리의 마음이다. 우리가 이룩한 이 일체성으로부터 우리는 형제들을 불러, 우리의 평화를 함께 나누고 우리의 기쁨을 함께 완성하기를 청한다.

(W479/W-pII.14.3:1-4:4)

당신이 하는 일이 중요하지 않다고 생각하는 것은 에고에게는 이단적인 짓이다. 내가 하는 일은 당연히 중요하다! 내 인생에서 벌어지는 일이 매우 중요하다는 건 당연한 사실이다. 왜냐고? 당신이 그것을 진짜라고 믿기 때문이다. 그렇게 믿지 않았다면 그것은 중요해지지 않았을 것이다.

과학자가 실험실에서 홀로그램을 제작한다면 그것은 매우 신기하고 난해하게 보일 수 있다. 잘 분석하고 계획해서 만든 홀로그램은 보는 사람들을 감탄하게 만들 수 있지만, 거기에는 아무런 이미지도 들어있지 않기 때문이다. 거기에는 아무것도 없다. 감탄할 무엇도, 믿어야 할 무엇도 없다. 과학자가 그 홀로그램(필름)에다 레이저 빔을 통과시키면 비로소 영상이 나타나고, 그것이 진짜처럼 보일 뿐이다. 레이저 빔의 힘을 빌지 않으면 감탄할 만한 것이 아무것도 존재하지 않는 것이다.

> 완벽한 일체성 속에서는 결핍이란 있을 수가 없다. 그 속에서 당신은, 말뜻 그대로, 모든 것을 갖고 있다.

시공간 우주에 빛을 밝혀 그것을 그토록 사실적으로 보이게 만드는 힘은 다름 아닌 우리 자신의 믿음의 힘이다. 우주 그 자체는 아무것도 아니다. 우주는 우리 자신의 집단적 무의식의 마음, 그 깊은 심연으로부터 나오는 투사물에 불과하다. 그리고 외관상 분리된 듯이 보이는, 하나의 에고의 마음인 우리가 바로 이 투사물의 근원이다. 이것은 썩 좋은 생각이 아니었다. 그릇된 창조에 관해 제이가 들려준 심오한 이야기에서, 탕아가 자기 집을 떠나기로 한 것이 썩 좋은 생각이 아니었던 것처럼 말이다. 사실 그건 멍청한 짓이었다. 탕아가 발견한 것은 결핍이 전부였다. 일시적으로 많은 것을 얻었다 하더라도 그것이 전부는 아니었기 때문에 그것은 여전히 결핍이었던 것이다. 하지만 완벽한 일체성 속에서는 결핍이란 있을 수가 없다. 그 속에서 당신은, 문자 그대로 모든 것을 갖고 있다. 떠나지 말았어야 할 집을 떠난 사람이 그 문제를 해결할 수 있는 이성적인 해결책은 집으로 돌아가는 것뿐이다.

우리는 이 세상이 진짜라고 믿고 있고, 이 세상만이 우리가 갖고 있는 듯해 보이는 것의 전부이기 때문에 이 세상이 우주에서 가장 중요한 부분이라고 믿게 되고, 이로써 세상은 우리를 지배할 힘을 갖게 된다. 하지만 세상에 그런 힘을 부여하고 우리를 그 영향하에 놓이게 하는 것은 다름 아닌 우리 자신의 믿음이다.

세상이 실재한다는 믿음을 철회하고 그 믿음을 마땅히 있어야 할 곳에다 두는 법을 배울 수 있다면, 당신은 애초에 그 믿음을 일으켰던 사고체계를 성공적으로 지울 수 있을 것이다. 당신은 원인의 자리로 돌아가서 자신의 마음을 바꿀 수 있다. 그러면 당신은 수업이 그토록 간단명료하게 말하듯이 다시 한 번 선택할 수 있게 된다. **"다시 선택하라. 세상의 구원자의 일원이 될 것인가, 아니면 지옥에 남아 형제를 그곳에 계속 붙잡아둘 것인가."** (T666/T-31.VIII.1:5)

당신은 에고의 시각 대신 영적인 시각을 선택함으로써 이 선택을 내리게 된다. 육신의 가짜 눈이 당신에게 보여주는 '것처럼 보이는' 것들 대신, 모든 곳에 임재해 있는 전적으로 결백한 영에게로 믿음을 보냄으로써 이 일은 성취된다. 그렇게 육안에 보이는 것을 넘겨보고, 대신 진실을 생각하는 것이다.

당신으로서는 '눈앞에 늘 떡하니 세상이 버티고 있는데 어떻게 그렇게 할 수가 있냐'고 묻는 것이 정당하고 당연한 질문일 수 있다. 하지만 당신은 전문가의 덫에 빠진 것이다. 태어나는 듯 보이는 순간부터 죽는 듯 보이는 순간까지 당신은 밑도 끝도 없이 이어지는 문제에 직면할 것이다. 이 문제들은 당신의 주의를 삶(life)에 대한 대답이 놓여 있는 곳으로부터 지금 당신이 보고 있는 환영의 스크린으로 — 바라건대 영원히 — 돌려놓으려고 의도된 것이다. 삶에 대한 대답은 애초에 가짜 우주를 투사하고는 당신으로 하여금 그 모든 것이 진짜라고 믿게 만들었던 마음속에 놓여 있다.

당신의 마음을 바꾸기 위해서는 깨어 있는 경각심이 필요한데, 이 경각심만이 당신을 행복으로 이끌 수 있다. 이것 말고는 세상의 그 무엇도 당신을 행복으로 이끌 수 없다. 그렇다면 당신은 이 세상을 가질 수 없다는 뜻인가? 역설적이게도, 당신은 세상을 가질 수 있다. 단지 세상이 진짜라고 믿을 수 없을 뿐이다. 이것이 당신이 세상을 포기하는 방법이며, 당신은 세상을 정녕 포기해야 한다. 단, 세상을 물질적으로 포기하라는 것이 아니라 정신적으로 포기하라는 것이다. 당신을 어떤 훈련에 젖어들게끔 하기 위해 성령이 그렇게 인도하고 있다고 느껴지는 경우를 제외하고는 말이다. 이러한 인도는 특수한 경우이며, 모든 이가 똑같이 이렇게 인도되지는 않는다.

행복은 외부상황에 좌지우지될 수 있는 것이 아니다. 행복이 그런 것이라면 당신은 실패한 것이다. 변화무쌍한 세상에서 당신이 믿을 수 있는 것은 앞으로도 세상은 변화무쌍하리라는 사실밖에 없기 때문이다. 끌어당김의 법칙을 사용해서 원하는 것을 얻었다 하더라도 — 이런 일은 이를 시도하는 백 명 중 한 명꼴로 일어나는 듯이 보이기는 하지만 — 그 운도 계속 지속되지는 않을 것이다.

이곳에 있는 것은 그 무엇도 항구하지 않다. 한순간에는 생명을 가진 듯보여도 다음 순간에는 죽임을 당할 수 있다. 당신을 좌절에 빠지게 하려고 이런 말을 하는 것이 아니다. 결코 변화될 수 없는 무엇을 가리키기 위해 이 말을 하는 것이다. 항구한 방식으로 당신을 행복하게 해줄 무엇이 있고, 그것은 외부에서 일어나는 일에 좌우되는 것이 아니다. 그것이 진정한 영성이다. 무슨 일이 일어나는 듯이 보이더라도, 이 영성은 당신의 닻이 되어줄 수 있다. 그러면서도 당신은 자신의 삶을 누릴 수 있다. 이제 당신은 삶을 다른 시각으로부터, 그 싸움터 위로부터 굽어볼 수 있다. 당신은 삶을 — 그리고 당신이 보고 있는 모든 것과 모든 이들을 — 영적인 눈으로 보고 있는 것이다.

성령과 함께 작업한다면, 끌어당김의 법칙이나 그 밖의 자기계발 기법도 완전히 다른 방식으로 경험할 수 있고 훨씬 더 자주 통합할 것이다. 용서의 과정은 참된 풍요로 이끄는 데 반해 방금 말한 기법들에는 이 용서라는 요소가 빠져 있다. 성령과 함께 작업할 때, 당신은 혼자가 아니다. 혼자서 결정을 내리고 혼자서 이런저런 일을 한다면, 그것이 곧 분리이다. 그것은 또한 재앙(disaster)이기도 하다. 재앙(disaster)에서 Aster란 아스트랄astral을 뜻한다. 그러므로 재앙이란 당신이 만사를 굽어보는 높은 곳과 연결되어 있지 않다는 뜻이다.* 그곳과 다시 연결되는 최선의 방법은, 당신의 참된 본성인 영으로부터 당신을 분리시키고 있는 에고라는 방해물을 지우는 것이다. 그러면 당신은 에고의 최선의 이익이 아니라 모든 이의 최선의 이익을 향해 인도받을 수 있다. 에고는 이 분리의 미친 게임이 계속 유지되게 하려고 당신으로 하여금 자신이 몸이라고 믿게 만들려 애쓴다.

성령과 함께할 때, 당신이 하는 모든 것은 사랑의 표현이 될 수 있다. 그러면 당신이 무엇을 하느냐는 중요하지 않게 되어버린다. 중요한 것은 사랑이다. 당신이 사랑의 자리에서 비롯하고 있다면, 당신은 나쁜 일이 아니라 좋은 일을 하게 될 것이다. 에고를 지우는 용서는 자동적으로 당신을 사랑으로 인도한다. 사랑과 영은 동의어이기 때문이다. 이제 에고 대신에 사랑이, 원인인 당신의 마음속에 있다. 사랑은 아무것도 필요하지 않다. 사랑은 영과 하나된 가운데 이미 모든 것을 갖고 있기 때문이다. 당신은 그 누구에게서도 그 무엇도 얻을 필요가 없다. 당신은 거룩한 관계를 맺을 수 있다. 당신은 풍요의 자리에서 비롯할 수 있다. 당신이 이미 풍요의 상태에 있을 때 풍요로 인도될 가능성이 높아진다는 것은 얼마나 역설적인 일인가.

시공간 우주를 진짜로 여기는 우리의 믿음을 몰아낼(dispel) 필요가 있다.

---

* dis는 부정을 뜻하는 접두사이고 astral은 천상계를 뜻함.

사실 수업에서는 몰아낸다(dispel)는 말이 26회 사용된다.• 만약 에고로 생각하길 그만두고, 성령으로 생각하고 그리스도의 눈으로 보기 시작한다면, 우리는 이 믿음을 신과 그의 왕국으로 돌려보낼 수 있다. 그때도 우리 눈에는 여전히 에고가 보여주는 몸이 보일까? 그렇다. 최종적으로 몸을 사뿐히 내려놓고 집으로 돌아가기 전까지는 말이다. 하지만 우리는 자신의 믿음으로써 오직 실재만을 인정하기를 택할 수 있다. 수업이 말하듯이, **"구원은 네가 영만 보고 몸은 지각하지 말 것을 요구하지 않는다. 단지 그것은 너의 선택이 되어야만 한다고 말할 뿐이다."**(T142/T-8.III.4:2) 우리가 상대방을 바라보는 그대로 우리 자신을 바라보게 될 것임을 알므로, 우리가 그리스도로서 하나이며 그리스도란 우리의 본모습인 완벽한 사랑(Love)이라는 앎이 우리 마음에 동틀 수밖에 없다.

2013년 1월 첫 주가 되었다. 나는 아턴과 퍼사에게 물어보고 싶은 게 많았다. 이번 방문은 예전보다 좀 늦어졌기 때문이다. 전에 유선방송에서 녹화해놓고는 오랫동안 보지 못했던 영화가 있어서 막 보려던 참인데 아턴과 퍼사가 어느새 갑자기 나와 함께 있었다. 그들은 행복해 보였고, 나 역시 행복했다. 지난번 출현 때는 침묵을 지켰던 퍼사가 이야기를 시작했다.

퍼사: 어이, 친구. 우리가 방해했군요. 뭘 보려고 했어요?

개리: 〈레즈비언 뱀파이어〉(Vampyros Lesbos)란 영화예요.

퍼사: 그렇군요, 당신의 사회적 탐구생활을 방해해서 미안하지만 두어 가지 이야기할 게 있어서요. 우리의 책《사랑은 아무도 잊지 않았으니》프로젝트가 이제 다 끝나 가네요. 이로써《우주가 사라지다》3부작도 완결되

• dispel에 대한 개리의 자세한 설명은《그대는 불멸의 존재다》107쪽에 나와 있다.

었고요.

개리: 우와, 3부작이라고는 미처 생각 못했는데 정말 그런 것 같네요.

아턴: 맞아요. 홀로그램처럼 모두 잘 들어맞죠. 당신도 잘 했어요. 우리가 조언했던 것보다 시간이 더 걸리기는 했지만, 덕분에 당신은 가외의 공부도 많이 했어요. 당신이 그 공부를 할 준비가 되어 있었지만요. 이제 당신의 삶도 좀 차분해질 거예요. 글 쓸 시간을 더 많이 갖게 될 거라는 뜻이죠.

개리: 앞으로도 우리가 함께 책을 더 쓸 거란 얘긴가요?

퍼사: 개리, 당신도 알다시피 그건 항상 당신과 성령에게 달린 일이에요. 당신은 다른 글도 쓰게 될 거예요. 그러니 이 정도로만 말해두죠. ─ 우리가 다시 방문해줬으면 좋겠다 싶으면 그저 요청만 하세요. 그러면 우리는 당신이 하는 말을 듣고 있다가 모든 이들에게 가장 좋은 시기를 택할 거예요. 당신이 무슨 일을 하든지, 그 일을 신디와 하든 다른 누구와 하든지, 영화나 다른 무엇을 위해서 글을 쓰든지, 당신이 원하기만 한다면 우린 항상 당신을 위해 거기에 있을게요. 물론 당신의 마음속에도 늘 우리의 인도(Guidance)가 함께하지만요.

개리: 좋군요! 한동안 못 보면 많이 보고 싶어질 것 같아요. 이 모든 것이 형상에 불과하긴 하지만, 당신들은 내 친구잖아요.

아턴: 당신도 우리 친구예요. 우리는 랩RAP 팀인 걸요.

개리: 그건 또 뭐래요?

아턴: 알R 에이A 피P. 레너드Renard, 아턴Arten, 퍼사Pursah요

개리: 당신들은 그냥 구원에만 신경을 쏟고, 팀의 홍보 문제는 나한테 맡기는 게 좋겠어요.

아턴: 뭐 그 정도 제안이면 받아들일 수 있어요. 우리에게 물어보려고 했던 질문이 두 가지 있죠?

개리: 네, 최근 뉴스에 끔찍한 참사가 많이 보도됐어요. 그래서인지 워크샵 때나 인터넷에서나 사람들이 그 희생자들에 관해서 질문을 던지곤 해요. 물론 사람들에게 용서하라고 답을 하긴 하지만 좀더 구체적인 조언이 있을까 싶어서요.

퍼사: 그건 대부분의 사람들에게 언제나 버거운 과제예요. 그래도 언제나 참된 용서가 그 대답입니다. 당신은 그렇게 할 수 있지만, 많은 희생자를 만들어내는 참사를 초심자들이 당장에 받아들여 다루기란 어렵다는 것을 우리도 잘 알아요. 그러니 처음에는, 지금 내가 기분이 안 좋은 이유는 에고로서 그 상황을 바라보고 있기 때문이라는 점부터 받아들이려고 노력해야 해요.

아턴: 맞아요. 자신의 생각을 주시하다가 부정적인 생각을 하는 자신을 알아차리는 일에 능숙한 사람들은 좀 있죠. 하지만 당신도 알다시피, 자신의 느낌을 주시하는 사람은 별로 없어요. 그런데 감정이 소용돌이칠 때가 바로 언쟁과 폭력이 일어나는 때예요. 그러니 당신과 다른 사람들도, 어떤 식으로든 기분이 안 좋아지거나 판단이 툭툭 튀어나오거나 내부에서 상처를 받았다거나 미안해지거나 불편해지는 것을 느끼기 시작할 때 곧바로 그런 자신을 알아차려야 합니다. 그건 때로는 미묘한 감정으로, 때로는 노골적인 분노로 표현되기도 하지만 다 똑같아요. 언제나 에고예요. 그걸 알아차리는 순간 당신은 멈출 필요가 있어요. 에고로서 생각하기를 멈춰야 해요. TV를 보다가 쓰나미나 지진이 어느 지역을 휩쓸었다는 등의 끔찍한 뉴스를 보게 되면 거기서 멈춰서 성령으로 갈아타야 합니다. 당신의 마음속에 있는 성령을 떠올리세요. 단련이 일어나는 장소는 바로 마음입니다. 이것을 꼭 해내야 합니다. 그래서 〈실습서〉가 그토록 중요한 겁니다. 〈실습서〉는 마음을 그런 식으로 생각하게끔 훈련시킬 수 있도록 사람들을 도와줄 겁니다.

퍼사: 일단 성령과 함께 생각하게 되면, 당신은 자신이 비극이나 자연재

해에서 보고 있는 것들이 희생자들을 영이 아니라 몸으로 지각하게 함으로 써 자기 자신도 영이 아니라 몸으로 여기게 만들려는 속임수임을 마음에 새길 수 있게 됩니다. 하지만 이제 당신은 더 많은 것을 이해하고 있기 때문에 그 대신 성령의 기적을 선택할 수 있어요. 제이가 말하듯이 말이에요.

기적은 바로잡음이다. 기적은 창조하지 않으며, 아무것도 실제로 바꿔놓지 않는다. 기적은 단지 참화를 보고, 마음에게 그것이 보는 것이 가짜임을 일깨워줄 뿐이다.(W473/W-pII.13.1:1-3)

그러면 당신은 용서의 세 번째 단계로 에고의 사고체계 밖에서 생각할 수 있게 되죠. 베일 너머에 있는 진실에 대해 생각하세요. 그 진실이란 속죄 (Atonement)입니다. 속죄에 대한 완전한 앎이 뭔지 기억나세요?

개리: 물론이죠. 다시 반복하자면, **"분리란 일어난 적이 없다"**는 거예요.(T98/T-6.II.10:7)

퍼사: 맞아요. 그러니까 에고의 분리의 생각이 결코 일어난 적이 없다면, 당신은 에고를 믿지 않기로 선택할 수 있고, 대신 성령을 믿기로 선택해서 베일 너머에 있는 진리의 빛을 기억할 수 있어요. 제이가 〈교재〉 후반부에서 너무나 분명하게 말하듯이요.

나와 함께 유혹을 지나 그곳에 당도하고자 하는 모든 형제들에게, 오로지 오로지 저 너머 한 치도 변함없이 빛나는 광명만을 바라보는 모든 형제들에게, 나 기쁨에 찬 환영의 손을 내미노라.(T668/T-31.VIII.11:1)

개리: 알겠어요. 하지만 이 일을 해내려면 많은 결심이 필요하죠.

퍼사: 맞아요. 그렇게 하길 원해야 하고요.

아턴: **"나는 신의 평화를 원한다"**라는 말에 대해서 수업은 뭐라 말하고 있죠?•

개리: 알아요. **"이것을 입으로만 말하는 것은 아무것도 아니다. 그러나 진심으로 뜻하는 것은 모든 것이다."**(W348/W-pI.185,1:1-2)

퍼사: 예, 바로 그거에요. 개리, 진실은 변하지 않아요. 하지만 그것을 기꺼이 받아들이겠다는 용의를 품어야 해요. 처음에는 성령에게 귀를 기울이겠다는 작은 용의지만 나중에는 존재하는 듯 보이는 다른 그 무엇보다 오로지 신의 평화만을 원한다는 무한한 용의로 옮아가야 하고, 이 일에는 헌신이 필요하죠. 어때요, 준비됐나요?

개리: 네. 어느 때보다 더욱 간절히요.

퍼사: 나도 당신을 믿어요. 그러니 그렇게 하세요. 그러면 그 결과는 사랑입니다.

개리: 갈수록 사랑의 현존을 점점 더 많이 느끼고 있어요. 전에는 당신들이 떠날 때마다 외로움을 느끼곤 했어요. 이따금씩 당신들은 떠났어도 엄청난 경험을 했을 때를 제외하곤 말이죠. 하지만 이제는 결코 외롭지 않아요. 사실 나는 내가 외로울 수 없다는 걸 알아요. 성령이 항상 나와 함께 있는데 어떻게 외로울 수가 있겠어요.

아턴: 훌륭해요. 대부분의 사람들은 수시로 외로움을 느끼죠. 하지만 다대오가 2천 년 전에 제이에게서 배운 것을 당신에게 들려주었듯이 진실은, 누구도 결코 외로울 수 없다는 거예요.

개리: 그 말을 들으니 내가 좋아하는 구절이 생각나네요. 금방 찾아볼

• 〈실습서〉 185과의 제목

게요.

아턴: 당신은 이런 구절들을 참 잘 찾아내는군요.

개리: 그렇게 훈련을 시킨 게 누군데 그래요? 특히 초창기 10년 동안 말이에요. 여기 찾았어요. 방금 퍼사는 에고를 믿지 말라는 이야기를 했었고, 아턴은 우리가 혼자가 아니라는 말을 했는데, 이 구절에는 그에 대한 제이의 태도가 명확하게 드러나 있네요.

본 수업의 유일한 목적은, 에고는 믿을 수 없으며 앞으로도 영원히 믿을 수 없음을 가르쳐주는 것이다. 믿을 수 없는 것을 믿음으로써 에고를 만들어 낸 너는 혼자서 이런 판단을 내릴 수 없다. 자신을 위해 속죄(Atonement)를 받아들임으로써 너는, 혼자서 존재할 수 있다는 믿음에 반기를 들어 분리의 생각을 몰아내고, 문자 그대로 네 일부인 온 왕국(Kingdom)과 네가 하나임을 확인하고 있는 것이다.(T131/T-7.VIII.7:1-3)

개리: 끝내주지 않아요?

아턴: 끝내주네요, 형제.

퍼사: 에고의 장애물들이 지워질수록 당신은 영을 더욱더 자각하게 됩니다. 그러면 사랑이란 더 이상 당신이 행하는 무엇이 아니라 신과 동일한 당신의 본모습이 됩니다. 당신이 신과 똑같다고 생각하는 것은 오만이 아니에요. 그건 단지 사실일 뿐입니다. 당신이 신과 분리될 수 있다고 생각하는 것이야말로 오만한 것이에요. 에고의 오만이죠.

존재하지 않는 세상 속으로 당신의 사랑을 펼치세요. 세상이 환영이라고 하더라도 그건 중요하지 않아요. 중요한 것은 사랑이에요. 이제 당신은 낯선 땅에 와 있는 신의 대리인이에요. 하지만 앞으로도 당신은 신의 본성 그대로 남아 있을 거예요. 수업은 당신을 다음과 같이 묘사하고 있지요. 오늘의 만남을 우리의 형님의 다음 말을 인용하는 것으로 마치면 딱 좋겠네요.

너의 이름이 거룩히 여김을 받기를. 너의 영광이 영원히 빛나기를. 그리고 이제 너의 온전함은 신이 세우신 대로 완전하다. 너는 너의 확장으로 신의 확장을 완성하는 신의 아들이다. 우리는 환영이 세상을 차지한 것처럼 보이기 이전에 알고 있었던 태고의 진실을 실천할 뿐이다. 그리하여 우리는 이렇게 말할 때마다 세상이 모든 환영에서 해방되었음을 세상에 상기시킨다.

신은 오직 사랑이시니, 나 또한 사랑이다.

(W331/W-pI.rV.in.10:2-8)

개리: 네, 이 구절 너무 좋네요. 고마워요, 영원히.

아턴: 계속 그렇게 해나가세요, 형제. 용서로 계속 본때를 보여주라구요.

퍼사: 이제 우리와 하나가 되세요. 우리의 몸은 사라질 것이고, 세상도 사라지고, 당신은 완전히 영이 될 거예요. 잠시 신을 대변하는 음성(Voice for God)이 들린 후에는 아무것도 없을 겁니다. 완벽한 일체의 찬란한 추상성이 이 음성을 대체할 것이고, 결코 잃을 수 없고 영원히 당신의 소유가 될 그것을 또 한 번 맛보게 될 거예요. 결국에는 다시 형상의 세상으로 잠시 돌아가겠지만, 이제 당신은 자신의 사랑 깊은 운명에 훨씬 더 깊은 확신을 갖게 될 거고요. 성령이 당신을 신의 품 안에서 다독여 달래주면 당신의 마음은 자신의 참되고 영원한 생명의 영광을 느낄 겁니다.

그대가 받을 것은 격려밖에 없으니, 형제의 귀향을 도우라.

그대 발에 날개 있으니, 지치지 않으리라.

그대 영혼에 불 있으니, 차갑게 식지 않으리라.

그대 사랑하는 가슴 있으니, 형제를 심판하지 않으리라.

그대 음성은 영이니, 오직 진실만을 말하리라.

내 여기 그대와 함께하니, 두려움에 떨 일 없으리라.

천국에서는 모두가 하나.

사랑은 아무도 잊지 않았으니,

그대는 기억되어 있으리라.